꽃들에게 꿈을

김의숙 · 오가실 지음

북마크

추천사

미래를 꿈꾸는
젊은이들의 양식이 되기를……

　소연 김모임 박사의 인간애가 짙게 배인 그 업적과 경륜을 후생들에게 전하는 귀한 책자가 나오게 된 것을 축하합니다.
　저와 김 박사의 인연은 1998년, 박사가 보건복지부 장관으로 입각하고부터 스무 해 가까이 됩니다. 국무총리였던 저는 김모임 장관이 소신을 가진 보건학자이며 간호학자로서의 높은 명성을 갖고 계신 분이라고 익히 알고 있었지만, 내각에서 함께 일하면서 그의 소신과 발상, 성실과 실천 면에서 남다른 분이었음을 기억합니다. 특히 가정간호, 방문간호, 연금개혁 등 오늘날 복지국가의 틀을 만드는 일에 주무장관으로서 최선을 다하던 모습이 매우 인상적이었습니다.
　내각을 떠난 후에도 후진을 양성하면서 꿈을 가진 세계적인 지도자를 기르는 일에 남다른 노력을 멈추지 않은 김 박사의 열정에 대해 많은 칭송의 소식을 들어왔습니다. 김모임 박사는 자신의 전문분야뿐만 아니라 여성 문제, 세계화 문제 같은 인류 보편의 과제에 대해서도 깊은 관심과 탁견을 가지고 있어서 후학들에게 큰 영향을 주고 있는 줄 알고 있습니다.
　더구나 지난 몇 해 동안 자신의 전 재산을 학교와 사회에 기부했다는 소식을 듣고, 참으로 인간 사랑의 본보기가 바로 여기에 있구나 하는 생각을 했습니다. 고마운 일입니다.

이제 대학의 두 분 제자 교수들이 중심이 되어 김 박사가 일생 동안 힘을 기울였던 보건의료에 관한 이론과 실천의 족적을 간추려 책자로 내놓게 되었다고 하니 뜻깊은 일이 아닐 수 없습니다. 미래의 꿈을 실현하려는 젊은이들이 많이 읽어서 지혜의 양식이 되기를 바라 마지않습니다.

소연 김모임 박사께서 생의 고귀한 열매를 맛볼 수 있을 때까지 오래 건강하시고 축복받는 하루하루가 되기를 진심으로 희원합니다.

2015년 9월 전 국무총리

김종필

프롤로그

못다한 이야기

우린 참 많은 욕심을 냈다.

모이기만 하면 밤새도록 선생님과 함께했던 지난 이야기로 꽃을 피우다가 "에구 간호병 중증 환자들······."로 마무리를 지으면서, "이런 이야기는 꼭 야사(野史)로 써야 해." 했던 모든 것을 다 기록하고 싶었다.

우리는 우리 간호계에 알게 모르게 영향을 주었던, 그리고 지금도 주고 있는 주요 정책들에 대해서 쓰고 싶었다. 주요 간호정책의 입안과 전개 과정을 그대로 그려내고 싶었다.

단순히 연세대학교와 주요 정책의 추진 과정, 기본 내용만이 아니라 간호계 리더들이 어떤 시대적 환경에서, 어떤 꿈을 가지고, 어떤 미래를 만들고자 했는지 쓰고 싶었다. 그리고 하나하나의 정책을 만들기 위해 얼마나 많은 고난과 시련을 거쳐야 했는지, 그 많은 방해물을 어떻게 견뎌내고 뛰어넘고 이루어냈는지 쓰고 싶었다. 또 이러한 고난과 역경을 거치며 원래 이루려고 했던 모습이 어떻게 변했는지, 앞으로 이 정책들이 어떻게 변해야 하는지 미래 전망에 대해 쓰고 싶었다.

거친 눈보라와 폭염과 가뭄을 이겨내고 살아남은 자랑스러운 간호정책들의 깊은 속에 숨겨져 있는 간호계 리더들의 진정한 의도를 쓰고 싶었다. 그리고 그것을 우리들의 꿈나무, 젊은 간호학도들이 읽게 하고 싶었다.

"나는 자서전이든 회고록이든 지난 내 삶에 대해 쓰는 것은 절대 반대야!" 하며 굳이 사양하는 우리들의 자랑스러운 스승, 진정한 리더의 참모습에 대하여 쓰고 싶었다.

우리는 우리 영웅의 모든 것을 쓰고 싶었다.

수많은 모래알 속에서 영롱하게, 뚜렷하게 그 찬란한 모습을 드러내는 다이아몬드 같은 그 존재가 넓은 바닷가 모래사장에 묻혀버리지 않도록, 그리고 많은 사람이 감탄하며 즐기게 하고 싶었다.

그가 어떤 사람이었는지, 어떻게 문제에 접근했는지, 어떤 철학을 가지고 어떻게 살고 싶어 했는지, '간호'를 어떻게 마음에 품었고, 어떻게 사랑했으며, 어떻게 성장시키고 싶어 했는지 있는 그대로 드러내고 싶었다.

우리는 우리들과 함께해온 이 보배롭고 자랑스럽고 무엇과도 바꿀 수 없는 사랑스러운 기억들을 고스란히 후배들에게 물려주고 싶었다.

그리고 무엇보다도 우리는 우리들의 꿈나무 새싹들이 읽도록 하고 싶었다.

이 너무 많은 욕심들이 우리들의 발목을 잡았다.

한꺼번에 이 많은 욕심들을 한 권의 책에 녹여 넣는 일은 우리의 한계를 넘는 것이었다. 신나게 정책 과정을 풀다 보면 너무 메마른 글이 되면서 '그걸 학생들이 누가 읽냐?' 하며 퇴짜를 놓았고, 무언가 재미있는 에피소드로 당시 이야기를 풀다 보면 '꿈을 심어주어야지 지금 동화 쓰냐?' 하며 면박을 놓았다.

우리들은 제자리를 맴돌고 맴돌았다.

그러나 우리들은 모든 것을 내려놓고 초야에 묻혀 파킨슨병과 함께 점점 모래알 속으로 사라져가는 우리들의 영웅을 그대로 놓아버릴 수는 없었다.

우리는 결국 욕심을 버렸다. 내려놓고 또 내려놓았다.

다시 욕심이 올라올라 치면 "이미 지나갔거든~." 하며 다시 눌렀다.

우리는 그저 우리들의 영웅 이야기를 담담히 지나간 사건으로 풀어내,

넓게 흩어져 있는 우리의 꽃들에게 꿈을 나누어 주려 한다.

이 사건들은 우리들의 영웅과 함께 지내오며 지극히 사사로운 관계와 환경에서 체험된 것이기에 그 영역이 제한될 수밖에 없다.

우리는 그저 우리의 꿈나무들이 우리가 가졌던 이 귀한 체험들을 함께 나누어 앞으로 새로운 꿈을, 간호를 향한 새로운 열정을 갖기를 희망한다.

2015년 9월

김 의 숙

차 례

추천사 · 4
프롤로그 · 6

1부 끊임없는 도전의 시작

여의도에 피어난 간호사들의 희망 · 16
코이의 법칙, 모임의 법칙 · 22
국회의 꽃, 예산결산위원회에 진입 · 27
IPU 의원 인구위원회 · 31
일회용 주사기 · 35
김모임 장관; 전 세계인의 환호 · 39
코이는 코이를 낳는다 · 43
복지부에서의 즐거운 시작들 · 49
'월화수목금금금'과 국민연금 · 53
장관의 잠행 · 58
여성을 개발한다고? · 62

2부 간호의 새로운 지평

오드리 헵번과 김모임 · 68
죽으면 천당 아랫목 갈 것이오! · 73
바다는 비에 젖지 않는다 · 79
가슴으로 낳은 아이; 보건진료원 · 85
병원과 지역사회의 가교; 가정간호사 · 91

위기를 기회로; 방문간호사 · 98
처녀들의 가족계획? · 102
코페르니쿠스, 김모임 · 107

3부 간호 전문직의 비상

높이 나는 새가 멀리 본다 · 114
협회 살림살이, 좀 나아지셨습니까? · 119
간호; 문학과 예술의 옷을 입다 · 125
간호; 貝에서 師로 · 131
자전거의 두 바퀴 · 137

4부 간호의 모내기

진달래와 철쭉 · 148
스승의 그림자 · 153
카센터와 정비공장 · 158
민들레 홀씨 · 162
사막에 심은 한 그루의 나무 · 171

5부 간호의 별, 세계의 별

가깝고도 먼 나라에서 온 원군 · 178
죽을 만큼 열심히 · 183
리더와 보스 · 190
강은 실개천에서 시작된다 · 197
마른 땅에 터진 강물 · 201
구르는 돌에는 이끼가 끼지 않는다 · 208
고향의 이방인 · 213
'두 개의 머리'로는 바로 갈 수 없다 · 218
시냇물이 모여 · 223
서울 ICN을 위한 김모임의 사람들 · 229
가장 한국적인 것이 가장 세계적인 것이다 · 236
아낌없이 주는 나무 · 240

6부 꽃보다 아름다워

희망의 씨앗들 · 246
간호대학 신축; 모두의 힘으로 · 254
적십자간호대학; 이상향으로 · 260
업둥이 엄마, 통일을 준비하다 · 271
간호사여, 지경을 넓혀라! · 278
여성들이여, 세계인이 되자 · 282
운조루의 햇살 · 287

7부 꽃들의 합창

문창진/내가 기억하는 김모임 교수님 · 295
유승흠/김모임 명예교수님과의 인연을 그리며 · 296
손명세/보건과 간호로 행복한 대한민국과 세계를 꿈꾸다 · 298
채영문/보건대학원을 어떻게 바꿨나 · 302
지선하/연세 보건학 발전의 선구자, 오늘의 나를 있게 해주신 선생님 · 305
신상숙/존경과 사랑하는 김모임 장관님께 · 307
김진순/선생님은 우리 간호의 등대이십니다 · 308
성수 스님/보건진료원으로서의 새 삶을 열어준 선생님 · 310
최경숙/선생님은 저희의 특별한 가족입니다 · 312
이옥철/간호교육 혁신의 최종 실험무대 · 317
안양희/영원히 꺼지지 않는 등불이 되어 · 320
강선주/모든 것을 포용하고 가치 있게 만드는 변혁가 · 322
변금순/내 인생의 나침판이 된 '두 가지 교훈' · 326
홍혜경/마음속의 열매로 맺혀 모든 이에게 선한 영향을 줄 수 있기를…… · 329
이정렬/신비로운 모습으로 나타난 김모임 박사님 · 330
간호대 제자 교수들/간호와 결혼하신 선생님께 드리는 제자들의 '효도' 선물 · 332
정년퇴임 준비위원들/정년을 맞은 선생님의 삶 '태피스트리' · 333
수필의 길을 함께 걷는 친구들/들꽃 같은 교수님께 · 336

에필로그 · 338

제1부

끊임없는
도전의 시작

세상의 중요한 업적 중 대부분은,
희망이 보이지 않는 상황에서도
끊임없이 도전한 사람들이 이룬 것이다.
— Dale Carnegie —

여의도에 피어난
간호사들의 희망

언젠가 오래된 지인의 사무실을 방문했을 때였다. 벽에 걸어놓은 액자의 글귀가 눈에 들어왔다.

눈 덮인 들판을 걸어갈 때
발걸음 하나라도 어지럽히지 말라.
오늘 내가 가는 이 길은
뒷사람의 이정표가 될 것이기에.

踏雪野中去(답설야중거)
不須胡亂行(불수호란행)
今日我行跡(금일아행적)
遂作後人程(수작후인정)

백범 김구 선생이 자주 읊던 애송시라는데, 원작자는 서산대사라는 설도 있고, 조선 후기의 문신인 이양연의 한시(漢詩)라는 설도 있다고 한다. 어쨌건 이 시가 눈에 띄었던 이유는, 문득 어떤 사람의 모습을 상기시켰기 때문이다. 바로 스승, 김모임 선생님이다.

　1981년 5월 12일이었다. 5월의 햇살이 눈부시게 쏟아지고 있었다. 나는 이제 갓 스물을 넘긴 연세대 간호대학 3·4학년 학생들과 함께 장엄하기까지 한 국회 방청석을 찾았다. 평소 정치에 대해 별 관심이 없었던 내가 학생들까지 데리고 국회를 찾은 이유는, 우리의 스승이자 선배인 김모임 선생님의 국회의원이 된 모습을 보기 위해서였다. 평소라면 잠시도 조용할 틈이 없을 만큼 소란스러웠을 어린 학생들이 이날만은 국회의 엄숙함에 말소리조차 조용해졌다.

　제법 긴 기다림 끝에 드디어 대정부 질의가 시작되었다. 국민의례가 끝나고, 수백 명의 여야 의원들과 방청객들이 숨을 죽이고 있는 가운데 호리호리한 체형의 여성이 또각또각 국회의장 앞, 질의석으로 걸어 나왔다. '11대 국회의원'으로 변신한 김모임 선생님이었다. 선생님은 그날의 첫 질의자였다.

　"국제간호사의 날이자 나이팅게일의 탄생일이기도 한 오늘, 대한민국 최초의 간호사 출신 국회의원으로서 첫 질의에 나서게 된 것을 무한한 기쁨으로 생각합니다."

　선생님의 인사말이 시작되자 방청석에 앉아있던 우리들의 가슴은 감동과 기쁨으로 벅차올랐다. 손수건을 꺼내 눈시울을 찍어내는 학생도 있었고, 눈에 그렁그렁 눈물이 맺힌 채 국회의장 앞에서 질의를 이어나가고 있는 선생님의 모습을 하염없이 지켜보는 사람도 있었다. 11대 국회의 회기가 처음 시작된 날, 간호사 출신의 여성 초선의원이 첫 질의에 나섰다는 사실만으로도 연세대학교 간호학과는 물론 대한민국 간호계 전체가 기쁨으로 충만해 있었던 것이다.

당시 '김모임 의원'은 또 한편으로는 대한간호협회장이자 연세대학교 현직 교수이기도 했다. 간호협회에서는 당연히 선생님의 국회 입성을 환영했지만, 학교에서는 모든 사람이 찬성을 했던 것은 아니다. 그때 간호대의 의견은 크게 보면 두 개로 나뉘어 있었다.

우선 '백조가 정치계에 뛰어들면 똑같이 시커멓게 된다. 아예 발을 들이지 말라'는 분들이 있었다. 반면에 '간호대 교수이자 간호협회장이 국회의원이 되면 간호협회는 물론 전체 간호계에 큰 도움이 된다'면서 적극 찬성한 분들이 있었다. 제자들의 의견도 덩달아 갈라졌다. 반대하는 제자들의 의견은 대체로 '학문에 힘을 쏟아야 할 교수가 정치계에 몸을 담는 것은 본분을 잃어버리는 것 아니냐' 하는 것이었다. 하지만 나는 기회가 왔을 때 국회로 진출해야 한다고 생각했다. 평소 선생님이 우리에게 들려주곤 했던 비유가 바로 이런 경우에 해당된다고 믿었기 때문이다.

"작은 연못에 물고기가 여러 마리 살고 있었어. 그런데 큰 물고기 하나가 심심하면 공중에 뛰어오르는 거야. 그러니까 작은 물고기들이 불평을 했지. 이리저리 물도 튀고, 시끄럽고, 귀찮고, 힘들다고. 그래도 큰 물고기는 계속 뛰었어. 그러던 어느 날 큰 물고기가 '이사를 가야 되겠다'고 하는 거야. 작은 물고기들이 의아해서 물었지. '왜?' 그랬더니 큰 물고기가 '주변 환경을 보니까 여기저기 물이 마르는 게, 우리 연못에도 곧 문제가 생길 것 같아' 하는 거야. 그제야 작은 물고기들도 큰 물고기가 그동안 왜 펄쩍펄쩍 뛰어올랐는지 이해를 했지. 그러고는 다 함께 힘을 합쳐서 이사를 했어. 덕분에 큰 재앙을 피할 수 있었지."

사실 국회 이야기가 나오기 전에도 선생님은 학교 내 개혁 문제를 놓고 찬반 양론에 휩싸이는 일이 적지 않았다. 선생님의 개혁 방침을 따르는 사람도 많았지만 불평을 하는 사람도 많았기 때문이다.

"아니 꼭 저렇게 해야 돼? 그냥 지금 그대로 두어도 문제가 없는데 말이야."

그 무렵에도 나는 그런 생각을 많이 했다.

'작은 그릇에 큰 물고기를 넣어놓으니까 조금만 움직여도 물이 튀는구나. 그래서 작은 물고기들이 불편해지고, 힘들어 하는구나.'

그래서 나는 선생님이 빨리 '학교'라는 작은 물을 떠나서 큰물로 가야 한다고 생각해왔던 터였다. 하지만 학교가 너무 작다면, 연세대가 작다면 어디로 가야 하는가에 대해서는 고민을 하지 않을 수 없었다. 선생님이 놀 만한 큰물이 어딘지 감을 잡을 수 없었기 때문이다. 마침 그때 국회 이야기가 나왔고, 나는 당연히 가서야 한다고 믿었던 것이다.

선생님이 국회 활동을 시작하면서 나 역시 바빠졌다. 국회의원에 따르는 공식적인 보좌관만 가지고는 일을 하기가 어려웠기 때문이다. 오늘날 국회의원은 장관급이지만, 당시에는 차관급 대우에 불과했다. 보좌관에 대한 대우도 지금에 비하면 상당히 낮은 편이었다. 이 때문에 입법 활동을 하는 데도 한계가 많았다. 게다가 남자들은 상당한 정치적 인맥을 활용할 수 있었지만, 대부분 정치적 인맥이 없는 여성 의원들은 활발한 활동을 하기가 어려웠다.

그래서 당시 국회의원들은 일을 원활하게 처리하기 위해 공식 보좌관 이외에 비공식적인 서포트 그룹을 많이 운용하고 있었고, 나는 '국회의원 김모임'의 비공식 서포트 그룹의 일원으로서 나름의 역할을 시작한 것이다.

실제로 겪어보니 '국회'는 겉에서 볼 때보다 그 그릇이 훨씬 크게 느껴졌다. 어지간한 움직임으로는 파장조차 일으키지 못하는 경우가 비일비재했다. 어떤 활동을 하든 그 규모는 학교나 간호계가 아니라 대한민국 전체를 보고 크게 움직여야만 했다.

  그렇게 활동을 하면서 '학교'나 '간호계'가 얼마나 작은 물인지, 더욱 실감할 수 있었다. 그런 한편, 선생님이 늘 '미래'를 얘기하고 또 다른 세상을 얘기해주었는데도 우리는 늘 힘들다고 불평을 늘어놓았구나, 정말 우리 스스로 아무런 준비도 갖추지 못했구나, 하는 생각이 들면서 새삼 미안해지기도 했다.

코이의 법칙,
모임의 법칙

이웃나라 일본에서 즐겨 기르는 관상어 중에 '코이(Koi)'라고 부르는 잉어가 있다. '일본산 비단 잉어'라고 옥스퍼드영어사전에도 이름이 올라 있는 이 녀석은 작은 어항에 넣어두면 10cm도 안 되는 작은 물고기인데, 수족관이나 연못에 넣어두면 15~25cm까지 자라고, 강물에 풀어주면 1m가 넘는 거대한 크기로 자라는 재미있는 특징을 가지고 있다.

1981년부터 4년 동안 국회 안팎의 활동을 함께하면서 겪은 김모임 선생님은 내가 학교나 간호협회에서 보던 '그분'이 아니었다. 마치 오랫동안 국회의원 활동을 해온 것처럼 새로운 법안들을 발굴하고, 추진했다. 마치 연못에서 강물로 뛰어나온 코이처럼. '김모임 간호협회장' 또는 '김모임 교수'가 천직일 것만 같았던 분이 '국회'라는 물을 만나니까 '김모임 의원'이 선생님의 자리인 것 같았고, 장관이 되니까 '김모임 장관'이 또 선생님의 원래 자리인 것만 같이 여겨졌던 것이다.

흔히 '자리가 사람을 만든다'는 말들을 많이 한다. 소위 '깜'이 아니라고 봤던 사람이 어떤 '자리'에 앉은 뒤 뜻밖에도 일을 제대로 처리해낼 때 쓰는 말이다. 선생님의 국회 입성은, 자리가 사람을 만든 게 아니라 거꾸로 사람이 자리를 만든 격이었다.

애초에 정치권 인사들이 보건학 박사 출신의 여성에게 내어준 '국회의원'이라는 자리는, 무언가 '일'을 하라는 것보다 그 내심에는 간호계의 수장을 국회에 모심으로써 '여성'과 '간호사'들에게 점수를 좀 따자는 정치적 계산이 깔려 있었을 것이다. 하지만 '국회의원'의 자리가 주어졌으면 국회의원 본연의 일을 제대로 해내야 하는 사람이 바로 선생님이었다. 애초에 타고난 크기가 따로 있는 흔한 물고기가 아니라 바로 '코이'였던 것이다.

물론 선생님이 처음부터 국회나 정치에 관심이 있었던 것은 아니다. 1980년 3월의 어느 날, 이종찬 국가보위입법회의 입법위원이 전화를 걸어오기 전까지는. 예컨대 코이 잉어가 그 스스로 연못이나 강물을 찾아가려고 애쓰지 않는 것처럼 선생님 역시 간호협회와 학교 일에 최선을 다했을 뿐인데, 주변에서 새로운 환경을 만들어주었던 것이다.

이종찬 의원이 전화를 건 이유는 선생님에게 민주정의당(이하 민정당) 창당위원회의 위원으로 참여해달라는 것이었다. 5공화국 출범을 눈앞에 둔 전두환 정권은 '민정당'이라는 새로운 정당을 만들기 위해 학계, 재계, 정치계 등의 역량 있는 사람들을 모아들이고 있었다.

전화로 이야기를 나눌 사안이 아니어서 직접 만나기로 했다. 나가보니 권정달 의원이 함께 나와 있었다. 훗날의 얘기지만 이종찬 의원은 11대 국회 민정당 원내총무를 거쳐 사무총장을 역임했고, 권정달 의원 역시 민정당 초대 사무총장을 역임했다.

선생님은 선뜻 대답을 할 수 없었다.

본래 선생님이 정치에 뜻이 없었던 것은 아니다. 간호협회를 비롯해서 간호사를 위한 여러 가지 사업을 해 나가자면 정치가 필요하다는 점은 늘 생각하고 있었다. 하지만 이종찬 의원이 제안한 것은 말하자면 '정치를 위한 정치'였다. 간호사를 위한 정치를 펴는 것이 아니라 자칫하면 본격적인 정치인으로 변신을 하게 될 수도 있을 것 같았다.

어떻게 거절할까 망설이고 있는 차에 이종찬 의원이 말을 이었다.

"그만큼 공부를 하고 오셨으면 이제 조국을 위해 봉사를 하실 때도 되지 않았습니까? 새 공화국이 출범하는데, 회장님과 같은 인재가 꼭 필요합니다. 특히 여성들이 국회에 들어와야 여성 문제에도 힘을 쓸 수 있지 않겠습니까. 도와주십시오."

그 순간 '나라를 위한 봉사'와 '여성 문제'라는 말이 선생님의 귀에 쏙 들어왔다. 해외에서 박사학위를 받을 정도로 공부를 하고 온 인재가 매우 드물 때였고, 특히 보건학 분야의 박사학위 소지자는 다섯손가락에 꼽을 정도였다. 그런 시절에 자신이 몸담고 있는 분야의 경험을 가지고 국민들에게 봉사를 할 수 있을 뿐만 아니라 여성의 지위 향상에도 도움이 된다니 더 이상 망설일 이유가 없었다.

실제로 당시는 여성의 지위가 제대로 갖춰지지 않아서 국가 발전에도 저해가 되고 있었다. 어떤 의미에서는 의식 있는 여성들이 불행할 수밖에 없는 구조였다.

사실 선생님은 이종찬 의원의 제안을 받기 이전에도 틈틈이 우리들에게 이야기하곤 했다.

"현모양처가 되는 것이 여성이 가야 할 길의 전부가 아니다. 여성의 사회적 가치를 인정해주지 않는다면 절반의 가치를 잃어버리는 것이나 마찬가지다. 전문직인 우리는 그나마 다행인 셈이다. 그러니 여성의 가치를 높이는 일에 힘을 써야 한다."

선생님이 이종찬 의원의 제안을 결국 수락한 것은 '간호'를 먼저 고려한 것이지만 또 한편으로는 헌법에 정한 대로 동등한 인격을 가진 사람으로서 여성에게 '기회'를 줄 수 있도록 해주겠다는 마음 역시 적지 않았다.

'민정당 창당위원회' 활동 몇 달 뒤 선생님은 '전국구 의원'이 되어 달라는 새로운 제안을 받게 되었다. 오늘날의 비례대표제와 비슷한 당시의 전국구 의원은 대부분 직능단체 대표나 사회 명망가 등으로 채워졌다. 선출직과 달리 유권자의 눈을 의식하지 않고 소신껏 특정 분야에서 역량을 발휘할 수 있도록 한다는 취지였다.

민정당 창당 작업을 함께하는 동안 '정치의 힘'을 간접 경험했던 선생님은, 이번 제안은 큰 고민없이 받아들였다. 그리고 이듬해인 1981년 3월 25일, 전국적으로 국회의원 선거가 치러지고 선생님은 국회의원으로서 정치계에 첫발을 내딛게 되었다. 당시 민정당 창당멤버로 여성은 선생님을 비롯해서 김정례 의원, 김현자 의원 3명밖에 없었다.

선생님의 국회 활동은 간호계에도 커다란 변화를 불러일으킨 일대 사건이었다. 일단 선생님의 국회 활동을 돕기 위해 나섰던 많은 인물들이 4년 동안 정치 감각과 함께 정책 연구와 개발 등의 실무에도 눈을 뜨게 되었으니, 이만한 트레이닝 장소를 또 어디에서 찾을 수 있을 것인가. 또한 선생님의 국회 입성은 훗날 세계 간호계의 중심인 ICN 회장 선출의 바탕이 되어, 두고두고 우리 간호계에 적지 않은 영향을 미쳤던 것이다.

　선생님을 보면서 나는 어떤 한 사람의 '존재'나 변화를 위한 지속적인 '도전'들이 주위 사람들에게 계속 불편함을 느끼게 한다면, 그것은 오히려 바로 그 사람이 '큰 물고기'이기 때문이며, 바로 그 순간이 그가 더욱 넓은 세계로 나아가야 할 때라는 것을 깨달았다.

　어느 순간부터 사람들의 입에 오르내리기 시작한 '코이의 법칙'은 적어도 우리들에게는 '모임의 법칙'과 같은 뜻일 수밖에 없다.

국회의 꽃,
예산결산위원회에 진입

1981년 5월 그날, 국회 방청석에 앉아 있었던 우리는 사실 김모임 선생님의 제자나 후배를 넘어선 열렬한 팬이었다. 그리고 선생님은 그 누구보다 빛나는 우리들의 스타였다. 스승을 바라보는 제자의 마음은 '스승의 그림자도 밟지 않는' 경애와 존경이 기본이지만, 스타를 바라보는 팬의 마음은 자신의 모든 것을 던져도 전혀 아깝지 않은 무한한 사랑이 그 바탕이다.

지금은 아이돌 스타의 집 앞에 진을 치고 있는 여학생 팬들의 모습을 보는 게 전혀 어색하지 않지만, 당시만 해도 그런 '팬덤 문화'는 그리 흔한 것이 아니었다. 기껏해야 온 동네에 몇 대 되지 않는 TV나 라디오로 남진, 나훈아의 노래를 따라 부르거나 '선데이 서울'에 실린 기사를 보면서 이런저런 상상의 나래를 펴는 것이 고작이었다.

하지만 어느 시대나 열성팬은 있는 법. 1981년으로부터 10여 년 전인 1969년에 이미 우리나라에서도 그런 조짐이 있었다. '영국의 엘비스 프레

슬리'라 불리던 클리프 리처드가 이화여대 강당에서 3일에 걸쳐 내한 공연을 가졌는데, 이 당시 여학생들이 얼마나 열광적으로 그를 반겼던지 '일부 여학생이 정신을 잃고 쓰러졌다'는 이야기가 항간에 퍼질 정도였다. 그리고 1980년에 내한한 레이프 가렛 역시 클리프 리처드에 결코 뒤지지 않는 열광적인 환영을 받았다.

1981년 5월, 국회 방청석에 앉아 대정부 질의를 하고 있는 선생님의 모습을 바라보는 우리들의 가슴은 1969년의 클리프 리처드와 1980년의 레이프 가렛을 바라보던 여학생들의 가슴과 똑같이 뛰고 있었다. '국회'라는 장소의 특성상 환호를 지르거나 수건을 던질 수는 없었지만, 오히려 그랬기 때문에 더 가슴이 벅차게 타올랐던 것인지 모른다.

그런데, 그날 우리가 느낀 것은 단순한 감동만이 아니라 놀라움과 찬탄이었다. 선생님에 이은 다른 국회의원들의 질의는 대체로 정부 정책이나 시행의 문제를 단순히 언급하고 넘어가는 정도였지만 선생님은 그 문제의 배경과 실체, 앞으로의 대안 등에 대해서까지 폭넓게 묻고 따졌다. 엄청난 데이터를 사전에 준비하지 않고는 나올 수 없는 질문이었다. 그 후에도 늘 선생님은 마치 여당이 아닌 야당처럼 정확한 분석 자료와 통계 등을 바탕으로 원리원칙대로, 전문 영역에 대한 질문을 날카롭게 펼쳐 나갔으니 때로는 정부 부처는 물론 같은 국회의원들도 선생님을 껄끄럽게 여기곤 했다.

당시 선생님의 관심은 환경오염, 보건위생, 노동문제 등 다양했다. 물론 이 모든 주제는 '보건학' 또는 '간호'라는 학문의 본질에서 파생된 것들이었다. 하지만 정부 관계자들은 물론 심지어 동료 의원들조차 선생님을 대놓고 타박하기 일쑤였다.

"누가 박사 아니랄까 봐 참 아카데믹하게 하네."

"현실을 몰라도 너무 몰라. 먹고살기도 바쁜 판에 무슨 놈의 환경이니 노동이니 따질 틈이 있어?"

당시 님비 현상이 극심해지면서 쓰레기 매립에 대한 반대 또한 심했다. 환경위생적 관점에서 보면 쓰레기를 태우는 것보다는 매립이 낫다는 것이 선생님의 뜻이었지만, '먹고 사는 문제'에 밀려서 뜻을 관철시키지 못했다. 그리고 지금은 지자체별로 매립과 소각을 알아서 결정하면서 당시 선생님이 예견한 대로 더 큰 문제가 되고 있다.

이런 상황 속에서 선생님은 좌절하기는커녕 오히려 더 큰 벽에 도전을 했다. 바로 국회 예산결산위원회였다. 예산결산위원회는 '국회의 꽃'이라고 불릴 정도로 의원들 사이에서도 선호도가 높았다. 어떤 종류의 사업을 추진하건 '예결위'에서 예산을 잡아주지 않으면 실행을 할 수 없었기 때문이었다. 하지만 당시까지 국회 역사상 여성 의원이 예결위에 들어간 적이 없었다. 그만큼 여성 의원들에게는 엄청나게 높은 벽이었다.

선생님은 일단 이종찬 원내대표를 찾아가서 '여성 의원에게도 기회를 달라'고 요청했다. 하지만 이종찬 원내대표는 여성 의원의 예결위 발탁 요청에 난색을 나타냈다. 당시 이종찬 원내대표의 주장은 크게 세 가지였다.

첫째, 여성 의원들은 숫자에 약하다. 더구나 정부 예산을 총결산하는 자리라 단위도 크고 복잡한데, 그걸 제대로 볼 수 있는 안목이 없다. 둘째, 툭하면 밤을 새워서 일을 해야 하는데, 여성의 체력으로는 버틸 수가 없다. 셋째, 예결위를 하다 보면 야당 의원들하고 술도 먹고 목욕도 같이 가고 해야 하는데, 여성 의원으로서 함께 참여할 수 있겠느냐 하는 것이었다.

하지만 이종찬 원내대표는 김모임 선생님에 대해 잘 모르고 있었던 것 같다. 선생님은 '연세대학교 인구및가족계획연구소' 총무부장으로 예결산 회계에 익숙했고 숫자에도 누구보다 밝았다. 또 그만큼 훈련도 되어 있었다. 게다가 학교에서는 보건대학원과 간호대학에서 통계학 강의를 하고 있었다. 체력으로 말하면 간호사로서 그리고 간호협회에서도 '밤샘'을 하지 않으면 일을 한 것 같지 않을 정도로 단련이 되어 있었던 터였다.

물론 야당 의원들과 술도 먹고 목욕도 같이 하는 자리는 어떻게 할 것이냐 하는 문제는 여성의 몸으로는 해결할 수 없는 문제였다. 이 문제에 대한 선생님의 답은 딱 한마디였다.

"그런 것은 다른 방법으로 해결해야 하는 것이 아닌가요?"

오랜 노력 끝에 선생님은 마침내 남성 의원들도 부러워하는 예산결산위원회의 위원이 되었다. 우리나라 헌정 역사상 최초의 여성 예산결산위원회 위원이 되신 것이다. 이후 여성 의원이 예결위에 계속 참여하게 되었다.

때로는 코이도 자신의 자리를 스스로 만들기도 한다는 것을, 그리고 필요한 자리를 만들어야 할 때는 어떤 장애에도 굴하지 않고 뚫고 나간다는 것을 나는 그때 알았다.

IPU
의원 인구위원회

1980년대에는 남녀 공학의 경우 '여자 반장'을 구경하기가 참 힘들었다. 심지어 초등학교조차 대부분 반장은 일단 남자로 뽑고, 부반장을 여자 부반장, 남자 부반장 등으로 따로 뽑았다. 심지어 1등부터 3등까지 여학생이 휩쓰는 반에서도 반장은 으레 남자였고, 여학생들조차 그런 사실을 당연하게 받아들였다. 그러니 전체 학생회장을 여자가 맡는다는 것은 아예 꿈도 꾸기 어려운 이야기였다. '남성우월주의'라는 말이 교과서나 사전이 아니라 늘 곁에 있는 일상생활이었다.

국회라고 해서 썩 다를 리 없었다. 같은 국회의원 배지를 달고 있지만, 당이나 의회의 주요 자리는 남성들이 독차지했다. 국내외 행사에 나갈 일이 있을 때도 일단 남성 의원들이 그 자리를 차지했고, 어쩌다 선심을 쓰듯 여성 의원들에게 한 자리씩 배정을 해주는 정도였다. 2015년 현재, 여성 대통령이 취임한 지 만 2년이 넘었지만 그 누구도 '여성 국회의장' 혹은 '여성

대법원장'을 상상하지 못하는 것이 우리의 현실이다.

하지만 선생님은 국내 국정활동에서만 빛이 나는 것이 아니었다. 국제활동이 활발하지 않던 그 시절, 국제적으로도 큰 성과를 거두었던 것이다. 그것은 바로 IPU 즉 국제의원연맹 총회에 '한국 대표'로 참가한 것이다.

국제의원연맹(IPU)은 국제평화 및 국제협력, 의회제도의 정착을 위해 1889년에 설립된 국제 의회기구로 스위스 제네바에 본부를 두고 있다. 우리나라는 1964년 제53차 코펜하겐 총회에서 가입안이 통과되었다. 그리고 1983년 제70차 총회, 1997년 제97차 총회 및 이사회를 서울에서 유치했다. 2010년 현재 회원국은 152개국이다.

1982년에 열린 IPU 총회는 여러모로 의미가 깊었다. 일단 신군부가 탄생시킨 5공화국에 대해 여전히 의문을 품고 있는 각국 의원들에게 국내 사정을 설명해야만 했고, 여러 경로를 통한 '국제적 인맥 쌓기'도 중요한 목표 중 하나였다. 이 때문에 국회의장을 포함한 여러 명의 여야 중진의원들이 일찌감치 IPU 대표단에 이름을 올리기 위해 동분서주했다.

그런데, 이 중요한 총회에 나갈 한국 대표의 한 사람으로 선생님이 선발된 것이다. 선생님을 추천한 인물은 당시 민정당 사무총장이었던 권정달 의원이었다.

게다가 선생님은 단순히 IPU에 참석한 것으로 끝내지 않고 더 큰일을 이루어냈다. 그것은 역사상 처음으로 IPU 한국위원회 안에 '의원 인구위원회'를 조직하도록 한 것이다. 그리고 선생님은 IPU 의원 인구위원회 한국위원회 부위원장으로 활약하며 우리나라에서 첫 IPU 의원 인구위원회를 개최할 수 있도록 주역을 담당했다.

이처럼 국회 내외에서 활약하는 선생님의 모습을 보고 있노라면 '낭중지추(囊中之錐)'라는 말이 절로 떠오르곤 했다. '주머니 속의 송곳' 즉 뛰어난 재능은 아무리 꽁꽁 숨겨도 결국은 드러나게 마련이라는 뜻이다.

선생님은 몇 명 되지 않는 여성 의원들 사이에서 발군의 실력을 보여준 것은 물론 국회의 대부분을 차지하는 남성 의원들 사이에서도 돋보였다. 동양인 최초의 존스홉킨스 보건학 박사라는 '외형'은 물론 국회의원이 갖추어야 할 기본 소양에서 그 누구에게도 뒤지지 않는다는 것을 인정받은 셈이다.

그런데 '간호사 출신의 여성 의원'이 대한민국을 대표해서 국제의원연맹 총회에 참석하는 것이 얼마나 못마땅했던지, 말도 안 되는 모함과 소문들이 쏟아졌다. 요즘 인터넷에 떠도는 '악플'에 뒤지지 않는 얼토당토

않은 이야기들이 '민의의 전당'을 떠돌아다녔다. 그중에서 특히 말도 안 되는 '헛소문' 중 하나는 '영어도 못하는 간호사 출신 국회의원'이 총회에 참석한다는 것이었다.

'일개 간호사 출신'이라는 것도 말도 안 되는 소리지만, 세계 최고의 수준을 자랑하는 미국의 '존스홉킨스'에서 박사 학위까지 딴 사람을 두고 '영어도 못하는 사람'이라니 얼마나 어처구니가 없는 일인가. 지금 생각하면 실소가 나올 일이다. 물론 막후에서 이런 일이 벌어지고 있다는 것을 선생님은 물론, 선생님을 보좌하는 우리들도 전혀 모르고 있었다.

하지만 일은 엉뚱한 곳에서 술술 풀려나갔다. 안기부에서 IPU 총회 참석자 관련 정보를 체크하다가 선생님에 대한 정보 보고를 발견한 것이다. 안기부에서 오히려 '미국 유학으로 박사학위를 딴 사람이 영어도 못한다는 이따위 정보를 누가 올렸느냐'고 호통을 치고 다시 조사하라고 시켰다.

나는 당시 국회 의원회관에 있는 선생님의 의원실을 드나들며 "김모임 의원이 간호사 출신만 아니었다면 정말 참 크게 되었을 텐데……" 하는 의원들의 농담 반 진담 반 이야기를 가끔 듣곤 했다. 하지만 선생님은 이런 가슴 아픈 이야기를 오히려 간호를 사랑하고 성장시키려는 의지로 승화시켰다. 나는 선생님의 간호에 대한 사랑을 온몸으로 느낄 수 있었다.

일회용 주사기

지금 돌아보면, 김모임 선생님과의 인연은 참 길고도 깊다. 학생과 교수로 만나 학장과 교수, 대한간호협회, 세계간호협의회, 국회, 복지부 장관을 거치면서 짧게 보아도 40년 가까운 세월 동안 참 많은 일들을 함께해 왔다.

그런데 그 수많은 세월 동안 선생님에게 배운 것 중 하나는 늘 시선을 멀리 두라는 것이었다. 특히 '여성'이라는 한계에 갇히지 말고, '간호사'의 직분에 충실하되 그 안에 머물지 말 것이며, 늘 눈을 '세계'로 향하라는 것이다. 특히 간호는 우리 가족이나 우리 병원이 아니라 전 세계인을 대상으로 하는 인류애적 사랑을 펼쳐야 한다는 점을 늘 강조했다.

그래서 그런지 선생님의 제자 중에는 교수나 공직자 등의 공식적인 자리에서 물러난 후 의료의 사각지대에 놓인 세계 곳곳을 찾아 봉사활동을 펼치고 있는 이들이 많다. 나 역시 정년 후에도 아프리카나 남미 지역 등을 돌면서 저개발 국가 지원 사업을 돕고 있다.

그런데, 이런 지역에 갈 때마다 늘 신경이 쓰이는 것이 '감염'이다. 우리나라에 비해 위생적으로 떨어질 수밖에 없는 생활환경은 물론, 가장 안심이 되어야 할 병원조차도 감염에 무방비 상태인 경우가 적지 않기 때문이다. 특히 아프리카 지역에서는 에이즈 환자를 치료하던 의료진이 오히려 감염자가 되는 경우가 적지 않다. 그런 모습을 볼 때면 문득 1980년대 '김모임 의원'이 추진했던 '일회용 주사기 사용 사업'이 떠오르곤 한다. 그 사업이 본격화되기 이전까지는 우리나라 역시 간호사를 비롯한 의료진의 병원 내 감염이 종종 있었기 때문이다.

선생님이 국회의원이 되고 나서 얼마 되지 않았을 때였다. 대전에 있는 영유아원에서 집단 사망사건이 발생했다. 조사 결과 주된 원인은 '감염된 주사기'였다. 간호사도 두지 않은 채 영업을 하면서 주사기를 제대로 소독하지 않고 사용한 것이 문제였다. 당시 화상 환자도 몇 명 수용되어 있었는데, 어린이 화상 환자들이 앓고 있는 패혈증 등의 세균이 주사기를 통해 감염된 것이 아닌가 짐작되었다.

사실 그 당시에는 대전의 영유아원만이 아니라 일반 작은 의원들에서는 주사기를 제대로 소독해서 쓰는 곳이 많지 않았다. 일일이 모든 주사기를 소독하는 것도 큰일이었지만, 하도 여러 번 재사용을 하는 바람에 바늘 끝이 무뎌져서 잘 안 들어가는 경우도 있었다. 당연히 환자의 고통은 더욱 커질 수밖에 없었다.

간호사의 입장에서는 규정대로 시간을 지켜서 소독을 하려고 해도 당시 경제 사정이 열악했던 터라 충분한 숫자의 주사기를 가지고 있지 못했다. 그나마 간호사가 근무하는 곳은 원칙을 지키려는 최소한의 노력이라도 했지만 그렇지 못한 곳은 그나마도 지켜지지 않았다. 이런저런 이유로 주사기는 간호사들에게 큰 두통거리였다. 간호사들 사이에서는 '여건이 따라주지 않으니 어쩔 수 없는 일'이라는 자조감도 적지 않았다.

그때 선생님이 '일회용 주사기 사용'을 제안했다. 의료 선진국인 미국에서 보건학을 공부하면서 보고 듣고 했던 경험들을 토대로 감염 예방을 위해 선진의료 도입을 추진했던 것이다. 보건 전문가를 전국구 의원으로 영입한 효과가 바로 이런 것이 아니겠는가.

그런데, 전국의 의사들은 크게 반발했다. 병원 입장에서 보면 주사기도 큰 재산인데, 그걸 몽땅 없애고 새로 사야 했기 때문이다. 게다가 한 번이 아니라 계속 일회용 주사기를 사야 했으니 경영적인 측면에서 반발을 하는 것은 어쩌면 당연한 일이었으리라.

하지만 선생님은 '옳다'는 생각을 하면 물러서는 일이 없는 분이다. 국회 바깥과 국회 내의 반대 움직임을 물리치고자 끝까지 노력했다.

또한 일회용 주사기 사용과 함께 일정한 숫자의 영유아를 수용할 경우 간호사를 적정한 숫자만큼 배치하는 것을 의무화하도록 하는 제안을 하기도 했다. 오늘날 영유아 시설의 상당 부분에 간호사를 배치하게 된 것은 선생님의 이런 노력 덕분이라 할 수 있다.

사실 일회용 주사기의 사용이 선생님의 힘만으로 이루어진 일은 아닐 것이다. 선생님 이외에도 많은 사람이 힘을 썼고, 구체적인 부분에서 선생님보다 더 큰 노력을 기울인 분도 있을 것이다. 하지만 나는 지금도 일회용 주사기의 사용 필요성을 처음으로 제기한 선생님의 공이 제일 크다고 믿는다.

선생님은 어떤 문제를 보면, 아무도 생각해내지 못한 새로운 방향이나 대안을 제시하곤 했다. 그렇게 쏟아져 나오는 대안들을 보고 있으면 때로는 '너무 시기상조가 아닐까?' 혹은 '왜 저런 방안을 내세우시는 것일까?' 하면서 때로는 의아해하고, 때로는 황당하게 느끼기까지 한 적도 있다. 하지만 몇 년, 때에 따라서는 몇십 년이 지난 후에 선생님의 대안이 현실화되어 나타나고, 그 덕분에 문제가 해결되는 것을 보게 되는 경우가 많았다.

덕분에 우리 제자들은 어떤 비전이든 3년 정도만 앞서 나가야지 30년씩이나 앞서 나가면 현실 세계에서 받아들여지기 힘들다는 것을 생생하게 배울 수 있었다. 힘들게 그렇게 앞서 나가지 말자고 투정하고 만류하는 제자들에게 선생님은 "그래도 누군가는 지금 시작해야 30년 뒤에 문제를 해결할 수 있다."며 지치지도 않고 우리를 독려하며 새로운 대안을 끊임없이 찾아내곤 하셨다.

김모임 장관;
전 세계인의 환호

요즘은 어떻게 보면 별것 아닌 사소한 개인적 뉴스가 전세계로 손쉽게 퍼져 나가곤 한다. SNS, 즉 Social Network Service 덕분이다. 그러나 인터넷을 통한 이런 서비스가 전혀 없었던 1980년대에, 선생님과 관련한 뉴스가 전 세계적으로 일시에 퍼져나간 일이 있었다. 선생님의 보건복지부 장관 지명 뉴스였다.

1998년 4월의 어느 화창한 봄날. 우리는 꽃으로 둘러싸인 경주의 한 호텔에서 전 세계 간호계의 지도자급 인사 300여 명과 함께 있었다. 하지만 우리는 그들과의 담소를 즐길 여유도 없이 WHO 간호협력센터 학술대회를 주관하느라 동분서주, 정신이 없을 정도로 바쁠 때였다.

그런데 선생님이 갑자기 나를 찾으시더니 몇 사람만 데리고 선생님 방으로 올라가자고 하시는 것이 아닌가. 이제 막 큰 홀에서 행사 준비로 바쁜 와중이었지만, 우리는 곧 선생님 방으로 올라갔다. 그리고 엘리베이터

안에서 매우 상기된 선생님의 모습을 보고 '뭔가 좋은 일이 있구나!' 하는 짐작을 해볼 수 있었다.

WHO협력센터(Collaborating Center)는 세계보건기구가 전 세계적으로 어떤 특정 분야에 대한 발전 대책이 필요할 경우, 그 분야를 위한 협력센터를 만든다. '아프리카 아동 건강'이 세계적인 이슈가 될 때는 '아동건강협력센터'와 같은 이슈별 센터를 만들고, 나병이나 에이즈, 에볼라 등의 특정 질병이 문제가 될 때는 '에이즈협력센터'처럼 질병에 따른 센터를 만든다. 이러한 협력센터는 WHO라는 세계적인 권위 기관이 엄선, 인증해서 전 세계적으로 영향력이 퍼져 나가게 한다.

그런데 1988년 당시까지만 해도 간호 관련 WHO협력센터는 한 번도 만들어진 적이 없었다. 당시 제네바 WHO본부의 Chief Nurse Advisor는 필리핀의 마갈라카스가 맡고 있었다. 그런 문제점을 인식한 그는 WHO에 이슈를 제기하여 WHO '간호협력센터'를 조직하기 시작했다. 한 번도 조직된 적이 없는 이슈였기 때문에 전 세계적으로 관심을 모은 대규모 작업이었다.

간호협력센터와 관련한 첫 회의는 태국에서 열렸다. 당시 선생님이 다른 일을 맡고 계실 때라 한국 대표로는 내가 참석했다. 그 회의에서는 일단 전 세계적으로 6개의 센터를 만들기로 결정이 됐다. 지역적으로는 미국에 2~3개, 동양(서태평양)에서는 우리나라에 1개 센터를 두기로 했다. 간호협력센터는 1988년 한국을 비롯해 6개로 시작해서 2015년 현재 44개까지 늘어났다.

그런데 '간호협력센터'가 세계적으로 퍼져 있기 때문에 이를 연결할 네트워크가 필요하게 되었다. 각 센터는 1년에 한차례씩 모여서 주요 의제를 논의하는데, 그러다 보니 이를 총괄할 사무국이 필요해졌던 것이다. 이에 따라 당시 미국 일리노이대 부총장을 맡고 있던 김미자 박사가 1대 사무총장을 맡았고, 선생님이 그 뒤를 이어 2대 사무총장이 되었다.

WHO협력센터 네트워크의 사무총장을 맡는 것은 단순히 세계적인 영향력을 좀 더 가지게 되었다거나 개인과 국가의 명예가 좀 더 높아진 것 이상의 매우 중요한 의미가 한 가지 더 있다. 그것은 세계 간호계와 관련한 주요 정보를 모두 관장할 수 있게 되는 것이다. 어떤 시대를 막론하고 정보는 힘이자 무기이다. 아직은 세계의 중심이 되지 못한 우리로서는 엄청난 기회를 잡은 셈이었다. 나 역시 대한간호협회와 ICN에서 경험해보지 못한 새로운 세계를 접할 수 있었고, 개인적으로도 크게 성장할 수 있는 계기가 되었다.

당시 선생님은 사무총장이 되자마자 늘 하셨던 것처럼 먼저 5개년 계획을 세우고 차근차근 계획에 따라 일을 정리해 나갔다. 그중 하나가 바로 간호협력센터 대표자 회의가 있을 때마다 학술대회를 하자는 것이었고, 경주 대회는 바로 첫 번째 시범 케이스였다. 이 때문에 단순히 각 지역 대표자들만 몇 명 온 것이 아니라 300여 명의 기라성 같은 세계 간호 연구자들까지 모두 경주에 모였던 것이다.

바로 그날, 선생님의 방으로 올라간 우리는 선생님이 보건복지부 장관으로 임명되었다는 소식을 전해 들었다.

"꺄~." 마치 10대 소녀들처럼 기쁨의 탄성을 지른 우리는 곧바로 아래층 홀로 내려가 그 자리에 모인 세계 간호계 인사들에게 이 기쁜 소식을 전했다. 바로 그 시각, 우리나라의 모든 TV와 라디오, 신문 등등이 난리가 나기 시작했고 호텔을 가득 메운 세계 간호계 인사들의 환호와 박수가 터져 나오기 시작했다. '간호사 출신'이 보건복지부 장관에 임명된 사례가 그 당시까지 전 세계적으로 전무했기 때문에 선생님의 기쁨은 곧 전 세계 간호계의 기쁨이었던 것이다.

WHO 간호협력센터 모임을 취재하기 위해 경주에 모여 있던 국내 전문지 기자 특히 연세의료원 기자는 가장 첫 번째로 새 장관을 인터뷰하는 특종을 건졌다.

사실 선생님의 보건복지부 장관 하마평은 이미 11대 국회 때부터 꾸준히 언론에 오르내렸던 터였다. 하지만 실제로 장관 임명이 이뤄진 것은 15대 대통령 때였으니, 제법 세월이 흐른 뒤였다. 자세한 내막은 알 길이 없지만, 의사들이 '간호사 출신이 우리를 총괄하는 장관 자리에 와서는 안 된다'며 극구 반대했다는 이야기가 많이 퍼져 있었다. 이 때문에 '간호사 출신이 장관이 되는 길은 아직 멀었구나' 하며 어느 정도 포기를 한 상태에서 전해진 소식이라 우리들의 기쁨은 이루 말할 수가 없었다.

흔히 '남자는 태어나서 세 번 운다'고 하지만, 여자인 우리 제자들은 그해 봄에 이미 세 번의 울음을 모두 터뜨리게 되었다. 물론 기쁨의 눈물이었다. 첫 번째는 선생님이 국회의원이 되었을 때였고, 두 번째는 ICN 회장이 되었을 때, 그리고 마지막 세 번째는 바로 '보건복지부 장관 임명'이었다.

코이는 코이를 낳는다

아프리카나 남미 등을 다니다 보면 마치 우리나라의 1960년대나 1970년대를 보는 듯한 느낌을 받을 때가 있다. 일종의 데자뷔라고 할까? 그중에서도 특히 공무원들을 보면 그런 생각이 더욱 강해진다. 민도가 낮고 문맹률이 높은 저개발국가에서 공무원은 요즘 말로 '슈퍼 갑질'을 하는 경우가 적지 않고, 우리나라도 한때 그랬기 때문이다.

그 시절에도 공무원은 법률상 '국민을 위해 봉사하는' 사람이었지만, 실제로는 국민들이 오히려 공무원의 입장을 미리 헤아리고 알아서 처신해야 하는 경우가 많았다. 심지어 '뒷돈'이나 '촌지'를 주면 안 되는 일도 되게 하는 경우가 있었으니, 그 시절에는 공무원에 대한 국민의 인식이 썩 좋지는 않았다.

선생님이 장관이 되었을 때 '조직 관리'에 대한 우려를 내비치는 분들이 적지 않았다. 한마디로 일 년도 못 채우고 수시로 바뀌는 장관들을 다루는

데 이골이 난 노련한 공무원들을 '간호사 출신의 여성 장관'이 제대로 장악, 관리할 수 있을까 하는 우려였다.

하지만 그것은 일부 인사들의 '기우'였을 뿐이었다. 이미 대한간호협회장과 국회의원을 거쳐 ICN 회장을 역임하면서 '국가'라는 틀을 넘어서는 조직까지 관리했던 선생님의 역량을 너무 과소평가했던 것이다. 사실 그들은 선생님의 조직 장악력이 아니라, 선생님과 같은 분을 만난 보건복지부 공무원들을 걱정해주었어야 했다.

선생님은 그동안 활용하지 못하던 장관 자문관 제도를 활성화해서 '정책자문관'과 '모자보건자문관' 등의 제도를 손질했다. 그리고 나는 선생님의 뜻에 따라 정책자문관을 맡았다.

나는 거의 매일 새벽 2시가 되어서야 퇴근을 했다. 물론 출근은 정시였다. 선생님 역시 마찬가지였다. 그런데, 신임 자문관과 그 팀원은 물론 장관까지 밤잠을 줄여가면서 일을 했지만 뜻밖에도 복지부 직원들의 반응은 '시큰둥' 그 자체였다.

'왜 그럴까?'

선생님은 직원들의 반응이야 어떻든 간에 처음 마음먹은 대로, 혹은 평소 하시던 대로 쉴 틈 없이 일을 하셨지만 나는 직원들이 그런 반응을 보이는 이유가 매우 궁금했다.

보건복지부 공무원들이 들려준 이야기에 의하면 그것은 새 장관이 올 때 마다 으레 치르는 과정이었다.

신임 장관이 부임해오면 대부분 처음 한 달은 뭔가 해보겠다고 엄청난 의욕을 보인다고 한다. 갑자기 건강이 좋아지기라도 하는지 잠도 안 자고 일을 하는데, 그렇게 한 달만 복지부동하고 있으면 장관이 먼저 백기를 들고 '당신들 알아서 하세요' 한다는 것이다. 그래서 김모임 장관이 지칠 때를 기다린 것이었다. 얼마 지나지 않아 전혀 그럴 기미가 안 보이는 장관에게 직원들이 백기를 들고 따라오기 시작했다.

나는 복지부의 간부회의에까지 참석을 했다. 정식 공무원은 아니었지만, 함께 협의하고 진행해야 할 일이 그만큼 많았기 때문이다. 또 한편으로는 나를 위한 선생님의 배려이기도 했다. 간호사 조직과는 전혀 다른 규모와 스타일의 정부 조직에서 일을 하면서 '훈련'을 쌓으라는 의미였던 것이다.

당시 간부회의나 기타 업무 진행을 하던 일들을 되돌아보면 웃음이 슬며시 나올 때가 있다. 마치 박사학위 논문 지도하듯이 선생님이 복지부 간부들과 직원들을 지도하던 모습이 생각나기 때문이다. 하지만 그렇게 하나하나 짚어 줘도 장관의 뜻이 말단 직원들에게까지 전달되는 것은 쉽지 않았다. 첫 번째로 지시를 받는 간부들이 장관의 뜻을 명확하게 이해를 하지 못하고 있으니, 더 아래 직원들에게 제대로 전달이 될 리가 없었던 것이다. 그 이후로는 간부들이 장관에게 가기 전에 내 방을 먼저 거쳐 가는 일들이 생기곤 했다. 장관에게 올릴 기획안이나 보고서를 먼저 살펴봐 달라는 뜻이었다.

당시 목격했던 또 다른 장면은, 장관이 직접 간부들 방을 찾아다니면서 회의를 하거나 브리핑을 받는 모습이었다. 아마 역대 보건복지부 장관 중, 아니 대한민국 역대 장관 중 스스로 부하직원의 방을 찾아다닌 사례는 선생님이 처음이자 마지막이 아닐까 싶다. 나중에 장관이 없는 자리에서 간부들은 나를 보고 "휴, 깜짝 놀랐어요. 아니, 장관님이 내 방을 직접 찾아오실 줄 누가 알았겠어요?" 하며 가슴을 쓸어내리곤 했다.

이뿐만이 아니었다. 때로는 말단 직원들을 장관의 방으로 불러서 직접 설명을 듣거나 지시를 내리기도 했다. 간부들 입장에서는 자신을 건너뛰는 것에 대해 불만이 없지 않았지만, 말단 직원들은 장관이 직접 자신의 이야기에 귀를 기울여준다는 사실만으로도 큰 힘을 얻곤 했다.

간부들 방을 돌면서 방문 결재를 하거나, 말단 직원을 방으로 직접 불렀던 것은 결재 사인을 받으려고 기다리는 시간을 단축시키는 한편 여러 직원들과의 거리를 좁히려는 노력 중의 하나였다. 서류만 보고 사인을 하다 보면 직급이 낮을수록 얼굴을 한 번도 마주쳐보지 못한 채 임기를 끝내는 수도 있었기 때문이다.

그렇게 직원들과의 소통에 직접 나서는 한편, 시스템 정비에도 힘을 기울였다. 우선 전 직원 워크숍과 브레인스토밍 등을 통해 잡 디스크립션(Job Description)을 새로 정립했다. 이 워크숍은 당시 보건대학원 손명세 교수에게 맡겼다. 직원 인재를 요소요소에 배치한데 이어서 그 인재들이 무슨 일을 해야 하는지 하나하나, 일일이 다시 정리해준 셈이다.

그러자 복지부 직원들 사이에서 크고 작은 불만들이 터져 나오기 시작했다.

"여기가 무슨 보건대학원이냐! 보건대학원장 출신이 장관으로 오더니, 우리를 학생 다루듯이 하는 것 아니냐!"

하지만 하나씩 업무를 정리해나가니 차츰 불만의 목소리가 잦아들고, 오히려 '정부 부처 가운데 제대로 일을 하는 유일한 곳'이라는 자부심이 자리를 잡아가기 시작했다.

그런 다음 김모임 장관은 '인사' 문제를 본격적으로 정리하기 시작했다. 본래 복지부를 비롯한 각 부처는 인사이동과 관련한 전통적인 방법을 나름대로 갖추고 있다. 그걸 자신만의 방식대로 확 바꾼 것이다. 그 방식은 생각보다 간단한 것이었다. 앞으로 일하고 싶은 분야가 어떤 곳인지 정하고, 만일 그 분야에 현재 근무하는 사람이 있다면 그가 업무를 잘하는지, 업무와 성격이 잘 맞는지, 자신이라면 어떻게 일하겠는지 등에 대해 기술서를 써내라고 한 것이었다. 그리고 그 기술서를 보고 본인이 원하는 자리에 갈 만한 사람인지 아닌지 평가를 하겠다고 전 직원들에게 알렸다.

그런데 막상 기술서를 받아보니 많은 직원들이 실제로 인사에 반영된다는 걸 미처 깨닫지 못하고 일종의 '숙제'처럼 시늉만 낸 경우가 많았다. 하지만 김모임 장관은 이미 공언한 대로 기술서를 일일이 다 읽어보고 그에 맞게 인사 조치를 취했다. 능력이 있으면서도 제대로 쓰지 않은 사람은 억울했을 수도 있겠지만, 그 역시 장관의 인사 정책을 가볍게 여긴 탓이니 누구를 원망하랴.

하지만 성심성의껏 기술서를 써낸 사람들은 본인이 하고 싶었던 일, 정말 잘할 수 있는 분야에 배치가 되었고, 덕분에 업무효율도 한층 높아졌다. 연공서열이나 학력, 기존의 평가보다는 앞으로의 가능성에 더 큰 무게를 둔 김모임 장관만의 독특한 인사 방식이었다.

언젠가 복지부의 직원 한 사람은 영국으로 직원 연수를 다녀온 후 스스로 연수 보고서를 장관실에 제출하였다. 영국의 보건 복지 시스템의 분석과 한국 실정에 맞게 적용하는 방안에 대한 것이었다. 이를 꼼꼼히 읽으신 선생님은 이 직원을 망설임없이 특별 승진시켰다. 자신이 제안한 대로 적용할 수 있는 기회를 준 것이었다.

　복지부의 조직이 점차 안정을 찾아가면서 '걱정'을 하던 일부 인사들의 평가도 달라지기 시작했다. 그리고 마침내는 원내총무가 찾아와 '한수 배워야 되겠다' 하고 갈 정도가 되었다. 심지어 수시로 열리는 공무원 교육에서 복지부의 사례를 '모범사례'로 소개한 경우도 있었다.

　'맹장 밑에 약졸 없다'는 옛말도 있지만, 나는 그때의 일들을 돌아보면서 한 사람의 강력하고 훌륭한 리더가 조직 전체를 어떻게 변화시키는지 보았다. 간호대 지역사회교실, 간호대학, 대한간호협회 그리고 국가 부처에 이르기까지, 당신이 몸 담았던 크고 작은 모든 조직을 변화시켰다.

　선생님은 늘 아무리 힘들고 시간이 걸려도 기초부터 다져야 튼튼한 조직으로 키울 수 있다고 말씀하셨다. 이 때문에 선생님은 어떤 조직에 가시건 당신의 임기와 상관없이 조직의 기초부터 다졌다. 덕분에 나는 조직의 리더가 무엇부터 시작해야 하는지를 배웠다.

복지부에서의
즐거운 시작들

요즘 유난히 '담배'와 관련한 이슈가 많다는 데 생각이 미쳤다. 느닷없이 담배값이 2,000원이나 올랐다고 애연가들이 집단 반발을 했고, 최근에는 다중 이용 시설에 대한 '전면 금연' 정책의 시행으로 또 한 번 애연가들의 가슴을 아프게 했다.

담배값 인상에 대해서는 여전히 논란의 여지가 있지만, 이미 세계적인 흐름이 된 '금연구역' 확대에 대해서는 별다른 이견이 없는 듯하다. 물론 애연가들 입장에서는 '흡연 전용 술집'이나 '흡연 전용 PC방' 등 '선택'의 여지를 달라는 주장을 굽히지 않고 있지만 여러 사람이 함께 이용하는 시설에서의 금연은 이제 돌이킬 수 없는 '상식'이 된 것 같다.

그런데 오늘날과 같은 전 국민적인 금연 운동을 거국적으로 펼친 첫 번째 보건복지부 장관이 바로 선생님이었다는 사실은 제자들도 잘 모르고 있는 것 같다. 그 방법은 오늘날 애연가들이 가장 크게 반발하는 '돈' 문제에는 아무런 영향을 주지 않으면서도 아주 강력한 것이었다. 그것은 바로 금연구역 설정이었다.

지금이야 낯선 풍경이지만, 1998년 당시에는 술집은 말할 것도 없고 일반 찻집이나 커피숍, 심지어 식당에서도 흡연을 당연하게 여겼고, 시외버스나 기차 안에서도 담배를 피워댔다. 그런데 선생님은 다중이 이용하는 시설의 대부분을 '금연구역'으로 설정함으로써 우리나라 금연운동의 한 획을 그었다. 지금은 아예 흡연구역을 따로 두는 방식으로 진화를 했지만, 당시 금연구역 설정은 가히 혁명적인 발상이었다.

물론 국민들만 아니라 복지부 직원들에게도 강력하게 금연을 권유했다. 국민들에게 '금연구역'을 설정하면서 담당 공무원들은 마음 놓고 담배를 피우는 것이 형평에 맞지 않는다는 판단 때문이었다.

그러다 보니 복지부 청사는 1998년에 이미 2015년 오늘처럼 건물 전체가 금연구역이 되고 말았다. 이 때문에 복지부 직원들은 담배를 피울 곳을 찾아 비상계단이나 주차장을 전전했다. 하지만 장관이 청사 내에 있을 때는 그마저도 조심스러워서 아예 청사 밖 한적한 공간을 찾아 담배를 피우고 오기도 했다. 그 당시 내 방에 와서 '장관님의 금연 정책 때문에 우리가 먼저 죽겠다'며 엄살을 떠는 간부가 한둘이 아니었다.

하지만 복지부 직원들에 대한 선생님의 '금연 권유'는 사실 '채찍'보다는 '당근'에 가까운 것이었다. 일정 기간 금연에 성공하는 직원에게 3만 원짜리 상품권을 상금으로 걸었기 때문이다. 상은 있지만 벌은 없었으니, 너도 나도 일단 도전을 해보겠다고 나섰다. 물론, 그 당근 뒤에는 '살짝' 장관의 압박이 들어 있었다.

"자, 상품권 받고 끊으시겠습니까? 그냥 끊으시겠습니까?"

그런 한편 선생님은 보건복지부 회식 자리에서의 술잔 돌리기를 금지시켰다. 당시만 해도 술자리에서는 으레 술잔을 돌리는 것이 마치 예의처럼 인식되었고, 복지부 회식에서도 마찬가지였다. 건강을 위해 일반 회사원들 사이에 퍼지고 있던 '술잔 돌리지 않기'를 담당 부처인 보건복지부가 솔선수범하자는 뜻이었다. 당시 술잔 돌리기 문화는 'B형 간염'을 전염시키는 주범으로 악명이 높았고, 보건복지부를 시작으로 여러 정부 부처에서 술잔 돌리기를 하지 말자는 캠페인을 벌이게 되었다.

또한 선생님은 IMF 시기를 맞아 나날이 악화되고 있는 서민들을 위한 각종 정책을 새로 만들거나 정비하는 데에도 많은 힘을 기울였다. 그중 가장 눈에 띄는 것이 최저생계비에 대한 계측조사였다. 당시 조사에는 상당수의 간호사들이 참여했다. 그 이전까지는 '최저생계비'라는 개념조차 제대로 정립이 되어 있지 않았으니, 그에 필요한 갖가지 수치가 정리되어 있을 리가 만무했다. 그래서 우리의 작업은, 말하자면 '정리'가 아니라 거의 '창조'에 가까웠다고 해도 과언이 아닐 것이다.

어쨌든 그런 노력 덕분에 이듬해부터 생활이 어려운 국민들에게 딱 필요한 만큼의 적정 생계비가 지급되기 시작했다. 말하자면 제대로 된 '기초생계비' 지급 정책도 선생님이 그 시작을 준비했던 것이다.

또한 의료 사각지대에 있는 사람들이 의료 혜택을 받을 수 있도록 의료보호의 범위를 넓혔고, 한방 분야도 의료보호를 받을 수 있도록 했다. 아울러 사회복지공동모금회를 지원 육성하는 한편 시범보건복지 사무소와 사회복지관을 설치 운영하고, 푸드뱅크로 상징되는 민간복지 자원을 개발하고, 생업자금융자, 직업훈련지원 등 저소득층에 대한 지원을 대폭 확대했다. 이와 더불어 고령자 적합 직종 확대 및 우선 고용 등 오늘날 복지 정책의 토대가 이미 그 시절에 마련된 셈이다.

사실 선생님이 펼친 그 모든 정책들은 장관이 되고 나서 준비한 것이 아니라 오래전부터 머릿속에서 정리되어 있었던 것들이다. 그렇게 저장되어 있던 것들이 '물 만난 고기'처럼 마음껏 펼쳐진 것이다.

어느 자리에선가 김모임 선생님은 '보건복지부 장관 시절 하루 3시간도 맘 놓고 자지 못했다'고 하면서도 '내 일생 가운데 가장 즐거운 순간 중의 하나'였다고 이야기한 적이 있다. 나 역시 선생님과 함께했던 그 시간들이 내 일생 가운데 가장 즐거운 순간 중의 하나였다.

우리 제자들은 가끔 선생님이 일 년 남짓 만에 물러나지 않고 대통령이 임기를 마칠 때까지 장관직을 수행하는 미국에서처럼 4, 5년 동안 보건복지부 장관을 하셨다면 우리나라가 얼마나, 어떻게 바뀌었을까 하고 상상해 보곤 한다.

'월화수목금금금'과
국민연금

　지난해 선생님은 현재 살고 있는 제주도 집을 제외한 전 재산을 모교에 기부했다. 물론 그 이전에도 여러 가지 형식으로 기부를 이어 오셨지만 '이번이 마지막'이라는 생각으로 총정리를 해서 학교에 넘긴 것이다. 학교는 그에 대한 답례로 간호대학 안에 김모임 간호학연구소를 만들고 자그마한 방 하나를 마련했다. 일단 여기저기 흩어져 있던 선생님의 옛날 자료들을 이 방으로 모아 선생님 기념관으로 준비하는 중이다.
　그런데 얼마 전 이 방에 모인 자료들을 정리하다가 선생님 재임 당시 보건복지부 비서실에서 정리한 앨범을 발견했다. 그 무렵, 복지부 직원들은 김모임 장관이 얼마나 열심히 일을 하는지 꽤나 충격으로 받아들였던 모양이다. 당시의 사진과 함께 발견한 옛날 스크랩에는 복지부 직원들이 정리한 '김모임 장관님 일정 분석'이 같이 들어 있었으니 말이다.
　'365일 중 공휴일 73일을 뺀 292일 근무. 총 근무시간은 4,081시간. 이는

하루 평균 14시간 근무임.'

　복지부 직원들이 보기에는 '하루 평균 14시간' 근무조차 놀라웠겠지만, 사실은 이런 '공식적인' 근무시간에 포함되지 않는 근무시간이 더 길면 길었지 결코 짧지 않았다. 우리와 함께 새로운 정책을 연구, 토론하기도 했고, 정책 수립과 시행에 필요한 도움을 얻기 위해 만나는 사람도 많았다. 게다가 자투리 시간을 쪼개가면서 정책 공부를 따로 했으니, 선생님이 스스로 밝혔듯 '하루 3시간도 못 잔 것 같다'는 표현은 결코 과장이 아니었다.

　당시 선생님과 우리들의 모습을 하나의 단어로 정리하자면, 그것은 바로 '월화수목금금금'이다. 본래 '월화수목금금금'이라는 말은 10여 년 전, '줄기세포'와 관련된 논란으로 황우석 박사가 뉴스의 초점이 되었을 때, 그와 함께 연구에 참여했던 연구진들이 '주말도 없이 일주일 내내 쉬지 않고 일했다'고 밝히면서 쓰기 시작한 말이다.

그 무렵 신문에서 이 말을 발견한 나는 한참을 웃었다. 마치 선생님과 우리들 얘기를 하는 게 아닐까 싶을 정도로 그 말의 의미가 바로 전달되었기 때문이다. 사실 '김모임'과 함께 일하는 사람은 그 누구건 '월화수목금금금'을 일상적으로 경험하게 된다. 물론 선생님이 그걸 강요한 적은 없다. 다만 '함께' 일을 하다 보면 저절로 그렇게 될 수밖에 없다. 열정과 꿈도 전염이 되는 모양이다.

이렇게 촌음을 아껴가며 일했던 선생님이 보건복지부 장관으로서 국민 생활에 가장 큰 영향을 끼친 것은 바로 오늘날 전 국민의 노후 보장을 책임지는 국민연금의 토대를 닦은 일이다.

사실 그 당시에도 이미 국민연금은 존재하고 있었다. 하지만 대부분의 가입자는 '직장인'이었고, 그나마 퇴직을 할 때마다 목돈으로 찾아서 쓰곤 했기 때문에 노후 보장과는 큰 거리가 있었다. 선생님은 그것을 전 국민이 노후에 직접 혜택을 받을 수 있도록 확대한 것이다. 오늘날 언론에서는 당시 선생님이 주도한 국민연금 개편을 '1차 국민연금 개혁'이라고 부른다.

1차 국민연금 개혁은, 당시 대통령이었던 DJ의 최대 업적 중 하나로 꼽히면서 그 이전 대통령이었던 YS의 '금융실명제'에 비견되곤 했다. 금융실명제가 금융계의 패러다임을 바꾸었다면, 국민연금 개편 확대는 복지 정책의 패러다임을 바꾼 것이다.

선생님이 추진한 개편안의 주 내용은 소득대체율을 기존 70퍼센트에서 60퍼센트로 인하하고, 지급 개시 연령을 2013~2033년까지 60세에서 65세로 상향조정한 것이다.

큰 틀에서 방향은 잡았지만, 이를 시행하기 위해서 해야 할 일은 산더미

같았다. 그 산더미가 넘어온 곳이 바로 나와 함께 일하는 공무원 실무자들이었다. 일단 국민연금을 걷고 지급하기 위해서는 정확한 급여가 계산이 되어야 하는데, 당시 보건복지부에는 그런 시스템이 갖춰져 있지 않았다. 심지어 어떤 것을 참조해야 할지 자료조차 없었다.

그러니 미국과 일본은 물론 복지 선진국의 갖가지 데이터들을 하나하나 모아서 정리하는 한편 우리나라에 적용할 수 있는 시스템을 구축해 나갔다. 이렇게 만들어진 시스템이 앞에서 말했던 대로 '기초생활보장법'을 시행하는 중요한 바탕이 되었다.

당시를 돌아보면 그 짧은 기간에, 그야말로 밤잠을 줄여가며 무에서 유를 창조해내듯 모든 것을 하나하나 새로 만들어낸 선생님과 공무원 팀들에게 놀랄 뿐이다. 그날 이후 나는 대놓고 공무원 홍보대사를 자임하고 나서곤 한다.

"누가 공무원들 욕을 해? 그렇게 열심히 일하는데……. 욕을 할 게 아니라 봉급을 더 올려줘야 돼!"

이렇게 태어난 국민연금은 오늘날 서민을 위한 최후의 노후보장 제도로서 자리를 잡고 있지만, 당시에는 뒷말이 적지 않았다. 우선 재원 조달 문제가 명쾌하게 정리되지 않았고, 지급 예상 액수도 연금 규모에 비해 지나치게 컸다.

또 원리원칙과 정확한 자료를 기반으로 짠 큰 틀이 정치적 의도 때문에 계속 흔들리곤 했다. 심지어 전 국민을 대상으로 확대하려고 했던 사회보험을 개인 보험으로 바꾸려는 시도까지 나타났다. 국민연금의 시작과 함께 고객 감소를 우려한 보험사들의 반대 로비가 극심했기 때문이다. 심지어 대기업 보험사들은 국민연금을 하면 안 된다고 전국의 보험설계사들을 총동원하다시피 해서 대국민 여론전을 펼쳤고, 금감원 원장에게도 직간접적 로비가 들어갔다.

　이런 와중에도 선생님은 또 다른 회심의 한방을 터뜨렸다. 오늘날 누구나 당연하게 받아들이고 있는 '의약분업'을 기정사실화시킨 것이다. 사실 '의약분업'은 이미 오래전부터 '해야 되는 일'로 논의가 있었지만 의사협회와 약사회 등의 이익이 충돌하면서 수차례 연기를 거듭했다. 그러다 본격적인 실시를 목전에 둔 1998년 12월 대한의사협회 · 대한병원협회 · 대한약사회가 의약분업 실시 연기 청원을 국회에 제출함으로써 시행이 다시 1년간 연기되었다.

　하지만 선생님은 퇴임 직전까지 여러 이익 단체들의 의견을 조정하고 다시 시행방안을 마련함으로써 그해 12월에 실제 의약분업이 시행될 수 있도록 바탕을 마련했다. 오늘날 우리가 당연하게 누리는 의약분업의 혜택 뒤에도 선생님의 그림자가 배어 있는 셈이다.

　돌아보면 참 많은 일들이 있었고, 그 일들이 오늘날 우리나라의 복지 정책을 좌우하고 있는데 그걸 기억하고 알아주는 사람은 별로 없다. 하지만 그것이 바로 일을 진행해 나가는 선생님의 방식이다. 일단 자료를 모으고, 이를 근거로 큰 틀을 짠 다음 다시 이 틀을 진행할 수 있는 기반을 조성하는 것이다. 그리고 모든 사람이 이해할 수 있도록 수십 번 다시 설명하고 설득해서 마침내 결과를 끌어낸다. 그런 점에서 선생님은 타고난 리더이다.🌿

장관의 잠행

　지난겨울, 강남의 한 중국 음식점에서 선생님을 모시고 조촐한 저녁식사 시간을 가졌다. 보건복지부 장관 시절 선생님을 모셨던 간부 사원들이 만든 자리였다. 개인적으로 친했던 분들과는 가끔 연락도 하고, 이런저런 일 때문에 따로 만나는 일도 있지만 이날처럼 단체로 모이는 일은 참 드문 일이었다. 그만큼 반가웠다.

　시간이 흐르자 옛날 이야기들이 나오기 시작했다. 자리가 자리인 만큼 업무와 관련된 얘기보다는 기억에 남는 에피소드가 많이 나왔다.

　'어느 날 갑자기 장관님이 내 방을 찾아와서 깜짝 놀랐다', '장관님 덕분에 담배를 끊었다', '당시 직급이 겨우 과장이었는데 느닷없이 장관님이 방으로 직접 불러서 이것저것 물어보셔서 당황했다', '장관님이 퇴근을 안 해서 밑에 사람들이 힘들어 했다' 등등. 그런데, 그날 모인 분들이 가장 기억에 남는 에피소드로 꼽았던 것은 '김모임 장관의 노숙자 체험'이었다. 옛날 식으로 말하자면 일종의 '미복잠행(微服潛行: 지위가 높은 사람이 백성들의 삶을 몰래 살피기 위해 남루한 옷차림을 하고 남 모르게 다니는 일)'을 다닌 것이다.

역사상 가장 이상적 국가로 치는 요나라의 요임금이 나라를 다스린 정치 수단이 미복 정치였다는 것은 널리 알려진 사실이다. 우리 역사에서는 조선 성종 임금이 가장 유명하다. 남루한 서생의 옷차림을 하고 성균관을 찾아가 조정에 대한 서생들의 숨김없는 비판을 듣곤 했다고 한다.

1999년은 IMF의 파고가 가장 높았던 때였다. 하루가 멀다 하고 노숙자가 새로 유입되었고, 걸인과 같은 행색의 그들이 갈 곳은 너무나 적었다. 세상에 대한 그들의 불만은 이제 건드리기만 하면 터질 것 같은 위험 수위에 있었다. 그 위험천만의 상태에 있는 노숙자들을 만나기 위해 선생님은

서울역과 부산역, 공원 등을 찾아다녔다. 그리고 가능한 한 많은 노숙자들과 이야기를 나눴다. 좀 더 노숙자들의 생생한 어려움을 파악하기 위해 선생님 역시 신분을 드러내지 않은 채 일종의 미행을 몇 차례 했는데, 그중에서도 특히 언론에까지 소개되었을 정도로 파격적이었던 것이 바로 '노숙자 체험'이었다.

선생님은 '집을 나가서 노숙자가 된 남편을 찾아다니는 불쌍한 아내'의 모습으로 변장을 하고 노숙자들을 만나러 다녔다. 나는 물론 수행비서나 경호원도 아예 근처에 오지 못하게 했다. 당시 장관의 미행을 바로 곁에서 수행한 사람은 모 언론사의 여성 기자였다. 여기자의 역할은 엄마와 함께 아빠를 찾아 헤매는 딸이었다.

당시 일을 떠올릴 때마다 선생님은 "그때는 마치 내가 잔 다르크라도 된 것 같은 기분이었어." 하며 웃곤 한다.

지금은 노숙자들을 위한 쉼터며 각종 프로그램들이 많이 마련되어 있지만 IMF 위기가 막 시작되었던 그 당시 노숙자는 마치 걸인처럼 취급이 되었고, 수용시설도 턱없이 부족했다. 아니, 만들 생각도 거의 하지 못했다.

실제로 노숙자들을 만나면서 그들이 일종의 사회적 피해자라는 것을 확인한 선생님은 이들을 위한 수용시설 확충에 많은 힘을 쏟았다. 이를 위해 많이 접촉한 곳이 바로 종교단체들이었다. 다행히 선생님이 출석하던 교회의 목사님을 비롯한 기독교 단체들이 적극적으로 나섰고, 불교계의 도움도 매우 컸다. 특히 선생님은 일시적으로 음식이나 잠자리를 제공하는 수용시설이 아니라 교회나 사찰에서 두세 명씩 노숙자들에게 고정적인 '일자리'를 주도록 설득했다. 정규직은 아니지만 교회 청소 등의 일을 시킴으로써 숙소 제공과 함께 미래에 대한 꿈을 가꿀 수 있도록 한 것이다.

하지만 가난 구제는 나라도 못한다는 말이 괜히 있는 것은 아닌 모양이다. 선생님의 노력에도 불구하고 노숙자 문제는 1998년에도, 2015년 현재에도 여전히 현재진행형인 것 같다.

서양 속담에 '아이에게 한 마리 생선을 주면 하루를 살 수 있다. 그러나 고기 잡는 법을 가르쳐주면 평생 먹고 살 수 있다'는 말이 있다. IMF 시기를 맞은 당시 DJ 정부는 무너져 가는 기업과 가정경제를 살리기 위해 많은 돈을 시중에 풀었다. 문제는 이런 자금들이 마치 눈먼 돈처럼 여기저기 풀리면서 먼 미래를 위한 투자가 아니라 하루하루 먹고 사는 데 쓰이곤 했던 것이다.

만일 그렇게 쓰였던 많은 돈이 '생선을 잡는 법'을 가르쳐주는 일에 쓰였다면 노숙자들의 미래가 조금은 더 밝아지지 않았을까 하는 것이 지금까지 선생님의 마음속에 남아 있는 아쉬움이다.

여성을 개발한다고?

어떤 이야기를 하건, 선생님과 대화를 나누다 보면 그 중심에는 늘 빠지지 않는 주제가 3가지가 있다. 하나는 '여성의 지위 향상'이고, 두 번째는 '시각의 글로벌화', 그리고 마지막으로 '인재 개발'이다. 평생 선생님이 하셨던 일의 대부분이 바로 이 3가지 주제와 연관된 것이었다고 해도 과언이 아니다.

특히 이 3가지 주제 가운데 '여성의 지위 향상'을 목표로 선생님이 추진했던 프로젝트가 하나 있다. 그것은 바로 '여성개발원법'이었다. 지금도 선생님은 신문이나 TV에서 '한국여성정책연구원(여성개발원은 2007년에 여성정책연구원으로 이름이 바뀌었다)'의 이름이 나오면 '내가 국회에 있으면서 이런 일도 하나 해냈지' 하고 뿌듯해한다.

선생님이 여성개발원을 만들고자 한 이유는 여성이 개발되어야 즉 자리를 제대로 잡아야 여성의 직업과 전문 영역이 발전, 인정된다고 믿기 때문이다. 실제로 여성의 지위가 낮은 곳에서는 간호사의 지위도 낮다.

선생님은 서둘지 않고 차근차근 여성 지도자들을 모아서 여성 정책에 대해서 연구하고, 그 결과를 토대로 여성개발원 관련 법부터 만들었다.

선생님이 입버릇처럼 얘기하는 것 중 하나가 '현모양처가 되는 게 목표가 되어서는 안 된다'는 것이다. 현모양처로만 산다면 자신의 가치를 '절반'은 잃어버리고 사는 것과 같다는 의미였다. 물론 스스로 선택한 일이고, 거기서 자신의 정체성을 확고히 찾는 사람이라면 또 다른 문제겠지만, 당시만 해도 '현모양처'는 여성들의 선택이 아니라 통념에 따른 무의식적인 강요에 가까웠다. 선생님은 또한 여성의 지위 향상이 곧 국가 발전과도 직결된다는 믿음을 가지고 있었다. 세상의 절반, 대한민국의 절반인 여성이 불행 속에 산다면 어찌 나머지 절반이 행복할 수 있겠는가.

선생님이 태어난 1930년대나 한창 공부를 하던 1950년대, 1960년대는 어쩌면 '의식 있는 여성들'이 불행할 수밖에 없었던 때라고 할 수 있다. 하지만 선생님은 그런 세월을 이겨냈다. 그리고 자신의 후배들은 그런 어려움을 겪지 않았으면 하는 마음으로 여성 지위 향상을 위한 법안을 발의했다. 선생님이 애초에 구상한 여성정책연구원은 여성의 지위 향상을 목표로 전문직 여성들을 위한 정책을 연구하고, 정부 부처의 고위관리자가 될 수 있도록 여성들을 훈련시키는 한편, UN 등의 국제기구에도 진출할 수 있도록 바탕을 만들어주는 것이었다.

특히 국제적인 단체에서 여성 관련 회의가 열릴 때 '남자'들로만 대표단을 파견하는 일이 더 이상 없도록 하자는 뜻을 함께 담고 있었다. '여성개발원법'의 정신은 한마디로 '헌법에서 정한 대로 남자들과 동등한 인격을 가진 여성에게도 기회를 주라'는 것이었다.

우여곡절 끝에 여성개발원이 문을 열었지만, 초기에는 자금도 부족했고, 보건복지부의 일개 국보다 못한 위상 때문에 사업을 진행하기도 참 어려웠다. 하지만 이런 어려움에도 불구하고 여성개발원은 나름대로 여러 가지 역할을 해냈다.

여성 행정가와 여성 정치인에 대한 교육을 정기·비정기로 진행했고, 국제관계도 함께 공부할 수 있도록 했다. 물론 이 모든 것은 '법'에 명시가 되어 있었다.

그런데 '여성개발원법'의 통과에는 잘 알려지지 않은 비하인드 스토리가 하나 숨어 있다. 그것은 '법안 발의자' 명단과 관련된 것이다.

지금도 그렇지만 이 법안이 통과되려면 '과반 이상의 출석과 출석 과반의 찬성'이 필요한데, 남성 의원들의 반응은 예상대로 매우 시원치 않았다. '여성개발원을 만들면 오히려 여성을 소외시키고 동등하지 못하게 만드는 결과를 만들게 된다'는 사람도 있었고, '여성을 개발한다고? 그러면 남성개발원도 만들어야 된다'는 얘기를 하는 사람도 있었다. 여성 의원들의 숫자가 절대적으로 부족한 상황에서 설상가상으로 일부 여성 의원들마저 별다른 호응을 보여주지 않았다.

그런데 의외로 일은 쉽게 풀리기 시작했다. 법안을 정리해서 '의원입법'으로 만들어놓으니까 갑자기 여야를 막론하고 여성 의원들이 너도 나도 '이름'을 올리겠다고 나서기 시작한 것이다. 의원입법은 곧 자신의 국회활동 '실적'이 되기 때문이었다.

또 하나의 호기는 이 법안이 당의 정책으로 결정된 것이다. 즉 당론이 된 것이다. 이렇게 되면 남성, 여성 의원 가릴 것 없이 특별한 이유가 없는 한 '찬성표'를 던지게 되어 있다. 결국 법안은 별 무리 없이 통과가 되었다.

그런데 선생님은 당론이라는 호조건에도 불구하고 법안을 만들 때 아무런 도움을 주지 않았던 나머지 의원들의 이름까지 모두 발의자로 올려주었다. 심지어 당신이 공들여 만들어낸 것임에도 불구하고 대표발의자 자리까지 연장자인 다른 의원에게 양보를 해주었다. 당신의 업적이나 치적이 아니라 그 법안이 제대로 실행되는 것이 더 큰 관심사였기 때문이다.

오늘날 한국여성정책연구원은, 처음 선생님이 발의했던 '여성연구원'의 구상을 얼마나 실현하고 있을까? 이제는 '관계자'가 아닌 '국외자'로서 함부로 판단할 수는 없는 일이다. 하지만 한 가지 확실한 것은, 여성개발원이 처음 문을 열었던 그 순간의 모습도 선생님이 처음 구상했던 바로 그 모습은 아니었던 것이다. 말하자면 '여성개발원법'은 선생님께 뿌듯함과 아쉬움을 동시에 안겨준, '절반의 기쁨'이었던 셈이다.

참으로 선생님은 우리에게 꿈을, 여성으로서, 간호사로서 새로운 꿈을 꾸게 한 우리의 희망이고 우상이었다.

제2부

간호의 새로운 지평

얼마나 많이 주느냐보다
얼마나 많은 사랑을 담느냐가 중요하다.
- Mother Teresa -

오드리 헵번과 김모임

2015년 4월의 어느 하루. 아침 신문을 보다 짧은 단신 하나가 눈에 띄었다. 〈로마의 휴일〉 등의 영화로 우리나라에서도 큰 인기를 끌었던 영화배우 오드리 헵번의 가족들에 관한 소식이었다. 오드리 헵번은 내가 가장 좋아하는 배우이기도 했다. 기사 내용은 헵번의 첫째 아들인 션 헵번과 그의 가족이 '세월호' 희생자들을 위한 '세월호 기억의 숲'을 만든다는 내용이었다.

신문 한 모서리에 실린 짧은 단신에 관심을 가진 이유는 '헵번'이라는 이름 때문이었다. 내가 아프리카를 갈 때면 으레 떠올리게 되는 두 사람 중 한 사람이 바로 헵번이다. 물론 첫 번째는 김모임 선생님이다.

선생님은 "간호사는 국적이 있지만 간호에는 국적이 없다."는 걸 알려주셨을 뿐만 아니라 아프리카와 같은 저개발국가에 기본적으로 필요한 건강 관리 시스템을 구축하는 방법을 가르쳐주셨다.

그리고 헵번은 세계적인 영화배우로서 누릴 수 있었던 것을 대부분 포기하고 유니세프와 함께 아프리카 어린이들을 위한 봉사활동에 마지막 생을 바친 사람으로서, 나하고도 간접적인 인연이 있다.

그녀는 에이즈로 부모가 사망하고 홀로 남은 여자어린이들을 돕는 ICN의 'Girl Child' 프로젝트 홍보대사로서 늘 ICN 행사에 함께했기 때문에 ICN 이사로 일했던 나로서는 특히 가깝게 느낄 수밖에 없었던 것이다. 특히 헵번이 1993년 1월 20일 눈을 감기 1년 전쯤 자신의 첫째 아들에게 남긴 이야기는 '봉사와 희생'에 관한 명언으로 잘 알려져 있다.

아름다운 입술을 갖고 싶으면 친절한 말을 하라.
사랑스런 눈을 갖고 싶으면 좋은 점을 봐라.
날씬한 몸매를 갖고 싶으면 나의 음식을 배고픈 사람과 나눠라.
네가 더 나이가 들면 손이 두 개라는 것을 알게 된다.
한 손은 너 자신을 위한 손이고, 다른 한 손은 남을 돕는 손이다.

자녀들 앞에서 세상에 남긴 말이다.

이제 우리나라에도 세계 곳곳을 누비는 봉사단체가 많아졌지만, 그녀가 처음 유니세프와 함께 활동을 시작했던 1990년대에는 그런 사례가 거의 없었다.

1년에 단돈 1달러의 보수를 받으면서 유니세프가 원하는 곳이면 어디든지 달려갔던 그녀의 발길이 닿은 곳은 방글라데시, 엘살바도르 등 50개국이 넘는다. 병에 걸려 죽어가는 아이들, 굶주림 때문에 퀭해진 아이들을 안고 눈물을 흘리는 그녀의 모습은 봉사활동을 하고자 하는 수많은 사람들의 모델이 되었다.

나는 간호대 학생 시절 의과대학과 함께하는 기독학생회 무의촌 진료 이후 무의촌 봉사를 가본 적이 없다. 일회적인 진료와 주민봉사의 성과, 그리고 간호사의 역할에 대해 많은 회의를 가졌기 때문이었다. 이 때문에 나는 최근 10여 년간 의료 봉사 대신 한국 ODA(코이카 같은 단체에서 진행하는 저개발 국가 공적 지원) 같은 사업에 열성을 가지고 참여하고 있다.

하지만 오늘날의 우리는 당시 빈곤했던 우리나라를 도와주었던 의료지원단에 비해 한층 진일보한 점이 두 가지 있다. 첫째는 경험자로서 원조를 받는 사람들의 입장을 잘 이해하고 있다는 점이다. 오드리 헵번이나 서양인 의료봉사단과 같은 '사랑'의 마음뿐 아니라 봉사를 받아들이는 사람의 입장까지 신경 쓰는 '배려'의 마음까지 갖추고 있다. 그리고 두 번째는 농어촌 곳곳의 무의촌 지역을 1차적으로 책임지는 '보건진료원'의 운용 경험을 갖추고 있다는 점이다.

우리나라에서 해외로 나가 의료봉사를 펼치는 팀은 여러 갈래로 나뉘지만, 우리는 특히 일회적인 이벤트성 봉사가 아니라 장기적으로 해당 지역이 나름의 보건의료 시스템을 갖출 수 있도록 지원한다. 그리고 이러한 활동의 모델이 바로 우리나라에 굳건히 뿌리를 내리고 있는 '보건진료원' 시스템이다.

간호사나 간호사 출신 혹은 농어촌 지역에서 꽤 오랫동안 살아본 사람이 아니라면 사실 보건진료원에 대해 들어보지 못한 사람도 제법 있을 것이다. '의사가 없는 농어촌 등 의료취약지역의 보건진료소에서 주민들을 진료하고 기타 1차보건 의료업무를 수행'하는 것이 바로 보건진료원이기 때문에 아무 때나 병원에 갈 수 있는 곳에 사는 사람들은 잘 모를 수밖에 없다. 하지만 의료혜택과 거리가 먼 농어촌 지역 사람들에게는 없어서는 안 될 의료의 첨병이 바로 보건진료원이다.

1981년, 선생님이 국회의원으로 활동할 당시 전국적으로 약 2,000여 명의 보건진료원을 배출하기 시작했으니까, 2015년 현재 기준으로 보면 벌써 35년의 역사를 지닌 셈이다.

가끔 아프리카 지역의 여러 단체들과 보건의료 시스템에 대한 협의를 할 때, 혹은 각 지역의 보건의료 시스템을 구축할 때 나는 우리나라의 보건진료원 제도에 대해 설명을 해준다.

이미 수십 년의 운용 경험을 통해 정착된 이 시스템을 아프리카나 기타 개발도상국가의 무의촌 지역에 접목시킬 수 있다면 한층 빠른 속도로 그 나라의 전 지역으로 의료 혜택이 퍼져나갈 수 있으리라 믿기 때문이다. 하지만 아쉽게도 아직은 보건진료원과 같은 시스템을 받아들일 만한 물질적, 정신적 토대가 갖춰지지 못한 것 같다.

지난 30여 년의 보건진료원 역사를 돌아보면, 어쩌면 당연한 일일지도 모르겠다. 시스템을 소개해줄 수는 있지만, 김모임 선생님과 같은 뛰어난 지도자를 보내주거나 수천 명의 간호사를 보건진료원으로 교육시켜 내보내고, 벽오지 농어촌에 머무를 수 있는 동기를 부여하는 애프터서비스까지 완벽하게 해주는 간호협회와 같은 조직이 없기 때문이다.

말하자면, 오드리 헵번과 같은 '헌신적인 사랑'을 펼칠 사람은 많지만,

김모임 선생님과 같은 '시스템'을 펼칠 사람은 아직 준비되지 못한 것이다. 우리가 계속 개발도상국에 전해주어야 하는 것이 바로 시스템 구축의 기본 정신이다.

죽으면
천당 아랫목 갈 것이오!

오랜만에 내린 봄비가 촉촉이 대지를 적시고 있다. 오랜 가뭄에 속이 탔을 농민들의 가슴도 조금은 해갈이 되었겠다. 현관문을 열고 잠시 나가보니 정원 한쪽 편에 어느새 조그마한 물길이 생겼다. 그다지 센 빗줄기도 아니었건만, 그새 내린 비가 모여서 작은 웅덩이를 만들고 거기서 대문 쪽으로 물길을 내고 달려가는 중이다. 정원에 놓인 돌과 잔디를 피해, 흙이 있는 곳만 골라서 길을 내고 졸졸졸 흐르는 걸 보면, 물도 무슨 생각을 가지고 있는 게 아닌가 하는 엉뚱한 생각이 든다.

하지만 이렇게 지형지물에 순응하지 않고 때로는 바위조차 뚫고 들어가 자신의 길을 만들어내기도 한다. 낮은 곳에서 높은 곳으로 '흘러 오르는' 일은 없지만, 때로는 순리대로 때로는 자신의 의지에 따라 흐르고 흘러 마침내 강을 이루고 바다에까지 이르는 게 바로 물이다.

김모임 선생님이 보건진료원을 만들어낸 과정을 돌이켜보면 작은 빗물이 물길을 만들어내는 과정과 참으로 비슷했던 것 같다. 선생님과 우리들의 역량에 비추어 받아들일 것은 받아들이고, 피할 것은 피해 갔지만 결코 쉬지 않고, 지치지 않고 흐르고 흘러 마침내 보건진료원이라는 커다란 성과를 이뤄냈기 때문이다.

우리나라의 보건진료원 제도는 이미 세계보건기구에서 '1949년 이래 가장 잘 정비된 국가 차원의 보건 정책'으로 꼽았을 정도로 인정을 받고 있다.

사실 국민의 기초 건강관리는 세계의 모든 나라들이 관심을 가지고 있는 매우 중요한 문제이다. 모든 국민이 최소한의 의료혜택을 받도록 하는 것은 국가의 존재 이유이자 기본이기 때문이다. 임신과 출산 등을 포함하는 산모와 신생아의 모자보건은 또한 국가의 힘의 원천이기도 하다. 이보다 한걸음 더 나간 개념이 빈부의 격차와 건강의 양극화를 막고 무의촌 지역을 없애기 위해서 주민들이 스스로 참여하여 지역사회 개발을 도모하는 1차 보건의료 사업이다. 그것이 바로 보건진료원 제도이다.

그런데 이러한 보건진료원 제도가 '1981년 대한민국'에서 일찌감치 자리를 잡았으니, 세계보건기구에서 그만한 관심과 칭찬을 한 것은 당연한 일이었다. 김모임 선생님이 세계보건기구로부터 'World Health Prize'를 수상하게 된 기본 배경도 바로 보건진료원 제도였으니, 더 이상 설명이 필요 없으리라.

그런데 보건진료원의 설립 배경에는 일반 사람들이 잘 모르는 '비하인드 스토리'가 하나 있다. 그것은 맨 처음 보건진료원 정책의 아이디어를 낸 사람이 고 박정희 전 대통령과 신현확 전 보사부 장관이었다는 사실이다.

아는 사람은 다 아는 얘기지만, 1970년대 후반까지 우리의 경제력은 오히려 북한에 뒤졌다. 특히 의료와 보건, 복지 분야의 시스템이나 질은 북한이 더 잘 갖춰져 있었다.

바로 그 무렵의 일이었다.

당시 북한은 우리 어민들이 고기를 잡으러 갔다가 나포를 당하면, 이들을 '간첩' 혹은 '의거 월북자' 등으로 포장하고 대남 선전공세를 펼치곤 했다. 납북된 어부들은 대남방송을 통해 북한이 얼마나 살기 좋은 곳인지 선전을 해야 했고, 일정한 기간이 지나면 남으로 다시 보내졌다. 자세히는 모르지만 당시에는 이렇게 납북되었다 돌아온 어부들이 참 많았던 것 같다.

그런데, 연평도 출신의 한 어부가 그만 북한의 강요에 의해서가 아니라 진심으로 김일성 장군을 존경하게 되었고, 북한은 대남방송을 통해 이를 적극적으로 선전해댔다.

그 어부가 김일성 장군을 존경하게 된 원인은 바로 결핵에 걸린 형 때문이었다. 형을 구하기 위해 집을 팔아서 약값을 댈 정도로 온 집안이 노력을 했지만 형은 결국 병을 고치지 못하고 죽고 말았다.

그런데 북한에 오니까 지역마다, 집집마다 보건사업이 잘 되어 있어서 돈 한 푼 안 들이고 먹여주고, 병까지 고쳐주니 그만 북한 체제에 푹 빠지고 말았던 것이다.

이 뉴스를 본 박정희 대통령과 신현확 장관은 고민에 빠졌다. 아픈 곳을 찔린 느낌이라고나 할까. 그때 신현확 장관이 제안을 했다.

"각하! WHO에서 추진하는 'Primary Health Care'를 우리도 추진해보면 어떨까요? 이건 보건의료사업이지만, 한편으로는 이것이 곧 국가 안보사업이기도 한 것 같습니다."

박 대통령의 생각에도 신 장관의 아이디어가 매우 그럴 듯했다. 기초건강사업만 잘 된다면 적어도 대남방송에서 떠들어댄 것처럼 '북한이 더 낫더라' 하는 얘기는 할 수 없을 테니까 말이다.

당시 WHO에서 추진하고 있던 'Primary Health Care'는 가장 강력한 인류 건강 정책이기도 했다. 그리고 이 사업은 1978년 알마아타에서 세계적인 보건정책으로 결정됐고, 신현확 장관은 알마아타 회의에서 이를 우리나라 정책으로 하겠다고 공식 선언을 하기에 이르렀다.

당시 신 장관은 박 대통령에게 "임자, 당신 정말 농어촌 벽지 사람들을 위한 훌륭한 정책을 만들어냈어. 당신 죽으면 천당 아랫목 갈 것이오!" 하는 소리를 들을 정도로 상당한 칭찬을 받았다고 알려져 있다.

이때 정부에서 추진한 것이 'Primary Health Care' 사업, 이른바 1차 보건의료 사업이다. 그 무렵 이 사업의 호칭을 어떻게 부르느냐에 대해 상당한 논란이 있었다. 호칭에 따라 근본적인 철학과 개념이 달라지기 때문이었다. 1978년에 대한간호협회장으로 당선된 선생님은 '1차 건강관리'라는 이름을 주장했다. 국민들의 건강과 관련된 모든 것을 기초부터, 가정에서부터 관리해야 한다는 매우 포괄적인 개념이었다.

이는 또한 WHO에서 질병 중심의 보건소를 주기관으로 삼아 시행했던 Basic Health 개념을 한 단계 업그레이드시킨 것이었다. 그런데 보사부 장관 등의 기득권 세력들은 질병 진료를 좀더 강조한 '1차 보건의료' 개념을 주장했고, 실제 법안도 이렇게 통과가 되고 말았다.

명칭을 '1차 보건의료'로 바꾸게 되면, 일반적인 예방접종처럼 질병의 예방과 의료라는 치료의 개념으로 국한되게 되고, 좀 더 넓고 적극적으로 건강을 관리하고 증진한다는 개념이 부족하게 된다.

이때 정부를 비롯한 각종 기득권 세력들의 움직임에 맞선 선생님의 모습은 그야말로 물처럼 유연하면서도 끈질긴 것이었다.

대한간호협회의 한 기록에 의하면 당시 선생님과 협회 임원들이 보건사회부를 방문한 횟수는 144회, 교육부와 일반 행정부 사무실, 대통령 비서실을 포함해 기타 관련 기관 방문 횟수는 자그마치 420회였다.

이런 노력에도 불구하고 '1차 건강관리'가 '1차 보건의료'로 결론이 내려지자 선생님은 일단 있는 그대로의 현실을 받아들였다. 그리고 곧 또 다른 방향에서 물꼬를 트기 시작했다. 그 결과로 탄생한 것이 바로 '보건진료원'이었다.

곁에서 모든 과정을 지켜본 우리들조차도 쉽게 떠올리지 못했던 멋진 역전승이었다. 🌷

바다는
비에 젖지 않는다

　마침내 정부와 기득권 세력들이 밀어붙인 대로 '1차 보건의료'를 베이스로 하는 법안이 통과되었다. 덕분에 국민의 기초 보건 문제는 어느 정도 해결이 되었으나 진료 부분이 문제였다. 지금도 크게 해소가 된 것 같지 않지만, 당시에는 의사의 도시 집중화가 매우 심각한 상태였고, 의료 인력 자체도 턱없이 부족했다.
　선생님이 주목하고 있었던 것은 바로 이 부분이었다. 물처럼 유연하게 그들의 뜻대로 다 받아주었지만, 물처럼 끈질기게 또 다른 길을 찾고 있었던 것이다.
　'1차 보건의료사업'이라는 아이디어만 내놓고 별다른 결실을 거두지 못한 채 박정희 대통령이 역사의 뒤안길로 사라진 뒤, '보건의료' 문제는 전두환 정권에게로 넘어왔다.
　세계보건기구를 비롯해서 이미 국내외적으로 좋은 사업이라는 평가를 받은 일이라 전두환 정부에서도 사업을 계속 추진하겠다고 밝혔지만, 문제는 그 방향이었다.

선생님은 진료를 할 수 있는 인력을 별도로 양성해서 진료 부분을 담당하도록 하자는 제안을 냈다. 그러자 의사들이 크게 반발을 하고 나섰다. '진료는 의사들의 고유 권한'이라는 게 그들의 주장이었다. 그때 한국개발연구원(KDI)이 나서서 일단 시범사업을 해본 다음 그 결과를 가지고 사업 진행 여부를 결정하자는 결론이 내려졌다. 그때 만든 것이 한국보건개발원(KHDI)이었다. 시범 사업의 진행 및 결과 검토는 KDI에서 맡았다.

연세대, 서울대 등 여러 개의 대학이 참여한 시범사업은 다각도에서 검토되었다. 주요 검토 내용은 무의촌 등의 열악한 지역에 병원을 지을 것이냐, 의사를 보낼 것이냐, 기존 보건소를 활용할 것이냐 혹은 기초적인 진료가 가능한 인력을 새로 파견할 것이냐 하는 것이었다. 여기서 등장한 새로운 인력이 바로 보건진료원이었다.

시범사업 결과 보건진료원 파견이 가장 효율적인 것으로 나타났지만, 그것으로 문제가 해결된 것은 아니었다. 보건진료원으로 파견될 인력을 누구로 할 것이냐 하는 문제가 남아 있었던 것이다.

전두환 정권의 출범과 함께 전국구 의원이 된 선생님은, 보건학 박사로서의 연구 결과와 여러 가지 경험을 토대로 간호사들이 보건진료원에 가장 적합한 인력이라는 것을 밝히기 위해 상당한 노력을 기울였다. 연세대를 비롯한 각 학교에 심층 연구를 의뢰하고, 논문과 연구 결과를 수시로 발표했다. 또 정부 각 부처의 지지를 끌어내기 위해 다방면으로 뛰어다녔다.

그리고 선생님은 또 다른 방향에서 보건진료원의 활로를 찾았다. 그것은 바로 해외로부터의 지원사격이었다.

우선 선생님은 국회 내에 강력한 지원군을 만들기 위해 일본 각 현의 PHC(Primary Health Care) 시스템을 참관하기 위한 해외순방 팀을 만들었다. 보건 및 건강 관련 법안을 다루는 보사위원들이 주 대상이었다. 나는 선생님의 추천에 따라 '통역' 자격으로 보사위원장을 비롯한 국회 보사위 위원들과 함께 일본 각 지역을 돌면서 PHC 시스템에 대한 의원들의 세뇌 작업을 도왔다.

당시 WHO는 PHC를 전 세계 무의지역 해소를 위한 주요 전략으로 인식하고 미국과 필리핀 등에 사무국을 두고 재정지원을 아끼지 않았다. 따라서 우리는 일본 일정을 마친 뒤 위원장과 함께 필리핀과 미국까지 돌면서 WHO의 운영 시스템 등을 보여주었다. 특히 필리핀 마닐라에는 WHO 서태평양 지역사무소가 있었기 때문에 필수 코스였다.

그때 나는 보사위원장 및 위원들과 함께 다니면서 선생님이 어떻게 정책을 추진하는지, 핵심 요직에 있는 사람들에게 어떻게 접근하고 설득하는지 생생하게 체험할 수 있었다.

일단 해외 원조기관들의 도움을 받아 보사위원장과 위원들을 모아서 일본으로 함께 떠난 것 자체가 정책 추진의 시작이었다.

선생님은 국가 재정을 쓰는 대신 미국의 아시아 재단과 WHO에 '한국 국회의원들을 위한 PHC 훈련'이라는 프로포절을 제출하여 국제 프로젝트로서 이 여행을 준비했다. 당시 해외 외유가 매우 드물고 힘들었던 시절이라 의원들에게는 그야말로 최고의 선물이었다.

또 방해 세력이 함께 갈 수 없는 해외 현장을 함께 다니면서 눈으로 볼 수 있도록 해주고, 이에 대해 차근차근 설명을 해주니 편견없이 정책을 제대로 이해할 수 있게 했다. 아울러 우리가 설명하는 대신 해외 정책 결정자들이 1차 보건의료에 대한 개념을 설명하며 우리에게 힘을 실어주게 되니 더욱 큰 힘이 되었다. 무작정 '내 뜻이 옳으니까 이 길로 가야 해요!' 하고 들이대는 것이 아니라 그 길로 갈 수밖에 없도록 분위기를 만들어내는 것이다. 게다가 다른 나라의 돈과 정책 결정자들의 도움을 빌려서.

그런데 재미있는 것은 이 순방여행의 마지막 코스로 방문한 마닐라의 서태평양지역 사무소에서 사무처장과 직원들 앞에서 PHC가 얼마나 중요한 사업이며 앞으로 한국에 어떻게 정책을 펴 나가야 하겠는지에 대해서 설명한 사람이 바로 보사위원장인 최영철 의원이었다는 점이다. 선생님의 해외 순방 프로젝트가 성과를 내며 강력한 효과를 발휘한 것이다.

그때 일들을 지금 되돌아보면 정말 '바닷물은 비에 젖지 않는다'는 말이 떠오른다. 수많은 난관과 방해 때문에 선생님의 뜻이 굴절되고 오염되고 뒤집힌 것 같아도 시간이 지나고 보면 언제 그랬냐는 듯 원래의 자리에서 꿋꿋이 뜻을 펼쳐 나가는 모습이 바로 쓰나미가 몰아쳐도 결국은 평온을 되찾는 바다와 흡사하기 때문이다.

마침내 선생님과 간호계의 끈질긴 노력 덕분에 KDI에서는 보건진료원 사업을 해야 한다는 결론을 내렸고, 그 주체는 간호사가 적합하다는 판정을 내렸다. 그러자 예상한 대로 의사들이 집단적으로 반발하고 나섰다. 간호사가 '진료'를 하는 데 대한 반발이었다. 당시 조사에 의하면 실제 농촌 현장에서 의사의 진료가 필요한 부분은 2~3% 정도에 불과했고, 나머지는 면허간호사들이 충분히 처치가 가능한 것들이었다. 그럼에도 의사들이 집단 반발을 한 것은 '간호사들이 감히' 하는 뿌리 깊은 의식의 문제였다.
 하지만 문제는 그것만이 아니었다.
 전국 무의촌에 새로운 인력을 훈련시켜 파견하는 보건진료원 사업은 보건의료계의 새로운 정책, 새로운 주역이 되는 역사적 사건이자 간호사들의 '새로운 일자리'를 창출하는 훌륭한 창구이기도 했다. 보건진료원 인력만이 아니라 이에 필요한 훈련요원과 기타 사업이 모두 연관되기 때문이었다. 이 때문에 의사는 물론 약사, 심지어 교사들까지 보건진료원 사업을 서로 맡겠다고 달려들었다.
 약사는 약을 더 많이 팔 수 있을 뿐만 아니라 사회적 지위도 높아질 것이라는 현실적 계산이 크게 작용을 했고, 교사들은 기왕 전국적으로 분포하고 있는 인력들을 활용하면 주민 교육에 한몫을 할 수 있지 않을까 하는 판단이었던 것으로 보인다.
 선생님은 다시 국회 대정부 질문과 각종 위원회 등에 참석하며 '보건진료원은 간호사가 맡아야 한다'는 것을 역설하기 시작했다.
 1차 보건의료의 주요 역할은 주민 인식 개선과 건강에 대한 상담, 약을 덜 쓰고 건강을 관리할 수 있도록 하는 것인데 약을 팔아야 하는 약국에서 어떻게 자기 이익에 반대되는 사업을 할 수 있겠는가. 하지만 간호사는 평소에 환자와 주민 보건교육을 하도록 이미 준비된 인력들이다 하는 것이었다.
 다행히 KDI의 결론은 바뀌지 않았지만, 의사들의 반발은 쉽게 수그러들지 않았다. 심지어 한 의학협회 간부는 PHC 사업 수행을 위한 범 보건의료 전문가 세미나 개회식에서 '의료를 전문가가 아닌 시장잡배에게 맡기는 형국'이라며, '보건진료원 사업은 1년도 안 돼서 무너질 테니 두고 보시오' 하고 극언을 하기도 했다.

이윽고 '농어촌특별법'이 시행되고 진료내용까지 상세하게 정리가 되어서 보건진료원 시스템이 가동되기 시작했다. 이로써 간호사들은 지역사회의 건강진단, 보건교육, 일부 질병에 대한 치료와 처치, 약처방 등의 임무를 수행하게 되었다.

보건진료원 사업이 간호계에 있어 그 어떤 사업보다 중요한 이유는, 이를 통해 간호사들의 사회적인 자부심이 그만큼 커졌다는 데 있다. 사실 간호사들은 오랫동안 역할의 확대를 갈망해왔다. 이는 의료 전문가로서 독립적인 판단에 따라 스스로 수행하는 간호활동에 대한 요구였다.

따라서 의사의 지시를 받지 않고 스스로의 판단에 따라 독자적인 간호활동을 수행하고 일반적 질병이나 건강 문제에 대하여는 이미 정해진 매뉴얼에 준하여 진료를 하고 약 처방까지 할 수 있게 되었다는 점에서 간호사들은 '나도 전문직 의료 인력이다' 하는 자신감과 자부심을 동시에 갖게 되었던 것이다.

그리고 바로 이 보건진료원 제도는 한국에 훨씬 나중에 꽃 피우게 되는 전문간호사(Advance Nurse Practitioner)의 기본 개념을 처음으로 실현하는 역사적 순간이었다.

가슴으로 낳은 아이;
보건진료원

 선생님과 옛날이야기를 나누다 보면 그런 말씀을 자주 듣게 된다.
 "그게 꼭 내 자식 같아." 우리 제자들은 선생님이 보통 어머니들처럼 배 아파서 낳은 아이는 없지만, 그보다 훨씬 많은 아이를 가슴으로 낳았다고들 말한다. 공들여 키운 제자들과 애써 만든 각종 업무 시스템, 수많은 정책들, 여성개발원 등의 각종 단체와 시설……. 그중의 하나가 바로 '보건진료원'이다.
 '보건진료원'은 우리나라 무의면 문제를 해결할 가장 저비용 고효율 방안이라는 한국개발원(KDI)의 최종 결론이 내려지고도 우리 땅에 정착되기까지 선생님의 가슴을 꽤나 아프게 했다. 30여 년이 훌쩍 지난 지금에 와서 그때를 돌아보면, 선생님이 아니었다면 그리고 리더를 중심으로 함께 뭉칠 수 있었던 간호협회가 없었다면, 당시 의학협회의 어느 임원이 말한 대로 '1년 이내에' 사업을 접었을지 모르겠다는 생각이 절로 든다.

선생님이 보건진료원 사업에 무엇보다 큰 힘을 기울인 것은 미국에서 공부할 때부터 우리 국민들의 1차 건강관리를 실질적으로 해낼 수 있는 첫 사업이라고 보았기 때문이다. 본래 건강관리라는 개념은 스스로 건강을 지킬 수 있도록 교육하고, 지역 사회 전체가 건강해지도록 하는 일이다. 그리고 이를 통해 공동체의 회복까지 바라볼 수 있다.

따라서 이 사업은 벽지나 오지만이 아니라 도시에도 꼭 필요한 일이다. 도시민들 역시 병원에 가는 것 말고는 따로 예방이나 생활 건강 교육 등을 받을 기회가 거의 없었기 때문이다. 하지만 우리나라에서는 그때까지 1차 건강관리는커녕 진정한 의미의 보건사업조차 제대로 지역사회에 펼친 적이 없었다. 마침내 그걸 증명할 수 있는 기회가 온 것이다.

당시 나는 미국 유학을 마치고 한국에 돌아온 지 얼마 되지 않았을 때였다. 하지만 선생님의 뜻을 잘 알고 있었기 때문에 나도 보건진료원 훈련에 매진했다. 국립보건원 훈련부에서는 당시 박노례 훈련부장을 중심으로 보건진료원이 의사 없이 진료 및 처치가 가능하도록 Standing Order의 범위와 훈련 프로그램을 개발했고, 우리는 KHDI와 협력해서 법안 시행 세칙에 들어갈 구체적 역할과 기능을 정리했다.

하지만 산 넘어 산이요, 엎친 데 덮친 격으로 일은 점점 더 힘든 방향으로 흘러가고 있었다.

선생님은 국회의원의 한 사람으로서 보건진료원 사업이 성공할 수 있도록 법안에다 여러 가지 조항을 넣었지만 의사들의 반발 때문에 상당수가 빠지고 말았다. 심지어 24시간 그 지역에 머물면서 근무지 이탈을 못하게 하는 등 좋지 못한 조항들만 자꾸 늘어나게 되었다. 어쩌면 그렇게 '악법'으로 바뀌었기 때문에 동의해준 면도 없지는 않았을 것이다.

사실 의사들은 이미 여러 제도를 통해 보건소 파견에서 여러 차례 실패를 경험한 처지였다. 농어촌 지역은 의사들이 보유하고 있는 고차원적인 의료기술이 필요한 상태가 아니었기 때문에 '별로 할 일이 없는 상황'으로 판단을 한 의사들의 근무태만으로 이어졌고, 이 때문에 지역민들의 불만이 매우 컸던 것이다.

우리 간호사들을 이러한 소외 지역에 파견하는 것이 걱정되기는 마찬가지였다. 최소한 3~4년제 대학 학사 이상의 엘리트 도시 여성들이 과연 약국조차 없는 오지에 가려고 하겠느냐 하는 것이 염려가 되었다. 사실 더 큰 문제는 배치 후 그곳에 얼마나 머무를 것이냐였다.

대한간호협회에서는 협회 차원에서 1년에 한 번씩 보건진료원 단합대회를 열어주기도 하고, 책을 보내주기도 했다. 책은 각 지부장이 지역 보건진료소를 직접 방문, 전달하도록 해서 한 번이라도 더 얼굴을 마주볼 수 있도록 했다. 영세 지부에는 본부에서 돈을 지원해 주기도 했다.

그리고 전국을 네트워크처럼 구성해서 회장단과 기타 임원들이 2,000여 군데의 보건진료원을 모두 방문하였다. 보건진료원 보수교육 제도를 정해 매해 정기적으로 교육을 받은 대학에 다시 모일 수 있게 했고, 교수들이 졸업생들이 배치되어 있는 진료소를 방문하여 지도했다. 이처럼 선생님은 대한간호협회를 중심으로 전국의 지부를 동원해 각 대학 등 전 간호계를 일으켜 세웠다.

따지고 보면 2,000명의 신규 인력을 만들어낸 셈인데, 전국적인 네트워크를 갖춘 대한간호협회가 없었다면 어떻게 그 많은 인력을 관리할 수 있

없을까? 그런 점에서 보아도 의사가 아닌 간호사가 파견된 것은 참으로 적절한 선택이라 할 수 있다.

우리나라의 보건진료원 사업은 WHO의 1차 보건의료 개념을 제대로 구현해낸 모범 사례였다.

처음 사업이 시작되었을 때, 정부에서는 보건진료원의 월급과 파견을 책임지고, 진료소를 짓는 자재를 제공했다. 마을에서는 진료소를 지을 땅을 내주고, 주민들이 힘을 모아 공사를 진행했다. 진료소의 운영은 진료원이 주민 대표로 운영위원회를 조직해 자체적으로 운영하게 하였다.

그런데 진료소의 부지로 내놓은 땅이 대부분 개인 땅이었으므로 외진 곳에 위치하는 경우가 많았다. 술을 한 잔 걸친 농촌 총각들이 보건진료원을 찾아와 성추행을 하거나 성폭행을 시도하는 등 신변안전을 위협하는 일이 있어 주민들이 돌아가며 보초를 서는 일도 있었다. 심지어 방바닥에서 연탄가스가 새어나와 보건진료원 2명이 연탄가스 중독으로 사망한 경우도 있었다.

하지만 선생님은 이런 '부작용'들을 부작용 이상의 어떤 것으로 확대시키지 않고 끝까지 밀고 나갔다. 우리 국민들의 1차 건강관리가 바로 이들의 손에 달려 있다는 확실한 믿음이 있었기 때문이었다.

이런 여러 가지 악조건에도 불구하고 보건진료원 제도를 안착시킨 것은 그야말로 기적과 같은 일이다. 그리고 이런 성과 덕분에 보건진료원 사업은 전 세계에서 가려낸 '드림 스토리' 중 하나로 꼽힌다. 김모임 선생이 'World Health Prize'를 수상한 배경도 바로 보건진료원 사업의 근간인 1차 보건의료에 대한 공헌이다.

대한간호협회는 보건진료원이 보건진료원회를 만들어서 대정부 활동을 할 수 있을 정도로 스스로 설 수 있을 때까지 지원을 해왔다.

1차 보건의료 사업은 주민들과 함께해야 하는 일이다. 따라서 보건진료원은 곧 지역 발전의 뿌리이기도 한 셈이다.

최근 WHO에서 1차 건강관리를 다시 화두로 들고 나오기 시작했다. 이는 곧 1978년에 WHO가 선언한 PHC의 철학과 기본 개념이 오늘날에도 전 세계 건강시스템 강화에 가장 적절한 개념이라는 뜻이다. 만일 우리나라 전 지역을 1차 건강관리 개념의 보건진료원 체계의 네트워크로 만들 수 있다면 국민 건강은 얼마나 좋아질 것인가.

1차 건강관리 중심의 보건의료체계가 강화되면, 보건진료원이 먼저 주민들과 가장 근접한 곳에서 건강을 관리하고, 이를 다시 보건소와 병원으로 연계시켜 주는 연속적이고 효율적인 체계가 갖추어질 것이다.
　그런데, 누가 봐도 알 수 있는 이 뻔한 원리가 현실 세계에서는 유리벽 같은 어떤 벽에 가로막혀 있다. 어떤 의료계 인사들은 보건 의료에 있어 이런 '팀' 개념을 무시하고 의사가 지시하면 간호사는 그냥 따르라는 식의 사고를 아직도 하고 있다.
　선생님이 가슴으로 낳은 아이, 보건진료원은 무럭무럭 자라 이제 35살이 넘는 중년이 되었다. 당시 대부분 20대의 처녀들로 구성되어 있던 진료원들도 이제는 중장년층이 대부분이다.
　이들을 태어나게 하고, 그러나 더 중요하게 그 어려운 환경에서 끝까지 머물러 우리나라 무의면을 지켜내고 오늘의 발전으로 이끌어 낸 선생님과 간호계 리더들의 힘, 그리고 그들을 구심점으로 한 덩어리로 뭉쳤던 우리 간호계가 자랑스럽고 또 그립다.

병원과 지역사회의 가교;
가정간호사

현재 우리나라의, 병원에서 만나는 간호사 말고 일반인들이 '집'에서 만날 수 있는 간호 전문 인력은 크게 3가지로 나뉜다. 첫째는 보건진료원(지금은 보건진료 전담공무원으로 이름과 지위가 바뀌었다), 가정전문간호사(병원에 소속되어 의사의 협진과 처방 하에 퇴원 환자를 관리하는 전문간호사), 방문간호사(보건소에 소속되어 만성질환자 등을 방문 관리하는 간호사) 등이다. 구조도 복잡하고, 지위도, 봉급도, 소속도 제각각이다. 훈련기관도 전부 다르다. 왜 이렇게 됐을까?

선생님이 애초에 구상했던 대로 '1차 건강관리'를 철학으로 하는 시스템이었다면 이런 복잡한 구조는 생길 이유가 없다. 하는 역할과 그에 따른 자격에는 차이가 있지만, 컨트롤 타워가 하나로 통합되어 있기 때문이다. 하지만 잘못 끼워진 첫 단추를 바로잡지 않은 채 누더기 기우 듯이 문제가 생길 때마다 대책을 세우고 또 바꾸고 한 결과가 이렇게 나타난 것이다.

선생님은 미국에서 돌아왔을 때부터 국민 건강을 위한 '전문간호사 시스템'이라는 커다란 밑그림을 이미 그리고 있었다. 그중 하나가 지역민의 건강을 책임지는 보건진료원이었고, 또 다른 하나는 각 가정의 건강을 관리해주는 가정간호 시스템이었다. 말하자면 보건진료원과 가정간호사는 '국민의 기초 건강'을 책임지는 '간호 전문화'의 두 개의 축이었다.

하지만 보건진료원은 사실상 선생님의 원뜻은 거의 사라진 채 고립된 무의면에만 존재하는 것이 되고 말았다. 당시 선생님은 간호사가 독립적인 위치에서 진정한 간호를 수행할 수 있는 전문간호사로서 이 두 영역을 키우고 싶어했다.

하지만 선생님은 그냥 포기하지 않고 애초에 구상하고 있었던 '가정간호사' 시스템 구축을 위해 발 벗고 나섰다.

선생님의 제안을 간단하게 정리하면 '상태가 심한 환자들만 입원을 시키고, 경증 환자나 상태가 호전된 환자들은 조기 퇴원을 시켜서 집에서 간호 관리를 하자' 하는 것이었다. 요컨대 일정한 자격을 갖춘 간호사들이 각 가정을 방문해서 환자들을 돌봄으로써 경증 환자까지도 병원에 입원해 있어 필요한 환자가 입원을 못하는 병목현상에 걸린 병원의 숨통을 틔워주고, 국가의 의료 재정을 절감할 뿐 아니라 환자들도 집에서 편안하게 질 높은 의료 서비스를 받을 수 있도록 하자는 제안이었던 셈이다.

선생님이 처음 이런 제안을 한 것은 1974년이었다. 미국에서 공부하며 유심히 지켜보았던 미국식 '가정간호제도'가 그 바탕이 되었다. 그러나 선생님은 미국의 가정간호와는 다른 차원에서 접근을 시도했다. 즉 간호사가 의사의 처방 하에서만 활동할 것이 아니라 독자적인 직접 간호를 할 수 있도록 석사 학위 수준의 전문간호사 시스템을 만들고자 했던 것이다.

이렇게 되면 간호사들은 전문간호사로서 가정간호사업소라는 독립적 사무실을 개업할 수 있게 되고, 병원에서 주치의로부터 의뢰받은 환자의 가정을 방문해서 준비된 진료 계획에 따라 치료와 간호를 시행하게 된다. 또한 가정간호사는 정기적으로 주치의와 함께 환자의 진료계획과 가정간호계획을 함께 의논하며 환자가 가장 편안한 환경에서 저비용 고효율의 간호를 받을 수 있도록 할 수 있게 될 것이다.

지금 생각해도 획기적인 '가정간호' 아이디어를 가지고 선생님은 세브란스 병원 등 여러 군데의 큰 병원과 접촉을 해보았지만, 결과는 모두 거절이었다. 병원이나 환자 모두에게 재정적으로나 시간적으로 많은 장점이 있는 시스템이었지만, 어떤 병원의 병원장이나 의사도 당시 가정간호에 대한 개념을 가지고 있지 못했고, 자신의 병원이나 환자들에게 가정간호를 시도해본다는 것을 감히 생각지도 못했던 것이다.

이 때문에 선생님은 본격적인 가정간호사의 전 단계로 미국식 '디스차지 케어(Discharge Care)' 시스템을 구상했다. 대부분의 환자들은 퇴원을 해도 일정 기간 치료 및 케어가 필요한데, 이런 환자들을 대상으로 의사와 간호사가 팀을 이뤄 퇴원 후 집에서 서비스를 받게 하는 것이 바로 디스차지 케어시스템이다.

선생님은 일단 캐나다 IDRC(International Development Research Canada)에 지원을 요청했다. 개인적으로 친분이 있던 캐나다 국제연구기관에 한국의 보건의료체계에 가정간호 시스템을 도입하는 데 대한 정책 연구를 프로포절(Proposal)했던 것이다. 당시에도 우리나라는 외국의 원조를 여전히 많이 받고 있는 상황이었지만, 스스로 어떤 프로젝트를 먼저 만들어서 지원을 요청하는 일은 매우 드물었다.

캐나다의 연구 지원을 끌어낸 선생님은 첫 번째 제안을 거절한 큰 병원들 대신 원주기독병원과 접촉을 시도했다. 마침 원주기독병원에는 캐나다 출신의 선교사이자 연세대 교수로 오랜 기간 한국에 근무해 온 미스 마가렛 스토리가 '지역사회보건과'를 만들어서 우리나라 최초로 디스차지 케어와 비슷한 시스템을 시작했던 참이었다.

사실 병원에서 허락을 해야 조기 퇴원이든 디스차지 케어든 할 수 있는 일이니까 당시의 원주기독병원은 선생님의 구상에 딱 맞는 거의 유일한 병원이기도 했다. 하지만 또 한편에서는 바로 그것이 '조기퇴원 후 가정간호사에 위탁한다'는 구상이 실패할 수밖에 없었던 요인이기도 했다. 서울이나 대도시의 종합병원은 환자가 넘쳐나기 때문에 '조기퇴원 후 케어'라는 개념을 적용시킬 여지가 있지만 입원 환자가 병상의 60%도 채우지 못하는 원주기독병원으로서는 조기 퇴원을 생각조차 할 수 없는 상태였던 것이다.

쉽지 않은 상황이었지만 김모임 선생은 IDRC의 지원과 미스 마가렛 스토리의 도움, 원주기독병원과의 협업으로 '홈 케어' 사업을 10년 동안 진행했다. 그리고 1984년에 10년 동안의 사업을 평가했다. 하지만 아직도 우리나라의 병원뿐 아니라 정부에서도 전혀 받아들일 준비가 되지 못했다.

그런데 그 무렵 연세대 간호대학에 선교사로 와있던 미스 킹슬리가 호스피스라는 개념을 소개하고 병원에 새로운 시스템을 도입할 필요성이 있다는 것을 강조하면서 점차 홈 케어에 대한 관심도 조금씩 커지기 시작했다. 이와 더불어 의료계의 인식도 '호스피스' 개념과 함께 묶이면서 점차 높아지기 시작했다.

선생님은 이런 분위기를 활용해서 다시 한번 가정간호의 시스템화를 시도했다.

첫 번째 시도는 미국 시카고 지역의 가정간호연합회장 스토피엘(Storfiell) 박사를 초청해 전국 병원과 간호사를 대상으로 한 학술강연회를 열고 의료계에 가정간호에 대한 개념을 소개했다. 그런 한편 연세대학교 간호대학 내에 가정간호연구소를 설립하고 스토피엘 박사와 함께 가정간호 사업 및 가정간호사의 역할과 업무에 대한 매뉴얼을 만들어내는 워크숍을 진행하여 가정간호사업의 기반을 만들기 시작했다.

1990년, 원주기독병원을 중심으로 '홈케어' 시스템을 시도한 지 16년 만의 일이었다.

선생님은 이 사업이 일개 대학 연구소의 연구 결과가 아닌, 국책 연구가 될 수 있게 하기 위해 당시 KHDI의 김진순 박사 등의 연구팀과 손잡고 여러 가지 자료들을 생성해내었다. 이로써 가정간호사의 근무장소, 업무 내용, 수가 등의 자료가 만들어졌고, 국가정책 수립을 위한 기본 자료로 제공되었다.

이런 여러 가지 노력이 성과를 거둔 덕분에 우리나라에서도 서서히 '가정간호'가 자리를 잡기 시작했다. 하지만 본래 의미와는 조금 형태가 달라질 수밖에 없었다. 본래 '가정간호사'는 병원 밖에 있어야 하는 사람들인데, 의사들의 반대로 병원 안에다 두게 되었던 것이다. 그리고 전국의 모든 병원이 아니라 종합병원에서만 하도록 정해졌고, 종합병원 가운데 시범사업 지역으로 5군데 정도가 선정되었다. 일종의 '절충' 비슷한 형태를 띠게 된 셈인데, 선생님으로서는 본래의 의미가 퇴색한 데 대한 아쉬움이 클 수밖에 없었다.

가정간호 시스템이 제대로 되려면 병원과 가정, 보건소 등이 모두 연계가 되어야 하고, 가정간호사는 특정 병원에 소속되지 않은 독립된 존재여야 한다. 하지만 지금의 시스템은 가정간호사가 병원 소속이기 때문에 본인이 입원해 있던 병원을 찾지 않으면 제대로 된 케어를 받지 못한다. 하지만 이나마 '가정간호'의 형식을 갖추게 된 것만도 다행이라면 다행이라 할 수 있지 않을까 싶다.

나는 보건진료원과 가정간호사 사업을 추진해 나가는 선생님의 활동을 보면서 국가 보건의료시스템의 방향을 전환할 수 있는 큰 사업을 어떻게 기획하고 추진하고, 또 실현해 나가는지 배웠다. 선생님은 1~2년이 아니라 10년, 20년을 끈질기게, 그리고 바람직한 목표를 향해서 포기 없이, 어떠한 장애가 와도 대안을 만들어내며 추진했다.

나는 아이디어가 받아들여지려면 3년 정도 앞서 나가야지 10년, 20년씩 너무 앞서 나가니까 힘들고 지쳐서 못하겠다며 불평을 하곤 했다.

선생님은 그럴 때마다 웃으면서 10년, 20년 먼저 시작한 사람이 있기에 훗날 빛을 보는 것이라고 말씀하셨다. 그리고 스스로 열매를 맺지 못하거나 따먹지 못하더라도 먼 미래의 비전을 가지고 앞을 내다보라고 못박으셨다.

그 긴 기간을 선생님은 간호계와 여성계 그리고 필요할 때는 외국의 전문가와 기타 개인 인맥을 총동원하여 지지 네트워크를 만들고, 개인의 자존심을 버린 채 정부와 정치계를 두루 다니시며 직접 끝까지 설득했다. 개인의 이익이나 사적인 일이었으면 도저히 하지 못했을 일이다. 하지만 간호를 위해, 공적인 업무를 위해 당신보다 훨씬 나이도 어리고 지식이나 사회적 지위가 낮은 사람에게도 시간과 장소를 가리지 않고 찾아가 끊임없이 설득하고 설명하곤 하셨다.

  나는 선생님이 간호가 나가야 할, 아니 국가가 나가야 할 길에 대한 명확하고 확고한 목표, 목표를 달성하기 위한 전략적 기획과 수정, 끊임없는 모니터링, 그리고 정확한 성과 확인까지 일사분란하게 추진하는 타고난 경영자로서의 리더십을 경이의 눈으로 지켜봤다.

위기를 기회로;
방문간호사

비가 갠 후의 상큼한 봄 캠퍼스는 학생들의 싱그러운 발길로 가득하다. 간호대로 올라오니 뭐가 좋은지 까르르 까르르 웃음소리가 그치지 않는다. 중간고사가 코앞인데도 그저 맑고, 밝기만 하다. 젊음의 특권이다. '어쩌면 선생님은 이 아이들의 그 맑은 웃음을 보기 위해 그렇게 애를 쓰셨던 건지도 모르겠네' 하는 생각이 들었다.

그만큼 선생님은 한평생 자신이 간호사라는 사실을 잊은 적이 없고, 어떤 자리에서도 스스로 간호사 출신임을 자랑스러워 하셨다. 그리고 언제나 간호사의 입장에서 세상을 바라보셨고 작은 기회도 놓치지 않고 간호발전에 활용했다. 그러면서도 '간호사만의 이익'을 위해 어떤 결정을 하신 적은 없었다. 최대한 간호사의 권익을 위해 싸웠지만, 그보다는 국민이나 국가의 건강과 이익이 늘 먼저였다. 이 때문에 선생님은 보건진료원이나 가정간호사 시스템이 다소 기형적인 모습으로 출발을 했음에도 더 큰 파행을 막기 위해 수용을 했던 것이다.

그런 한편으로 선생님은 국민 기초 건강관리를 위해 또 다른 시도를 하기 시작했다. 그것은 '방문간호사 시스템'이다. 물길이 막히면 고집부리지 않고 돌아가되 강물에 이르기까지 길을 만들어 나가는 노력은 결코 쉬지 않는 선생님다운 방식이었다.

선생님이 구상한 '방문간호사'는 '각 가정을 직접 방문한다'는 점에서 가정간호사와 상당히 비슷한 모양새지만 본질적인 차이가 하나 있다. 가정간호사는 전문간호사로서 광범위하게 독자적으로 환자를 케어할 수 있는 자격을 갖춘 사람을 뜻하는 용어이고, 방문간호사는 가정을 방문해서 환자를 돌보는 이외에 주민 보건 관리 활동을 하는 사람을 뜻하는 것이기 때문이다. 그리고 병원에 소속된 가정간호사와 달리 방문간호사는 지역 보건소에 소속되어 일한다는 점에서도 차이가 있다.

방문간호사업은 선생님이 보건복지부 장관으로 임명된 1998년에 제도로 자리잡게 된 사업의 하나다.

1997년 말에 터진 IMF 경제위기를 타개하기 위해 당시 김대중 정부는 상당한 양의 자금을 시중에 풀었다. 보건복지부 역시 마찬가지. 하지만 선생님은 정부에서 그냥 돈을 풀기만 하면 반짝 효과는 있겠지만 장기적으로는 별 도움이 되지 않는다고 판단했다. 기왕 돈을 풀 거라면 뭔가 지속적이고 효과적인 방법이 없을까 고민하던 김모임 선생님이 찾아낸 새로운 사업이 바로 방문간호사였다.

은퇴나 결혼 등의 이유로 쉬고 있거나 IMF로 실직한 유휴 간호사 인력을 전국 각지의 보건소에서 고용해 지역민들의 건강을 관리하게 한다면 일자리 창출은 물론 지속적이고 질 높은 국민들의 기초 건강도 효과적으로 관리할 수 있으리라고 본 것이다. 이는 또 한편으로 보건진료원과 가정간호사가 채워주지 못하는 기초 건강관리의 틈새를 메워주는 역할이기도 했다.

이를 위해 선생님은 각 도별로 간호대학을 1곳씩 지정해서 해당 지역의 노인이나 어려운 사람들, 건강관리가 꼭 필요한 차상위계층 등을 파악하도록 했다. 그리고 조사 결과를 토대로, 이들 가정에 필요한 간호사들을 각 대학에서 선발, 훈련시킨 다음 보건소별로 파견하도록 했다.

보건복지부에 할당된 '공공근로사업' 예산을 이런 형식으로 전환시킨 것이다. 오늘날 보건소의 방문간호 시스템은 이처럼 '김모임 보건복지부 장관' 시절에 확립된 것이다.

그런데 여기서 재미있는 것은 선생님이 시스템을 정리할 때부터 가정간호사와 방문간호사의 자격을 구분해놓았다는 점이다. 즉 가정간호사는 방문간호사와 달리 의사의 도움 없이 스스로 환자를 케어할 수 있어야 하기 때문에 최소한 석사 이상의 전문간호사 자격을 가져야 한다는 개념을 확립한 것이다. 이때부터 방문간호사는 학사 이상, 가정간호사는 석사 이상의 전문간호사라는 개념이 정립되었다. 늘 '간호사'를 생각의 중심에 놓고 있지만, 국민의 건강을 관리하는 데 있어서는 한 치의 오차도 있어서는 안 된다는 깊은 배려에서 나온 역할 및 자격의 구분인 셈이다.

방문간호사 제도의 정립과 더불어 선생님이 구상했던 국민 기초 건강 관리를 위한 지역사회 간호 시스템은 비로소 보건진료원, 가정간호사와 더불어 세 개의 축으로 확립이 되었고, 오늘날까지 변화, 발전하면서 이어지고 있다.

사실 선생님은 '방문간호사'라는 단어를 좋아하지 않았다. 보건소에 근무하는 보건간호사는 지역사회의 건강과 가족 건강을 관리하는 하나의 '방법'으로 방문을 하는 것인데, 여기에다 '방문간호사'라는 독립된 명칭을 부여한 것이 잘못이라는 것이다.

그런데 실제로 우리나라는 전국 각 시군구에 하나씩 설치되어 있는 보건소의 보건간호사들은 그 숫자나 과중한 업무로 볼 때 가정방문을 할 수 있는 여건이 안 될 뿐만 아니라 제대로 기능도 하지 못한다. 아이러니컬하게도 이 보건소의 가정방문 활동이 방문간호 사업으로 실제로 자리잡게 된 것은 선생님이 보건복지부 장관으로 재임할 때였으니, 참 모를 일이다.

처녀들의 가족계획?

평소 그림을 비롯한 예술작품에 관심이 많았던 선생님과 함께 유럽 출장 길에 짬을 내서 미술관과 박물관을 몇 군데 둘러본 적이 있다.

항상 경험하지만 외국 유명 미술관에서 눈앞에 펼쳐지는 광경은 그야말로 황홀지경이다.

그런데 유럽의 여러 나라 미술관이나 대성당을 둘러보면서 느낀 것은 유난히 '성모 마리아'와 관련된 그림과 조각이 많다는 것이었다. 특히 그중에서도 가브리엘 천사가 나타나 처녀의 몸으로 아기 예수를 가지게 되었다는 것을 알려주는 '수태고지' 장면이 눈에 많이 띄었다. 기독교인이 아니면 믿기 어려운 '성령으로 인한 처녀 수태의 신비'가 아름답고도 몽환적으로 그려져 있었다.

그런데 선생님과 함께 일했던 지난 일을 생각하다 보면 마치 '처녀 수태'처럼 믿기 어려운 일들을 우리가 해냈던 기억이 새록새록 떠오르곤 한다.

그것은 바로 '가족계획'과 관련된 일들이다. 남녀가 데이트를 하는 것조차 부모의 눈을 피하던 그 시절, 길을 걸을 때도 손을 잡기는커녕 멀찌감치 떨어져서 남처럼 걸어가야 했던 그 시절에 시집도 안 간 처녀들이 콘돔과 피임약을 들고 전국 방방곡곡을 돌면서 사용법을 설명하고, 피임의 중요성을 널리 홍보했으니 지금 생각하면 정말 코미디 같은 일이었다.

언젠가 선생님과 함께 식사를 하는 자리에서 우연찮게 1970~80년대의 가족계획 이야기가 화제에 올랐다. 그런데 참석자 중 한 사람이 최근 우리나라의 국력 신장이 예전만 못한 원인이 혹시 그 당시의 지나친 '가족계획' 때문이 아닐까 하는 식으로 이야기를 전개해나갔다. 그 사람의 의도는 아니었겠지만, 우리로서는 조금 불편한 논리였다. 사실 그 사람뿐만 아니라 제법 많은 이들이 지나친 인구 억제로 우리나라의 국제 경쟁력이 약화되었다는 이야기를 하면서 그 주범으로 가족계획협회를 꼽곤 한다.

하지만 가족계획협회에 대한 이런 평가는 대단한 오해라고 할 수 있다.

우선 첫 번째 오해는 가족계획협회의 본래 목적은 '산아제한'이 아니라는 사실이다. 말 그대로 '가족들의 미래를 계획' 하도록 돕는 것이 바로 가족계획협회의 본래 설립 목적이다. 그리고 지금은 산아제한이 우리 경제의 '암적 요인'이라고까지 하는 사람들이 있지만 80년대 중반까지는 산아제한 덕분에 국가경쟁력이 오히려 크게 향상되었다.

그때까지 우리 경제의 힘은 집집마다 군식구를 덜어내야 살 수 있을 정도로 허약했다. 그러니 산아제한은 선택이 아니라 필수였던 셈이다. 그런 사정을 감안하지 않고 오늘날 과소 출산율 때문에 경제성장이 둔화되고 있다고 하며 '산아제한' 정책 자체를 폄하해서는 안 된다.

그 무렵 우리나라 인구 문제 역시 심각한 상황이었다. 출산율이 높은 대신 영유아 사망률도 매우 높았고, 모성 사망률도 높았다. 이때 정부에서 예방접종을 중심으로 하는 모자보건사업을 시작했는데, 이와 함께 가족계획사업을 추진했다.

정부에서 가족계획사업을 국가적 사업의 하나로 시작했을 무렵 우리나라의 피임 실천율은 4~9%였고, 인구성장률은 3.0%로 폭발적인 증가세를 보이고 있었다. 그러나 가족계획사업을 시작한 지 만 4년이 지난 1966년에 피임 실천율은 20%로 증가했고, 1971년에는 25%로 늘어났다. 반면에 출산력은 1960년대 6.0에서 1971년 4.7로 점차 줄어들고 있었다. 하지만 이는 어디까지나 대도시 중심의 통계일 뿐 농촌에서는 아직 '피임'이라는 말조차 알지 못하는 사람이 거의 대부분이었다.

당시 정부에서 내건 '산아제한' 구호의 흐름만 살펴봐도 당시 정부에서 어떤 생각을 가지고 있었는지 대략 짐작할 수 있으리라.

1960—65년 : 알맞게 낳아서 훌륭하게 기르자.
1966—70년 : 3, 3, 35(세 살 터울로 세 명의 자녀를 35세 이전에 낳자).
1971—75년 : 아들, 딸 구별 말고 둘만 낳아 잘 기르자.
            74년은 임신 안 하는 해, 75년은 남성이 더 피임하는 해.
1981—85년 : 무서운 핵폭발 더 무서운 인구 폭발.
            신혼부부 첫 약속은 웃으면서 가족계획.
            둘 낳기는 이제 옛말 일등국민 하나 낳기.
            잘 키운 딸 하나 열 아들 안 부럽다.

1986—90년 : 젊은 꿈을 아름답고 건전하게.
  낳을 생각하기 전에 키울 생각 먼저 하자.
  하나 낳아 젊게 살고 좁은 땅 넓게 살자.
  늘어나는 인구만큼 줄어드는 복지 후생.

표어만 봐도 알 수 있듯이 정부에서는 1990년대에 이를 때까지 가족계획과 산아제한의 구분이 별로 없었다.

선생님이 본격적으로 '가족계획'과 관련을 맺은 것은 1968년 7월 연세대학교 내에 있었던 '인구및가족계획연구소'의 총무부장을 맡으면서부터였다. 그리고 같은 해에 비정부기관인 '가족계획협회' 이사로 선임이 되면서 본격적인 가족계획 사업에 뛰어들었다.

본래 선생님이 생각한 가족계획은 피임이나 산아제한만이 아니라 불임, 부부의 성 건강, 가족 보건, 모자 보건, 여성 건강 등 '가족'과 관계된 거의 모든 것이었다. 하지만 앞에서 살펴본 대로 현실적인 문제에 부닥치면서 '가족계획은 곧 산아제한'이라는 정부의 방침을 따를 수밖에 없게 되었다.

당시 중요 사업은 농어촌 지역에 콘돔 등의 피임 기구와 약품을 보급하고 피임 관련 교육을 시키는 일이었다. 대상은 농어촌 여성들. 남자들도 함께 교육을 받아야 했지만 보수성이 강한 농촌 지역의 특성상 남자와 여자를 한 자리에 모아놓고 피임 교육을 시키기가 어려웠고, 남자들만 따로 교육을 시키는 것도 쉽지 않았다. 이때 동원된 주 인력이 바로 우리 간호사들이었다. 피임에 대한 의학적 전문지식을 갖추고 있을 뿐만 아니라 같은 여성의 몸으로 농촌 여성들에게 접근하기 쉽다는 것도 장점이었다.

그런데 참 아이러니한 것은 당시 거의 대부분의 현장 인력인 간호사 가족계획 요원들이 시집도 가지 않은 '아가씨'들이었다는 사실이다. 스무 살을 갓 넘긴 앳된 처녀들이 콘돔과 피임약을 들고 시골 아주머니들 앞에서 사용법을 설명하는 장면을 상상해보라. 애꿎은 처녀들의 손가락이 졸지에 콘돔을 끼워보는 실습 기자재로 돌변하는 그 모습을.

지금 생각하면 포복절도할 희극 같지만, 당시에는 민망하기는 했어도 결코 우습지는 않았다. 그만큼 모두 진지했다.

사실 농어촌 마을을 돌다 보면 아주머니들이 우리 가족계획 요원들을 붙잡고 심심찮게 물어보곤 했던 말이 있다.

"아니 그래 아가씨, 시집은 갔소?"

시비를 거는 건 아니었지만, 아주머니들이 보기에는 '좀 웃긴다' 하는 심정이었을 것이다. 그럴 때면 우리는 당당하게 응수하곤 했다.

"그럼요! 아이도 하나 있는걸요."

그러면 못 믿겠다는 듯 눈초리가 올라가곤 했지만, 그래도 어쩌겠는가. 시집을 갔다는데. 비록 가브리엘 천사도 없었고, 성령도 없었지만 우리들은 그렇게 '아이를 가진' 처녀들이 되고 말았다.

코페르니쿠스,
김모임

　아무도 생각하지 못했던 어떤 아이디어를 두고 '코페르니쿠스적 발상의 전환'이라고 한다. 단순히 새롭거나 신기한 아이디어를 두고 '코페르니쿠스'를 운운하지는 않는다. 코페르니쿠스는 16세기까지 불변의 진리로 여겨지던 '천동설'을 뒤집고 '지동설'을 최초로 주장한 사람이다. 한마디로 태양이 지구 주위를 도는 것이 아니라 지구가 태양을 돈다는 것이다.
　지금은 당연한 상식이지만, 그가 살아 있던 시대에는 사실 목숨을 내걸어야 할 정도로 위험한 발언이었다. 우리가 속해있는 '지구'는 곧 절대자의 자리로 인정되었고, 따라서 지구가 태양을 돈다는 것은 신의 존재를 모독하는 '신성모독'에 해당하는 것이었다. 따라서 어떤 생각이나 행동에 '코페르니쿠스적'이라는 수식어를 붙이려면 그만큼 혁명적인 어떤 사고가 뒷받침이 되어야 한다.
　그런데 나는 선생님과 함께 일을 하면서 나도 몰래 무릎을 탁 치면서 그야말로 코페르니쿠스적인 발상의 전환을 실감한 적이 한두 번이 아니었다. 간호사의 몸으로 세계 최고의 수준을 자랑하는 존스홉킨스에 도전해 한국 간호사로서 최초의 보건학 박사 학위를 따낸 것을 비롯해서 당시 변방 중 변방이었던 대한민국에서 ICN 총회를 유치하고 회장까지 한 일, 간호사들의 보금자리를 간호사의 힘으로 직접 건축한 일 등등 손으로 꼽기도 힘들 만큼 많다. 그 모든 일들이 단순히 반짝이는 아이디어나 뚝심 같은 것으로 이뤄졌다고 볼 사람은 아무도 없을 것이다.

선생님이 지금까지 걸어온 길의 대부분이 아무도 가지 않았던 길이었으니, 그 스스로 길을 만들면서 걸어온 것이다. 그런 점에서 우리에게는 '코페르니쿠스적 발상의 전환'보다는 '김모임적 발상의 전환'이 더 의미가 있는 것 같다.

내가 직접 경험한 선생님의 첫 번째 발상의 전환은 바로 가족계획협회와 관련된 것이었다.

1960년대의 폭발적인 인구 증가세가 어느 정도 잦아들기 시작한 1982년에 선생님은 대한가족계획협회의 부회장이 되었고, 1995년 12월에는 회장직을 맡게 되었다. 그리고 그 이듬해가 되자 선생님은 늘 생각해왔던 '가족계획'의 본 모습을 회복하기 위해 많은 힘을 쏟았다. 그중 하나가 바로 1996년에 발표한 '신인구정책'이다.

선생님이 가족계획협회장으로서 직간접적 영향을 미친 신인구정책은 인구의 질과 복지 향상에 초점을 맞추고, 지속 가능한 사회경제발전을 위한 저출산 유지, 사망률 개선, 인공임신중절 방지, 청소년 성활동 예방, 인구분포 균형, 출생성비 균형, 여성 지위 향상, AIDS 및 성병 예방, 취약계층 복지 증진, 가족보건 향상 등을 목표로 하고 있어서 '산아제한'에 국한 되었던 가족계획의 빗나간 정책 방향을 어느 정도 제자리로 돌려놓은 것과 같은 효과가 있었다.

또 협회 내에 청소년 성문제 해결을 위한 성문화연구소를 설립했다.

선생님이 당시 아무도 생각하지 못했던 신인구정책을 펼 수 있었던 것은 사실 오랜 준비가 있었기 때문에 가능한 일이었다.

선생님의 존스홉킨스 박사학위 논문은 「한국의 3개 지역에서 행해진 결혼 연령 및 출산력에 관한 연구(1973)」로서, 가족계획과 관련된 것이었다.

당시 선생님은 박사 논문을 쓰기 위해 자료수집 차 잠시 귀국을 했다. 그리고 경기도 안성 지역을 중심으로 자료를 수집하기 시작했는데, 이때 나는 오가실 교수와 함께 조교로서 각종 연구 작업을 선생님과 같이 했다.

선생님과 함께 일하면서 우리는 서베이 자료 수집, 인터뷰, 인터뷰 후 정리, 코딩 등을 제대로 배울 수 있었다. 간호 쪽에서는 연구방법론이라는 개념이 없을 때였기 때문에 사회학 쪽에서의 연구방법론을 많이 적용했다. 당시 국내에서는 어떤 교수님에게서도 배운 적이 없는 연구방법들이었다. 심지어 그런 방법이 있다는 걸 들어보지도 못했을 때였으니, 우리는 지금도 그때 일만 생각하면 선생님께 그저 감사할 뿐이다.

이런 경험들이 바탕에 있었기 때문에 선생님은 제자들에게도 가족계획과 관련한 연구를 많이 하도록 독려했고, 이를 위해 인구및가족계획연구소에서 세계인구협회를 통해 상당한 장학금과 연구비를 끌어왔다. 그리고 관련 학위들도 대부분 단순한 가족계획이 아니라 보건학이나 사회학, 정치학, 수학, 통계학, 약학 등을 바탕으로 하는 것이었다. 덕분에 우리나라 가족계획 사업에 대한 접근법과 통계법, 보건학 등은 상당한 발전을 이룰 수 있었다. 선생님을 중심으로 펼쳐진 1992년의 신인구정책도 바로 이런 바탕에서 가능했던 것이다.

보건학과에서 세계인구협회 장학금으로 석사학위를 하던 나 역시 이런 바탕 위에서 가족계획 관련 주제로 학위 논문을 쓰기 시작했다. 그런데, 바로 이때 나는 선생님으로부터 상상치도 못할 조언을 듣게 되었다. 그것은 바로 '간호사를 위한 가족계획 사업 업무 매뉴얼'을 논문으로 내라는 것이었다. 업무 매뉴얼을 논문 주제로 잡는 것이 아니라 바로 그 자체를 논문으로 제출하라는 말씀이었다.

"논문을 위한 논문을 쓰지 말고 정말 간호사들에게 도움이 되는 논문을 써 봐."

그 이전까지 누구도 시도해보지 않았던 일이었고, 권위적인 교수 사회에서 과연 받아들여 줄 수 있을까 우려가 되기도 했다. 하지만 나는 선생님을 믿고 조언대로 논문을 진행했다.

드디어 논문을 완성했다. 그리고 마침내 운명의 날, 모든 의과대학 교수들이 모인 자리에서 나는 논문을 발표했다.

의대 교수들의 반발은 예상보다 더욱 거세었다. 이런 종류의 논문을 한 번도 본 적이 없는데다 '업무 매뉴얼'을 논문으로 낸다는 사실 자체에 거부감도 컸다. 일부 교수들은 논문을 지도한 선생님을 노골적으로 비난을 하기도 했다. 하지만 선생님은 실제 사례를 예로 들어가면서 그들의 비판과 비난에 정면으로 맞섰다.

지금 돌아보면 당시 교수들이 크게 반발한 이유는, 한 번도 그런 식의 논문을 본 적이 없을 뿐 아니라 연구방법론에 대한 지식이 없었기 때문이었던 게 아닐까 싶다. 기껏 사례 연구나 서베이 연구 방법 정도를 발표하면서 마치 세상의 모든 학문을 하고 있는 듯 콧대 높았던 의대 교수들에게 선생님이 새로운 학문 탐구법의 세상을 열어준 셈이다.

선생님은 가족계획 사업을 일찌감치 방향을 틀어 청소년 성 건강과 인구개발 쪽으로 방향을 잡게 했고, 연구를 현장에서 활용 가능한 실용적 연구로 바꾸도록 했다.

이것이 바로 내가 처음 직접 경험한 선생님의 코페르니쿠스적 발상의 전환, 아니 김모임적 발상의 전환이다.

제3부

간호 전문직의 비상

우리에게는 존재하지 않는 것들을
꿈꿀 수 있는 사람들이 필요하다.
― John F. Kennedy ―

높이 나는 새가
멀리 본다

『갈매기의 꿈』의 주인공인 '조나단 리빙스턴'은 먹이를 구하기 위해 하늘을 나는 다른 갈매기와 달리 '비행' 그 자체를 사랑한다. '비행'은 진정한 자유와 자아실현의 상징이다. 동료들의 배척과 자신의 한계에도 좌절하지 않고 끊임없는 자기수련을 통해 완전한 비행술을 터득한 조나단은 마침내 무한한 자유를 느낄 수 있는 초현실적인 공간으로까지 날아오르게 된다. 하지만 조나단은 그런 성취에도 불구하고 다시 지상으로 내려와 동료 갈매기들을 자신과 같은 경지로 이끌기 위해 애를 쓴다.

한마디로 삶의 목적이 단순히 먹고사는 데 있는 것이 아니라 자신의 존재 가치를 실현하는 것이라는 사실을 다시 한번 깨우쳐준 책이다.

훗날 박사학위를 따고 한국에 돌아와 김모임 선생님과 함께 수많은 일을 하면서 선생님이야말로 한국 간호계에 내려온 조나단 리빙스턴이 아닐까 하는 생각을 가끔 해보게 되었다. '간호사'를 그저 먹고 사는 방편의 하나로 받아들이고 하루하루 '생활'에 매달리고 있던 그 시절, 선생님은 이미 '비행의 목적'을 깨달았고, 이를 토대로 미래에 대한 '비전'을 제시해주었기 때문이다. 이런 점 때문에 한국 간호계는 김모임 전과 후로 확연하게 나뉜다. 김모임 이전 한국 간호계의 지향이 그저 임상 현장에서 매일의 간호문제 해결이 중심이였다면, 김모임 이후의 한국 간호계는 일상생활 문제를 넘어 자아실현의 문제를 고민하기 시작했던 것이다.

전문직(profession)의 중요한 특성 중 하나는 다른 사람이 결정해줄 수 없는 자신들만의 영역을 가지고 스스로 그에 맞는 역할과 기능의 표준을 개발·발전시켜 나가기 위한 전문직 단체를 가진다는 것이다. 그런 의미에서 선생님은 대한간호협회를 진정한 '전문직 단체'로 격상시킨 분이라고 할 수 있다. 현재 대한간호협회는 세계 어느 나라의 간호협회와 비교해보아도 자랑할 수 있는 최고의 수준을 자랑한다. 우리 협회의 역사를 보면 과거 선배들의 끊임없이 이어지는 헌신과 노력을 발견할 수 있다.

특히 우리나라에 처음 간호의 길을 열어준 간호 선교사들은 병원에서 환자 간호만 한 것이 아니라 서울역까지 직접 나가서 무작정 상경하는 젊은 처녀들의 직업 교육, 그리고 당시 만연했던 남성들의 축첩에 대해 반대를 하는 사회정화 활동에도 많은 힘을 쏟았다.

30만 명이 넘는 방대한 조직이 지금까지 굳건히 자리를 잡고 성장해 올 수 있었던 것은 음으로 이와 같은 전통에다 양으로 헌신해온 수많은 간호사들의 힘이 무엇보다 컸다. 그런 한편에서는 이름을 드러내지 않은 수많은 힘들을 하나로 모아 한발 한발 전진할 수 있도록 이끌어낸 리더들의 힘도 적지 않았다. 제1대와 6, 7대 회장을 맡았던 홍옥순 선생님을 비롯해,

　10~12대 홍신영 회장, 13~15대 전산초 회장 그리고 16~18대와 21대 회장을 맡았던 김모임 선생님 등은 말 그대로 간호계의 '전설'이다.
　그중에서도 특히 선생님이 두드러지는 것은 '미래를 향한 눈'을 열어주었기 때문이다. 특히 1979년에 마련한 '10개년 장기 청사진'은 우리 간호협회가 양적인 성장만이 아니라 질적으로도 완전히 바뀌는 커다란 계기를 만들어 내었다.
　이 청사진은 국내외적인 사업 확대는 물론, 국민건강을 위한 세부사항 등 보건 분야 전반에 걸쳐 해결해야 할 당면 과제를 담고 있었다. 특히 의료인 단체 중에서는 처음으로 마련한 장기계획안이라는 점에서도 높은 평가를 받을 수 있다.

그리고 선생님은 대한간호협회 창립 60주년을 맞은 1983년에 '긍지'를 주제로 간호협회 최초의 전국대회를 개최함으로써 간호사들의 긍지를 다지는 계기를 마련해주었다.

현재 있는 자리에서 최선을 다해 노력하면서 살아가는 것도 중요한 일이지만 더 넓은 세상을 향해 꿈을 펼쳐나가는 것도 중요하다. 그런 점에서 ICN 임원국을 향한 도전, 서울 총회 유치 도전, ICN 회장 도전 등등을 통해 끊임없이 자신과 한국 간호계의 한계를 넓혀온 선생님은 우리가 살아가는 목적이 무엇인지를 늘 되돌아보게 하는 '조나단 리빙스턴'이었다.

최근 다시 『갈매기의 꿈』을 찾아 읽다가 처음 책을 읽으면서 놓쳤던 부분을 알게 되었다. 그것은 조나단 리빙스턴이 진정한 자유를 누리기 위해 비행을 연습할 때 그를 인도해준 스승이 있었다는 것, 그리고 다시 조나단으로부터 비행술을 전수받고 이를 다른 '평범한 갈매기들'에게 가르쳐주는 제자가 있었다는 사실이다. 그의 이름은 플레처였다.

"너에겐 더 이상 내가 필요하지 않다. 너에게 필요한 건 매일 조금씩 더 자신을 발견해 가는 것, 진정하고 무한한 플레처를 발견하는 것이다. 진정한 자신이야말로 너의 스승이다. 너 자신을 이해하고 실천하는 일이 필요할 뿐이다."

물론 선생님에게도 이런 플레처와 같은 스승이 있었다. 그분은 바로 연세대학교 간호대학의 기초를 닦은 홍신영 · 전산초 박사님 두 분이다.

선생님이 우리들 제자에게, 그리고 우리 협회에 남긴 선물은 단순히 비전을 보여주고 실천할 수 있는 힘을 준 것만이 아니라 우리 스스로가 언제든 마음만 먹으면 날 수 있는 존재라는 것을 깨닫게 하고 그것을 다른 사람들에게 전수할 수 있는 제2, 제3의 플레처로 만들어준 것이 아닐까? 그런 의미에서 우리는 또 다른 플레처를 만들어 내야 하는 의무를 가지고 있다. 그러고 보니 국내를 넘어 해외 각지에서 선생님의 뜻을 펼치고 있는 제자들은 이미 자신도 의식하지 못하는 사이에 이미 그 자신이 조나단 리빙스턴이 되어 가고 있는 셈이다.

우리들의 꿈나무 후배 간호학생들을 만날 때마다 조나단 리빙스턴이 남긴 말을 김모임 선생님의 존재와 함께 다시 되새겨 주어야겠다.

"너에게는 진정한 너 자신을 찾을 수 있는 자유가 있다. 아무도 너의 길을 막지 못한다. 그것이 '갈매기의 법칙'이며 '존재의 법칙'이다."

"가장 높이 나는 새가 가장 멀리 본다."

협회 살림살이,
좀 나아지셨습니까?

긴 겨울이 지나고 봄이 오면서 만물이 소생하듯, 교회에서도 겨울과 봄을 맞이하는 기분이 남다르다. 예수님이 죽음의 고난을 겪는 사순절이 연초부터 이어지다가 봄바람과 함께 부활절을 맞이하기 때문이다. 그래서 기독교인들에게 봄은 그저 봄이 아니라 '예수님의 부활'과 함께 만물이 소생하는 진짜 봄이다.

이 봄이 오기까지 기독교인들은 성경 말씀에 대한 묵상을 많이 한다. 나 역시 국내에 있든 해외에 있든 이 기간은 나름 특별하게 보내려고 애쓴다. 인류의 구원을 위해 죽음의 고통까지 피하지 않았던 '예수'의 존재는 평생 간호사로 살아온 내게는 늘 어떤 표상과 같은 존재이기 때문이다.

그런데 며칠 전 읽은 성경 말씀은 예수가 단지 우리에게 '진리'만 가르치는 것이 아니라 때로는 먹고 사는 문제도 해결해주는구나 하는 깨달음을 준 '오병이어의 기적'이었다. 말 그대로 다섯 개의 떡과 물고기 두 마리로 오천 명에 달하는 군중의 배고픔을 구해주셨으니, '사람이 빵만으로 사는 것'은 아니지만 '빵이 없으면 살 수 없다'는 것도 확실하게 알려주신 셈이었다.

우리 간호협회의 지난 역사에도 이처럼 오병이어와 같은 기적이 필요한 때가 있었다. 1970년대 후반이었다.

선생님이 처음 간호협회 회장이 된 1978년, 협회 살림은 매우 나쁜 상황이었다. 특단의 조치를 취하지 않으면 늘 하던 대로 1년 회비가 들어오는 몇 달을 제외하면 마이너스 재정을 면할 길이 없었다. 비록 전국적인 조직망을 갖추었지만 회원들이 내는 회비 이외에는 특별한 수입이 없는 상황에서 협회는 '춘궁기'를 숙명처럼 받아들이고 있었다.

당시 우리나라가 가난했던 시절 흔히 '보릿고개'라고 불리는 '춘궁기'는 빈곤층에게는 가장 무서운 말이었다. 즉 긴 겨울을 지내고 먹을 것이 바닥 날 즈음에 아직 보리가 나는 봄까지는 꽤 긴 나날이 남아있어, 그 기간을 굶지 않고 살아남기 위해 온 가족이 가장 힘든 고비를 넘겨야 하는 시기였다.

수수께끼 게임에서 '우리나라 고개 중 가장 넘기 어려운 고개는?' 그 답을 '보릿고개'라고 할 정도로 당시 한국의 상황도 어려웠다. 협회도 나을 것이 없었다. 매년 봄 회비가 결정되어 납부가 이뤄지기 전까지 한동안 궁핍한 생활을 할 수밖에 없는 협회 춘궁기에는 직원 월급을 주는 것이 큰 일이었다. 오직 회비만 바라보는 살림이었으니 당연한 일이었다.

게다가 사회는 어수선하기 짝이 없었다. 1979년 박정희 대통령의 시해 사건을 시작으로 12.12 사태, 1980년 5.18 광주민주화항쟁, 국가보위입법

회의 설치, 새 대통령 선출······.

이렇게 사회가 정신없이 돌아가는 판에 회비 납부나 조직 관리는 엄두도 내기 어려운 일이었다. 하지만 선생님은 누구도 생각지 못한 방법으로 협회 살림을 꾸려나갔다.

예수님도, 갈매기 조나단도, 그의 제자도 먹어야만 살 수 있다. 하지만 먹을 것을 찾는 방식은 일반인들과 분명히 다르다. 다른 갈매기보다 우월한 비행술을 가지고 있으면 먹이를 찾는 방식도 달라지기 때문이다.

선생님이 가장 먼저 시작한 일은 정부나 공공기관 등에서 예산을 받아내는 일이었다. 물론 공짜가 아니었다. 정부기관 등에서 진행하는 프로젝트를 협회 차원에서 진행하는 방식이었다. 때로는 정부에 꼭 필요한 프로젝트를 먼저 제안하기도 했다.

어린 시절부터 절약정신이 몸에 배어 있었던 선생님은 자신이 속한 단체나 협회의 돈은 최대한 아끼면서 임직원들도 함부로 비용을 쓰지 못하게 했다. 흔히 사단법인이나 공공단체 등에서 재정을 낭비하는 경우가 적지 않지만, 10원짜리 하나까지 꼼꼼하게 따지는 선생님 앞에서는 어림도 없는 일이었다.

선생님의 경비 절감 정신을 잘 보여주는 대표적인 사례가 '출장비'다. 흔히 출장비는 하루 얼마씩 숙박비와 식대가 정액으로 정해지는 경우가 많은데, 실제 출장을 다니다 보면 이 돈이 남는 경우가 제법 있다. 이전에는 그렇게 남은 돈을 용돈처럼 쓸 수 있었지만 선생님은 그것마저도 정확하고 꼼꼼하게 정산을 시켜서 남은 경비를 반환시키곤 했다.

함께 일했던 재정이사는 물론 부회장이나 사무총장 등도 모두 선생님과 같은 절약파였다. 혹시 성향이 다른 사람이 있었다 하더라도 곧 동화가 되었다.

그리고 선생님은 차량 지원이든 기술 지원이든 혹은 현금 지원이든 협회 살림을 도울 수 있는 지원자를 주변에서 찾았다. 그렇게 해서 선생님이 2년 임기를 세 번 마치고 나올 무렵 협회는 드디어 '흑자' 살림으로 돌아섰고, ICN 서울 총회를 성공적으로 치르기 위해 어쩔 수 없이 맡아야 했던 4번째 임기(1988~1989년) 때는 약 30억 원 가까운 이윤을 남겨놓았다. 당시로써는 천문학적인 금액이었다.

물론 적자를 흑자로 바꾸는 일이 단번에 된 것은 아니다.

우선 선생님은 박정희 대통령의 경제개발5개년 계획과 비슷한 형태로 '대한간호협회 발전 10개년 계획'을 수립하고 이를 차근차근 진행시켰다. 당시 선생님이 시작했던 장기 사업계획의 방식은 사업 기간만 조금 축소되었을 뿐 오늘날에도 계속 이어지고 있다.

오늘날과 같은 첨단 시스템이 없었던 그 당시, 우리는 수십 장의 종이를 이어 붙인 다음 이 엄청난 사업계획들을 순서대로 모두 써서 벽에 붙이고 매달 체크하면서 사업을 관리했다. 혹시 손으로 일일이 깨알같이 쓰고 그렸던 그 표를 오늘날 후배들에게 보여준다면 어떤 이야기를 들려줄지 궁금하다.

물론 역대 회장들 역시 재정을 흑자로 돌리기 위해 많은 애를 썼지만, 특히 선생님이 성공할 수 있었던 가장 큰 힘은 회비 납부에만 의존하지 않고 끊임없이 외부 프로젝트를 유치하고 창출해낸 것이다. 회비는 아무리 열심히 거둬도 '회원 숫자×회비' 이상이 될 수 없지만, 프로젝트는 그 성격에 따라 얼마든지 예산 증대가 가능하다.

또한 선생님은 1년, 3년, 5년, 10년 단위로 치밀한 사업 계획을 세우고 차근차근 진행해 나갔다. 주먹구구식으로 이것저것 손을 대다 보면 외형은 그럴 듯해도 결국은 손해 보는 사업이 되는 경우가 많다. 하지만 하나하나 모든 사업을 공중에서 내려다보듯 조망을 하면서 진행을 하면 전체 그림이 한눈에 들어오기 때문에 성공과 실패를 어느 정도 사전에 감지할 수 있고, 그에 따라 손실은 최소화하고 이익은 극대화시키는 것이 가능하다.

선생님은 어떤 일이든 처음 시작할 때부터 모든 것을 한눈에 볼 수 있도록 도식화하곤 했다. 오늘날처럼 엑셀과 같은 컴퓨터 프로그램이 없는 상태에서 직접 손으로 스케줄을 정리하고, 몇 년치 사업을 일목요연하게 정리했던 것이다. 이 때문에 함께 일하는 사람들에게 적지 않은 원성을 사기도 했지만 그 덕분에 수많은 사업들이 중복되거나 헷갈리거나 누락되지 않고 애초의 방향을 잃지 않고 나갈 수 있었던 것이다.

2015년 현재 협회에서 사용하고 있는 업무 양식과 프로시저(procedure: 일반적인 어떤 행동을 수행하기 위한 일련의 작업순서)도 알고 보면 대부분 선생님이 만들어놓은 것들이거나 그것을 변형한 것들이다. 인디애나 간호고문단의 보좌관으로 일하면서 혹은 하와이대학이나 존스홉킨스 보건대학원 등에서 공부하며 보고 배운 것을 한국 상황에 맞게 접목시킨 것이다.

직원들마다 해야 할 업무 영역을 정리해주고, 프로시저를 정비하고, 프로젝트의 진행 상황을 스케줄표로 체크해나감으로써 얻는 효과는 생각보다 크다. 훨씬 더 많은 일을 하면서도 인력과 시간의 낭비가 줄어들기 때문이다. 이것 역시 협회의 살림살이를 정비하는 데 큰 보탬이 되었음은 물론이다.

  선생님은 모든 일에 탁월한 기획 능력을 보이셨기 때문에 우리는 가끔 '선생님이 따로 무슨 학원이라도 다니신 게 아닐까?' 하는 의심을 할 지경이었다. 선생님은 당시 상업고등학교 출신의 재정 담당 직원들이 제출한 협회 재정보고용 수지계산표를 완전히 바꾸어 월별, 분기별, 연도별 예결산표를 정리하도록 만들었다. 오죽했으면 당시 회계사 출신의 감사가 이 표를 보고 '아니 회장님, 어디서 복식 부기 배우셨어요?' 하고 물었을 정도였다.

  따로 무엇인가를 정식으로 배우지 않아도 선생님처럼 고도의 집중력으로 끊임없는 관심을 쏟아내면 그런 능력이 생겨나는 게 아닌가 싶다. 확실히 '높이 나는 새가 멀리 본다'.

간호;
문학과 예술의 옷을 입다

    지난해 가을, 선생님의 제주도 자택을 찾았다. 전 재산을 모교인 연세대학교에 기부하기로 결정하고 나서 이것저것 의논할 일이 많이 생겼기 때문이다. 이제는 선생님의 마지막 '사유재산'이 된 이 집은 비교적 한적한 주택가의 한 모퉁이에 자리잡고 있다.

    '일하지 않는 자여 먹지도 말라' 라는 말씀을 평생 몸으로 지켜오신 선생님의 안식처답게 마당 한쪽은 작은 텃밭이 자리하고 있고, 마당에 심어진 나무들도 사과나 감, 매실, 대추 등 '유실수'가 대부분이다. 아름다움과 실용성을 함께 누릴 수 있도록 한 선생님 나름의 배려다. 아직 심은 지 오래 되지 않아 어쩌면 선생님 생전에 과실을 따서 누리기 어려운 나무들도 많지만, 당장 눈앞의 내 이익보다는 훗날의 누군가 누리게 될 기쁨을 미리 준비하는 것도 역시 선생님답다.

    찾아온 나를 '육지 것'이라고 부를 정도로 제주 사람이 다 된 선생님의 집을 여기저기 둘러보다 보니 2층 거실의 한 모퉁이에 세워져 있는 이젤이 눈에 띄었다. 수채화로 그린 화병과 꽃, 과일 등의 그림도 눈에 띄었다. 얼마 전부터 그림을 다시 그리기 시작했다는 선생님의 설명과 수필쓰기 교실에 등록해 시를 읽고 글쓰기 공부를 시작했다는 말씀을 들으니 집안 분위기도 어딘가 좀 달라진 듯 보였다. 선생님 주변에서 예술적인 향취가 은연중에 배어 나오는 것이 느껴졌다.

그리고 보면 선생님은 간호계가 아니라 언론계나 예술계에 종사했어도 뭔가 큰 성과를 이루셨을 거라는 얘기를 하는 사람이 예전부터 적지 않았다. 말이나 글은 물론, 그림이나 음악에도 조예가 깊고 관심도 많았기 때문이다. 다만, 그 분야에 깊이 천착할 시간이 없었을 뿐.

다행히 선생님의 이런 재능 가운데 몇 가지는 간호협회를 통해서 작은 꽃을 피웠다. 물론 그 결과물은 선생님이 아니라 우리 간호사들 전체의 것이다.

그중 하나는 오늘날 간호협회의 공식 기관지로 간호계 전체의 대변인 역할을 하고 있는 '간협신보'다.

지금과 같은 인터넷 언론이나 SNS가 발달해 있지 않았던 1970년대는 TV와 라디오, 신문과 같은 대중매체의 힘이 매우 컸다. 그 가운데서도 특히 5대 일간지의 위력이 막강했다. TV의 힘도 컸지만 '뉴스'라는 점에서는 아무래도 신문이 조금 더 대접을 받던 시대였다. 아무리 격렬한 말싸움을 하는 도중에도 누군가 '신문에 났더라' 하면 바로 모든 상황이 정리될 정도였으니, 요즘처럼 인터넷에 올라온 기사와는 다른 '권위'가 있었다. 기자들의 숫자도 지금보다 적었고, 직업에 대한 프라이드도 매우 강했다.

선생님의 스승 전산초 박사님이 간호협회장을 맡고 있을 때였다. 평소 간호협회의 일을 어떻게 꾸려나갈 것인지 나름의 구상이 꽉 차 있던 전 박사님과 선생님은 의욕적으로 일을 추진해 나갔지만 예상치 못했던 어려움을 만나곤 했다. 그것은 바로 '언론'이라는 벽이었다.

전문직 기관으로써 간호협회는 국민들이나 정부 기관들, 그리고 회원들에게 꼭 알려야 할 주요 정보들이 있는 법이다. 그런데 꼭 필요한 기사가 있어서 신문사를 찾아가도 기자들은 여간해서는 협회 사람들을 상대해주지 않았다. 그때 전산초 박사는 신문 창간을 결심했다.

하지만 신문을 낸다는 건 비용이나 인원, 시간 등등 여러 가지를 고려해 보면 아무나 할 수 있는 일이 아니었다. 지금이야 인쇄술도 뛰어나고 정보를 얻을 수 있는 방법도 많아서 '1인 신문사' 등의 대안언론도 많이 발달했지만, 그 당시 간호협회의 역량으로는 월간 소식지 발행도 어려웠다. 이 때문에 선생님은 '10년 동안 신문사를 위탁경영하고, 재정적 기반이 어느 정도 갖춰지면 정식 발행을 하자'는 기획을 내놓았지만 당시 협회 임원들이 무조건 발간을 했던 것이다. 실제로 간협신보는 창간 후 몇 년 동안 심한 재정적 어려움 때문에 제구실을 하기 어려웠다.

그러다 선생님이 간호협회 회장을 맡으면서 간협신보는 새로운 전기를 맞이하게 되었다. 간호협회에서 알리고자 하는 각종 '뉴스'뿐 아니라 누구도 귀담아 들어주지 않았던 간호사들의 이야기, 환자들을 대하면서 느꼈던 애정과 갈등, 간호사가 아니면 맛볼 수 없는 삶의 희열과 고통 등을 가감 없이 담는 우리들의 소식지로 거듭난 것이다.

여전히 어려운 협회 살림이라 취재기자와 편집기자 등 사람을 구하는 일도 만만치 않았고, 기자재를 마련하는 일도 쉽지 않았다. 이 때문에 간협신보는 창간 때부터 일간지가 아닌 주간지로 만족해야 했지만 선생님은 모든 어려움을 하나씩 극복해 나갔다.

신문을 만들려면 기사에 들어갈 자료 사진이 필요하다. 인터뷰 기사는 촬영을 해서 실으면 되지만 의외로 자료 사진이 필요한 곳이 많았다. 또 기존 일간지나 주간지에서 간호협회 관련 기사를 다룰 때 사진도 같이 달라고 하는 경우가 많았다. 그래서 시작한 것이 바로 간호사진전이었다. 전국에 있는 간호사들이 찍은 사진을 출품해서 실력을 겨루고, 그렇게 출품된 사진들은 신문에 실리게 했다. 이렇게 모인 사진들은 간협신보를 위한 훌륭한 사진 데이터베이스가 되어주었다. 지금과 달리 당시는 카메라가 상당한 사치품이었다. 그런 시절에 사진전을 개최했으니 어지간히 시대를 앞선 감각이 아닐 수 없었다.

회원 수가 30만 명을 넘을 정도로 조직이 커진 지금은 각 지부에서 자체적으로 사진전을 열고 있다.

선생님은 여기서 한 발 더 나아가 '간호문학상'까지 제정했다. 문학상은 시·소설·수필·희곡 등 다방면에 걸쳐 원고를 모집했다.

본래 문학상은 일간 신문들의 전유물이었다. 일제 강점기 때부터 시인·소설가를 꿈꾸는 수많은 젊은이들이 밤잠을 못 이루고 도전했던 것이 바로 일간 신문의 문학상. 물론 주간지나 월간지에서도 문학상을 제정하는 경우가 적지 않았지만 대부분 문학 관련 잡지들이었다.

선생님이 문학 전문지가 아닌 간협신보에 문학상을 제정했던 이유는 무엇일까? 언젠가 선생님은 그 이유를 "나는 아름다운 마음이 있어야 제대로 간호를 할 수 있다고 생각해. 그래서 특히 간호사들은 여러 가지 예술을 통해서 인성을 개발해야 한다고 보거든. 문학상도 그런 생각으로 만들었지. 밤을 새면서 연애편지를 쓰는 듯한 그런 감성을 가지고 있다면, 훌륭한 간호사가 될 거라고 생각한 거지." 하고 그 이유를 설명했다. 그리고 선생님은 웃으며 덧붙였다. "또 하나 실리적인 목적이 있지. 그건 바로 '간접 홍보'였어."

당시에 간호사들을 소재로 한 드라마가 몇 편 있었는데, 제법 인기가 있었다. 특히 전문직 여성이 별로 없었던 때라 간호사가 극중 직업으로 꽤 인기가 있었다. 그중에서도 「달빛 가족」은 지금도 기억하는 사람이 적지 않을 정도의 인기 드라마였다.

「달빛 가족」을 촬영할 때는 방송국에서 협회 사무총장을 찾아와서 복장이나 모자, 어투, 용어 등등에 대한 조언을 받기도 했다. 하지만 아무리 열심히 조언을 해줘도 실제 드라마가 나오는 걸 보면 영 어설프기도 하고 완전히 엉뚱한 장면도 생기곤 했다. '현장'을 직접 경험해보지 못한 작가의 한계였다. 선생님은 바로 이런 상황에서 간호사들이 직접 쓴 소설이나 희곡을 토대로 드라마를 만든다면 간호사들의 모습이 제대로 그려지지 않을까 생각했고, 실제로 당시 간호문학상을 받은 몇몇 작품이 드라마로 만들어지기도 했다.

아직은 대한간호협회가 큰 힘이 없었던 시절, "우리가 스스로 나서지 않으면 아무도 우리를 돌아봐주지 않는다."는 심정으로 시작했던 것이 간협 신보와 사진전, 문학상 제정이었던 셈이다.

최근에는 '간호지식' 가운데 과학적, 윤리적 지식 이외에 심미적 지식

(Aesthetic Knowledge)이 중요하다는 주장이 제기되기 시작했다. 간호과학을 전공하는 이론가들이 과학철학을 연구하며 주장하기 시작한 간호의 심미성을 선생님은 일찍이 이미 현실화시키고 있었으니, 참으로 그 혜안이 놀랍기만 하다.

눈앞에 보이는 어떤 성과보다 3년, 5년, 10년 뒤를 바라보는 선생님의 긴 안목이 또다시 빛을 발하고 있는 것이다. 역시 높이 나는 새의 눈은, 우리와는 많이 다른 것 같다. 🌿

간호; 員에서 師로

1900년 초, 선교사들이 우리나라에 간호교육기관을 세울 당시 우리에게는 '환자를 돌보는 사람'에 대한 적절한 명칭이 없었다. 그런 직업이 없었기 때문이다. 그래서 Nurse를 어떻게 표기할까 많은 의논을 한 끝에 '간호원(看護員)'이라는 이름이 결정되었다. 간(看)은 돌보다, 호(護)는 돕고 보호하다, 그리고 원(員)은 사람의 뜻을 가지고 있다. 이러한 명칭은 1910년 한일합방 이후 '간호부(看護婦)'로 바뀌어 사용되다가 해방 이후인 1946년에 다시 간호원으로 바뀌게 되었다.

뭐라고 부르건 호칭이 별거냐고 생각하는 사람도 있겠지만, '호칭'에는 분명히 '별것' 이상의 뜻이 담겨 있다. 조금 과장해서 말하자면 그 차이는 인간들이 던져주는 새우깡을 향해 부질없이 날아드는 갈매기 떼가 되느냐 아니면 자신만의 '비행'을 꿈꾸는 조나단이 되느냐의 차이만큼 크다.

간호사라는 이름은 요즘처럼 '호칭 인플레'가 극심한 시대에 저절로 얻어진 이름이 아니라 전국 간호사들이 힘을 모아 애써 쟁취한 소중한 결과물이다. 그 뜻은 이미 간호사(看護師)라는 이름에 나타나 있다. 간호사는 우리가 흔히 생각하는 운전기사(運轉技士)나 건축사(建築士), 공인중개사(公認仲介士)처럼 '어떤 기능'을 가진 사람을 뜻하는 '선비 사(士)'를 쓰는 게 아니라 교사(教師), 의사(醫師)와 같은 '스승 사(師)'를 쓴다.

이는 간호사가 '전문직'일 뿐만 아니라 다른 사람을 가르치고 훈육하는 사람이라는 뜻을 그 안에 내포하고 있다. 반면에 예전에 쓰이던 간호원(看護員)의 '원(員)'은 조금 나쁘게 표현하자면 '날품을 팔아 살아가는' 용원의 뜻을 가지고 있었다.

간호원이 간호사로 바뀐 것은 1987년 11월 28일 의료법이 개정되면서 이뤄진 일이다. 당시 선생님은 4년간의 국회의원 임기를 마친 뒤 간호협회 일에서도 일정 부분 손을 떼고 2년 뒤에 있을 ICN 서울 총회 준비에 박차를 가하고 있었다. 하지만 간호사 명칭 변경은 전국 간호사들의 염원이 실려 있었기 때문에 손을 떼고 가만히 있을 수가 없었다.

지금은 사회 전체의 수준이 한 단계 올라간 것 같은 느낌이 많이 들지만 예전에는 식당 종업원들을 마치 옛날 양반들이 하인 다루듯이 했고, 운전기사는 '운전수'라고 낮춰 불렀다. 병원에서도 다를 바가 없었다. 간호원이라고 하면 그나마 양반이지만 일부에서는 '간호부'라고 부르며 막일 하는 사람처럼 대하는 경우도 비일비재했다. 의사들 역시 간호사를 종속 인력으로 취급했다.

우리 역시 대학생 시절, 울기도 많이 울었다. 어떤 때는 병실에서 실습하고 있는 우리를 애처로운 눈으로 쳐다보며 '어린 처녀들이 오죽하면 이렇게 고된 막일을 하느냐'며 약간의 돈을 쥐어주는 경우까지 있었다. 당시에는 그만큼 여성의 지위가 낮았다. 또 현장에서 일하는 사람을 '노동자'라고 하대하고 사무실에 앉아서 일하는 화이트칼라를 높이 치는 것이 일반적인 사회 분위기이기도 했다.

이런 시절에 '현장, 여성, 노동자'의 모든 악조건을 가진 간호사는 가장 낮은 계급으로 인식되었다.

1980년대 초반까지는 심지어 복지부 공무원들조차 '간호원은 나이가 들면 들수록, 근무를 오래 하면 할수록 가치가 떨어지는 다방 아가씨 같은 존재 아닌가요?' 하면서 '나이가 들면 그만둘 사람들이 무슨~' 할 정도로 전문직에 대한 개념이 전혀 없었다.

그랬으니 대정부 활동을 통한 간호전문직 처우개선은 당연히 무시되기 일쑤였다. 특히 보건소나 시청 등 공무원직에 근무하는 간호사는 그 피해가 더욱 컸다. 간호사를 전문직이 아니라 잡급 레벨인 '용원(傭員)'으로 취급했기 때문에 호봉도 늘 최하등급으로 정리가 되었다.

선생님을 중심으로 간호협회에서는 이런 편견들을 바꾸려고 많은 노력을 기울였지만, 생각처럼 쉽지 않았다. 이미 사회적인 의식 속에 깊이 뿌리를 내리고 있었던 터이고, 심지어 간호사 스스로도 그런 생각을 하는 사람이 적지 않았기 때문이었다.

그때 선생님이 지금까지 생각하지 못했던 새로운 제안을 내놓았다. 간호원 대신 간호사라는 호칭을 사용하도록 하자는 것이었다. 호칭을 바꾸는 것만으로도 큰 의식의 변화를 가지고 올 거라고 믿었던 것이다. 그때부터 선생님은 그동안 정계에 쌓은 인맥을 최대한 동원하는 등 호칭 변경 법안이 통과되도록 열심히 뛰었다.

당연한 얘기지만, 반대하는 목소리가 적지 않았다. 간호계 내부에서조차 '간호사 명칭 변경이 쉽겠어?' 하는 회의론이 있었을 뿐만 아니라 외부적으로는 특히 의사들의 반대가 심했다.

"간호원이 '사'자를 붙일 만큼 전문직인지 아닌지 교육체계를 좀 보세요. 다른 전문직은 전문인을 배출하는 인문대학에서 최소한 4년 이상 학사 공부를 해야 되는데, 간호원은 대부분이 기술자를 훈련하는 전문대학에서 공부하지 않나요? 다른 과와 달리 3년이긴 하지만 대학의 설립 목적 자체가 다른 기술자 배출 대학 졸업이잖아요?"

'3년제 전문대학 출신 간호사'란 얘기에는 변명의 여지가 없었다. 실력이 뒤지거나 투자를 덜하기 위해서 일부러 선택한 것이 아니라 일부 지방에는 4년제가 아예 없었고, 간호대학에서도 4년제 승급을 위한 노력을 많이 하지 않았던 게 사실이기 때문이다.

하지만, 그렇다고 해서 전체 간호사들의 실력이 뒤떨어진다는 식으로 매도하는 건 옳은 일이 아니었다. 심지어 의사들보다 훨씬 더 높은 학력과 실력을 쌓은 간호사들이 얼마나 많은가.

끈질긴 노력과 설득으로 사회적으로도 간호사의 지위가 '용원'에 머물러서는 안 된다는 합의를 이끌어 내었고, 간호사 명칭 변경이 포함된 의료법 개정은 무난히 통과되었다.

한국의 대표적인 서정시인 김춘수 선생은 일찍이 '꽃'이라는 시를 통해 '이름'이 가지는 존재론적인 의미를 우리에게 알려주었다.

내가 그의 이름을 불러 주기 전에는

그는 다만

하나의 몸짓에 지나지 않았다.

내가 그의 이름을 불러 주었을 때,

그는 나에게로 와서

꽃이 되었다.

내가 그의 이름을 불러 준 것처럼

나의 이 빛깔과 향기(香氣)에 알맞은

누가 나의 이름을 불러 다오.

그에게로 가서 나도

그의 꽃이 되고 싶다.

(……하략)

아무리 아름다운 꽃도 '꽃'이라는 이름을 갖기 전에는 하나의 '몸짓'에 지나지 않는다. 우리들 역시 마찬가지다. 누구든 그 존재에 걸맞은 이름을 가지고 살아야 진정한 존재가치를 발휘할 수 있다.

간호사를 간호원이라고 부른다고 해서, 즉 호칭이 바뀐다고 해서 본질이 변하는 것은 물론 아니지만, 그렇게 부르는 사람들의 의식 속에서 간호사는 자신의 생명을 내맡길 수 있는 '선생님'이 아니라 그저 수발을 들어주는 '보조인' 정도로 격하되고 만다. 그런 분들을 대하는 간호사 역시 어느 사이 자신의 존재가치를 스스로 낮추어 가게 되는 것이다.

우리는 세상을 살면서 참 많은 이름을 가지고 산다. 본래 이름도 있고, 별명도 있다. 그리고 가톨릭 신자라면 세례명이 있을 것이고, 불교 신자라면 법명이 있을 것이다.

또 과장·부장·팀장·센터장처럼 직위나 직급에 따른 이름도 있고 운전기사·미용사·설계사 등 직업에 따른 이름도 있다. 그리고 이 모든 이름에는 그 나름의 의미가 있다.

스스로 선택한 것이든 주어진 것이든 어떤 이름을 받아들인 뒤에는 그 이름에 걸맞은 생각과 행동이 뒷받침되어야 한다. 그러지 못할 경우 그 책임은 온전히 자신의 몫이다.

간호원과 간호사 사이에는 '정체성의 변화'라는 큰 강이 놓여 있다. 1987년에 우리가 간호원 대신 간호사라는 이름을 택한 것은 전문인으로서 자신의 행동에 대한 책임과 함께 더욱더 큰 사회적 책임을 지겠다는 의지의 표현이었다.

자전거의 두 바퀴

일요일 아침, 집 앞에 있는 교회에서 아이들의 웃음소리가 요란하다. 사순절을 지나 부활절을 맞으면서 교회가 축제 분위기로 바뀐 영향도 있지만, 오랜만에 맞이하는 화창한 봄 날씨 덕도 큰 것 같다. 마당으로 슬쩍 내다보니 자전거를 타고 노는 아이들이 한 무리를 이루고 있다.

한쪽 마당에서는 형뻘 되는 아이가 동생뻘 되는 아이에게 자전거 타기를 가르치는지 한 녀석은 뒤뚱뒤뚱 페달을 밟느라 땀을 흘리고 있고, 한 녀석은 뒤꽁무니를 붙잡고 다니느라 구슬땀을 흘리고 있다. 이리 비틀 저리 비틀, 넘어질 듯 넘어질 듯하면서도 용케 균형을 되찾고 앞으로 가는 걸 보니 곧 자전거 타기를 익히고 저 혼자 맘껏 페달을 구르고 다닐 것 같다.

간호사로서 수십 년 동안 임상과 연구를 해오며 느끼는 것은 병이 생기는 원인이 생각보다 매우 단순하다는 것이다. 마치 자전거를 타듯이 이쪽

저쪽 균형을 잡으면 아무 문제가 없지만, 오른쪽이든 왼쪽이든 어딘가 균형이 무너지면 탈이 난다. 열이 나거나 체온이 오르는 것은 바로 '균형이 무너졌으니 바로잡아 주세요' 하는 신호탄이다. 우리 몸이 느끼는 통증도 우리 몸의 어딘가 균형이 무너졌다는 알리미와 같다.

신체적 문제만이 아니라 정신적인 문제도 대부분 균형의 상실이 원인이다. 돌이킬 수 없는 극단적인 선택을 하게 만드는 '마음의 감기' 우울증도 결국은 기쁨과 슬픔의 균형이 깨진데서 오는 병이 아니겠는가.

오늘날 우리 사회 곳곳에서 벌어지고 있는 좌와 우의 다툼도 지나치게 한쪽으로만 가려고 하는 힘들이 서로 부딪쳐서 생기는 문제일 것이다. 진보와 보수의 대립도, 세대와 세대 간의 갈등도 균형이 무너지면서 발생한다. 마치 한쪽 날개를 잃은 새처럼 추락하고 만다.

이렇게 따지고 보면 세상의 모든 것이 균형의 문제와 연결이 되어 있다.

'병원'도 마찬가지다. 의사 없는 병원을 상상할 수 없듯이 간호사 없는 병원도 상상할 수 없다. 병원은 '의사'와 '간호사'라는 앞바퀴와 뒷바퀴를 가진 거대한 자전거다. 어느 한쪽이라도 없으면 병원은 곧 멈추고 만다.

빨리 가건 늦게 가건 앞바퀴와 뒷바퀴가 똑같은 속도로 굴러야 아무런 문제가 없다. 그런데 현실 속으로 들어가면 병원에는 마치 하나의 바퀴밖에 없는 것처럼 보인다. 의사들이 차지하고 있는 앞바퀴만으로 병원이 굴러가는 것처럼 보이고, 뒷바퀴에 해당되는 간호사들의 존재는 마치 그림자처럼 취급을 받기도 한다. 이런 현상이 오래 가면 결국 피해를 입는 것은 환자들이다. 균형 잡힌 의료서비스를 받을 수 없기 때문이다.

　사실 이런 상황을 만든 것은 의사들만의 책임은 아니다. 6년 이상 공부해야 면허를 딸 수 있는 의사들의 입장에서는 면허를 가진 간호사들조차 3년제니 4년제니 나뉘어져 있는데다 '간호조무사'들의 존재까지 혼재하고 있으니 같은 의료 전문직으로 인정할 수 있겠는가.
　병원과 관계된 사람들이라면 당연히 간호사와 간호조무사가 어떻게 다른지 알고 있지만, 일반인들은 가운만 입고 있으면 모두 '간호사'로 생각하기 때문이다.

실제로 간호사와 간호조무사는 그 자격과 역할에서 완전히 다르다.

국어사전을 보면 "간호사는 법정자격을 갖추고 의사들의 진료를 보조해주면서 환자의 간호에 종사하는 사람"이고, "간호조무사는 법정자격을 가지고 의사와 간호사의 지시에 따라서 간호, 진료 업무를 보조하는 사람"으로 정의하고 있다.

즉 조무사는 스스로 알아서 환자를 간호해서는 안 되고 의사나 간호사의 지시를 따라 보조하는 역할을 한다. 그 이유는 법정자격에서부터 차이가 난다. 간호사는 정규 대학 교육기관에서 교육을 받고 '간호사 국가면허시험에 합격한 후 보건복지부장관의 면허'를 받아야 하는 반면 간호조무사는 학원에서 1년간 훈련 후 '시·도지사의 자격인정'을 받으면 된다. 즉 간호사는 '면허증'이 있어야 하고, 간호조무사는 '자격증'만 따면 된다는 뜻이다.

간호사든 조무사든 환자를 돌보는 마음은 다르지 않을 것이다. 하지만 '자격요건'을 법에서 따로 정한 이유는 바로 '생명'을 다루기 때문이다. 간호사와 의사가 하는 일이 다르듯 간호사와 조무사가 하는 일이 다른 것도 자칫 일어날지 모를 불상사를 미연에 방지하기 위해서다.

그런데 오늘날 간호사와 간호조무사가 마구 뒤섞여서 아무런 구분이 없게 된 것은 되도록 더 높은 직책으로 불러주려고 하는 '호칭 인플레'의 영향도 없지 않지만, 일부 병원의 책임도 크다. 비용을 아끼기 위해 간호사 대신 조무사를 채용하고, 조무사들이 해서는 안 되는 일, 예를 들어 주사 놓기 등을 예사로 시킨다.

법 자체의 문제도 적지 않다.

요즘 우후죽순처럼 생기고 있는 요양원의 예를 들어보자. 규정에 따르면 '30명 이하의 요양원에서는 1인 이상의 간호사(조무사)를 써야 한다'고 되어 있다. 간호사 대신 조무사를 써도 된다는 뜻이다. 상황이 이러니 병원 입장에서는 봉급도 적고, 말도 잘 듣는 조무사 대신 봉급도 높고 '규정' 따져가면서 '원칙대로' 할 것을 고집하는 간호사를 굳이 쓸 이유가 없는 것이다.

요즘 일각에서는 조무사들도 일정한 경력을 쌓으면 간호사 면허를 주는 게 좋지 않겠는가 하는 의견을 내는 사람들이 간혹 있다. 이런 분들의 생각을 듣고 있으면 문득 '자동차면허'에서 아이디어를 가지고 온 게 아닐까 하는 생각이 든다. 2종 면허를 가지고 있는 사람이 일정 시간 이상 무사고를 유지하면 자동으로 1종 면허로 바꿔주는 그런 제도가 있다.

물론 그 나름의 이유가 있어서 갱신이 아닌 '업그레이드'를 시켜주는 것이겠지만 다른 한편으로 생각해보면 참 어이가 없는 제도이기도 하다. 면허를 딴 뒤 전혀 운전을 해보지 않은 사람, 소위 '장롱 면허' 소지자들도 무조건 일정 기간만 지나면 1종으로 면허를 갈아탈 수 있으니 말이다.

하지만 다소 황당하기도 한 이런 발상도 '대형면허'나 '특수면허'를 주는 데까지 나아가지는 못할 것이다. 그것은 '나 하나' 또는 '우리 가족' 정도가 아니라 수많은 목숨을 태우고 달릴 수 있는 자격을 주는 것이기 때문에 더욱 신중해질 수밖에 없는 것이다.

일정 기간 이상 경력을 쌓은 조무사들에게 간호 면허를 주자는 사람들은 자기 차를 10년 이상 무사고로 잘 타고 다닌 사람들에게 대형 버스를 몰 수 있는 자격을 주자는 것과 같다는 생각을 좀 해봤으면 좋겠다.

'균형'을 잡기 위한 자전거 바퀴의 질적 조건 이외에 균형을 위한 팀의 이야기를 더 해보자.

병원은 '생명'을 살리고 돌보는 곳이다. 사람의 몸을 세세히 분석하고 살펴서 병을 진단해내고 치료 방법을 제시하는 의사가 있다면, 그를 도와 환자가 잘 회복하도록 관리하는 간호사도 필요하다. 그리고 환자에게는 의사와 간호사라는 두 개의 바퀴 이외에 의사의 진단에 따라 약을 처방하는 약사도 필요하다. 이렇게 의사와 간호사, 약사 등 모든 보건의료 인력이 한 팀이 되어야 환자에 대한 '토털 케어'가 가능하다.

세계 의료계의 흐름은 '팀'을 중심으로 돌아가고 있다.

21세기를 지나 22세기가 되어 초고령화사회로 진행되면 급성기 질병이 아니라 만성기 질환이 큰 문제가 되기 때문에 어느 보험광고의 문구대로 '유병장수'의 시대 즉 '치료'가 아니라 '케어'가 더 중요한 이슈로 떠오르게 될 것이다. 진정한 의미의 건강관리는 환자의 신체적, 정신적, 사회적, 영적인 케어를 담당하는 사람들이 마치 수레바퀴처럼 팀을 이루어 협력을 해나가야 한다.

간호는 본질적으로 '인간'에 초점을 맞추고, 이들의 종합적인 요구(Needs)에 맞추어 팀으로 접근한다. 그리고 환자의 잠재적인 힘을 최대한 발굴하여 활용하도록 가르쳐왔다.

이제는 사회복지사가 새로운 인력으로 부상해서 간호가 맡았던 영역을 나누어 맡고 있다. 인간이 발전하고 변화하는 과정에서 새로운 영역과 새로운 인력이 필요하게 되는 것은 당연한 일이다. 따라서 이들 역시 하나의 팀으로서 받아들여야 한다.

선생님은 대한간호협회장 시절부터 꼭 이루고 싶었던 꿈이 하나 있었다. 그것은 '간호연맹'을 만드는 것이었다. '만성기' 시대에 접어들면 간호가 그 어느 때보다 더 많은 사회적 요구를 받게 될 것임을 미리 예상하고, '간호'와 관련된 모든 인력들이 서로 자신들의 위치를 유지하면서 힘을 모아 하나의 '연맹'으로 뭉치자는 것이었다.

선생님은 4년제 정규대학을 졸업한 학사 이상의 간호사만이 아니라 3년제 대학을 졸업한 전문학사는 물론 조무사, 조산원 심지어 요양보호사들까지 모두 '간호 인력'으로 생각한다. 다만 '하는 일'이 서로 다를 뿐 환자를 돌본다는 점에서는 모두 같은 본질을 가지고 있기 때문이다.

그래서 이들을 하나로 묶는 '간호연맹'을 만들어 서로 돕고 지원해주는 든든한 배경으로 삼고자 했던 것이다.

하지만 아쉽게도 선생님의 꿈은 여러 단체들의 이해득실 때문에 결국 이루어지지 못했다. 지금은 복지부나 기타 회의에서 여러 단체들이 각자의 목소리를 낼 수 있지만 '연맹'으로 뭉치면 발언권이 '한 장'밖에 안 남는다는 말도 안 되는 반대 의견도 있었다. 또 한편에서는 조무사협회나 조산사협회 등에서 '존재감'을 잃게 되지 않을까 하는 우려도 있었다.

만일 당시 간호연맹이 만들어졌다면 보건복지부도 매우 편했을 것이다. 조무사나 조산사 문제 등을 연맹 내부에서 해결했을 테니까 말이다. 또한 간호 관련 단체들이 각자 발전할 수 있는 동력을 받아 훨씬 더 크게 발전하고, 그만큼 힘도 커지고, 더 많은 일을 조직적으로 해낼 수 있었을 텐데 하는 아쉬움이 크다.

오늘도 병원이라는 자전거는 씽씽 달리고 있다. 그 규모는 나날이 커지고, 의사와 간호사의 숫자도 그에 비례해서 점점 늘어나고 있다. 하지만 과연 자신의 존재가 앞바퀴인지 뒷바퀴인지 또 어떻게 균형을 잡아야 하는지 고민하는 의사나 간호사는 그리 많지 않은 것 같다.

더 높은 곳에서 더 멀리 바라보았던 선생님의 비전을 이제쯤 한번 돌아보아야 하지 않을까? '치료의 시대'가 가고 '케어의 시대'가 오면 간호의 위상은 한층 업그레이드되겠지만, 문제는 과연 우리가 그런 준비를 하고 있느냐 하는 것이다.

 그날까지 그저 눈앞의 먹이만 쫓아다니는 한 마리 갈매기로 남아 있겠다면, 저 드높은 창공의 새로운 희망과 가슴 벅찬 비전을 보고 싶지 않다면, 너무나 안타까운 일이다.

제4부

간호의 모내기

제자가 계속 제자로만 남는다면,
스승에 대한 고약한 보답이다.
- Friedrich Nietzsche -

진달래와 철쭉

 벚꽃비가 쏟아져 내렸던 거리가 봄비를 맞더니 마치 세수라도 한 듯이 깨끗하고 싱그러운 얼굴로 깨어난다. 산과 들은 연녹색부터 진녹색까지, 온통 녹색의 향연이다. 그러는 동안 거리는 다시 온통 붉고 흰 꽃물결이 치기 시작한다. 철쭉이다. 예전에는 산에 가야 볼 수 있었던 철쭉이 언제부터 도심에서 가장 흔한 봄꽃의 하나가 되었는지는 모르겠지만, 색깔도 매우 다양하고 화려해졌다.

 예전에는 붉은색이 기본이고 어쩌다 한번씩 흰 철쭉을 보면 신기해했는데, 요즘은 짙은 붉은색부터 아주 옅은 분홍색에 이르기까지 색도계를 연상시킬 정도다. 덕분에 자칫 심심해졌을지도 모를 5월의 거리가 어딜 가나 화사하게 피어난다.

 그런데 재미있는 것은 도심을 물들이는 5월의 철쭉과 4월에 이미 생을 다한 진달래를 잘 구분하지 못하는 사람이 많다는 사실이다. 색과 모양이

하도 흡사해서 시골 생활을 좀 해봤거나 꽃과 식물에 대해 관심이 있는 사람이 아니면 헷갈리기 십상이다. 생물학적으로는 철쭉과 진달래가 모두 '쌍떡잎식물 진달래목 진달래과의 낙엽관목'이니 어쩌면 당연한 일인지도 모르겠다. 게다가 철쭉이든 진달래든 보기에 예쁘고 아름다우면 그만이지 굳이 그 차이까지 알아야 할 필요는 없을 것이다.

실제로 우리 생활 속에는 철쭉과 진달래처럼 언뜻 잘 구분하지 못하는 것들이 제법 있다. 봄철 산에서 흔히 보는 노란색 생강나무 꽃을 산수유라고 알고 있는 사람이 많고, 제과점에서 판매하는 '호두파이'가 대부분 호두가 아니라 맛과 모양이 아주 비슷한 '피칸'으로 만든다는 걸 아는 사람은 많지 않다. 추어탕에 넣어 먹는 '제피'와 주로 기름을 짜서 약용으로 쓰는 '산초'도 헷갈리기는 마찬가지다. 심지어 겨자와 와사비(고추냉이)도 구분을 못하는 사람이 많다.

일상생활을 하는 사람이 이런 것 좀 구분 못한다고 해서 크게 불편한 일은 없겠지만, 구분을 꼭 해야 하는 경우들이 있다. 맛도 맛이지만 가격 차이가 만만치 않기 때문이다. 특히 철쭉과 개나리는 '식용'으로 쓸 경우 확실하게 구분해야 한다. 흔히 '참꽃'이라 불리는 진달래는 독성이 없고 단맛이 있어서 식용으로 문제가 없지만 철쭉은 독성이 있어 먹으면 안 되기 때문이다. 그래서 옛 어른들은 철쭉을 '개꽃'이라고도 불렀다.

이처럼 일상생활을 하는 데는 아무런 지장이 없지만, 전문가들의 입장에서 이를 정확하게 구분하는 것은 단순한 눈요기나 기호의 문제가 아니라 때로는 '목숨'과도 연결되는 중요한 문제다.

돌이켜보면 우리나라의 간호교육도 이처럼 '진달래와 철쭉'을 바르게 구분하면서 제대로 시작된 것이 아닌가 싶다. 물론 그 단초를 열어준 것은 김모임 선생님이었다.

6·25 이후, 우리나라 의료계에 커다란 영향을 끼쳤던 인디애나대학 간호고문단이 미국으로 돌아간 뒤 간호계도 정체성에 대한 인식이 많이 바뀌었다. 선생님을 필두로 해외 유학을 떠나는 사람도 생겼고, 국내에서도 여러 가지 분야에서 발전이 이루어졌다. 그럼에도 간호학은 독립된 학문 분야로 인식하지 못했고, 수업에 쓰이는 교재는 발전된 간호사들의 의식과 학습 속도를 따라가지 못했다.

일부 영어로 된 교재를 가져다 쓰기도 했지만, 그마저도 간호학이 아니라 의과대학 교재를 쓰고 있는 것이었다. 간호의 정체성과 고유성이 확립되지 못한 상황에서 의학이나 간호학이 모두 인간의 몸을 치유하는 학문이니까 그 베이스가 어떤 것이든 별 상관을 하지 않았던 것이다.

의학은 기본적으로 '개인의 신체에 생기는 병'에 초점을 맞춘다. 그마저도 한 개인의 몸을 전체로 보는 것이 아니라 신체 부위별로 과를 구분하고, 심지어 셀(Cell)로 증상을 구분한다. 하지만 간호학은 인간을 네 가지 차원 즉 육체적·정신적·사회적·영적(영혼)으로 파악한다. 그리고 개인을 넘어 가족과 지역사회, 국가 전체에 관심을 가지고 돌본다.

그것이 의학과 다른 간호의 철학이다. 비유컨대 철쭉과 진달래를 제대로 구분하지 않고 마구 식용으로 쓰듯이 의학과 간호학의 차이를 전혀 고려하지 않은 교육과정에 따른 교재가 광범위하게 쓰이고 있었던 셈이다.

사정이 그렇다보니 교육도 정확한 커리큘럼에 따라서가 아니라 스승이 제자에게 혹은 선배가 후배에게 자신이 아는 걸 주먹구구식으로 전수하는 도제식 교육방식이 일반적이었으며, 의사가 되기 위한 지식의 극히 일부, 입문 정도만 알면 되는 것 같은 상식에 불과했다.

존스홉킨스로 떠났던 선생님이 돌아왔다. 1968년에 존스홉킨스 보건대학원에서 보건학 석사를 받고 귀국했던 선생님은 1970년까지 교수로 있다가 다시 존스홉킨스로 박사 공부를 위해 떠났다. 그리고 존스홉킨스에서 한국인으로는 처음으로 보건학 박사가 되어 '금의환향'을 한 것이었다.

1974년 7월이었다. 선생님보다는 다소 늦은 행보였지만, 미국에서 간호학 석사학위를 받고 귀국을 해보니 학교의 분위기는 내가 떠날 때와는 조금 달라져 있었다. 나보다 한 학기 먼저 학교로 돌아온 선생님이 이미 간호대학의 커리큘럼 문제를 해결하기 위해 메스를 들었기 때문이다.

당시에도 간호대의 교육과정이나 학습교재의 한계점에 대한 인식이 바뀌어 가고 있었지만 그 문제에 감히 손을 댈 수 있는 사람은 아무도 없었다. 그런 상황에서 선생님은 미국에서 보고 배운 바를 토대로 대대적인 교육과정 쇄신에 나선 것이다. 그리고 '미국에서, 그것도 당시 미국 간호계를 이끌고 있던 보스턴대학에서 간호학 공부를 하고 돌아온' 나는 바로 선생님에 의해 커리큘럼 쇄신의 적임 일꾼으로 발탁되었다.

당시는 전산초 학장 시절이었다. 선생님의 커리큘럼 개혁은 단순히 선진국의 교육과정을 베끼는 것이 아니라 우리 실정에 맞는, 한국적인 커리큘럼을 새로 만드는 것이었다. 즉 지금까지 의학 모델에 의존했던 교육 과정을 간호 모델로 바꾸는 일이었다.

선생님은 커리큘럼 개혁을 위해 구성된 교육과정위원회 위원장을 맡아 매주 워크숍을 열었다. 나를 비롯해 간호대에 소속된 거의 모든 교수들이 커리큘럼 개혁을 위한 작업에 발 벗고 나섰지만 결코 쉬운 일이 아니었다. 외과·내과·산과 등 '의학 분류 체계'에 맞춰져 있는 커리큘럼을 '인간' 중심 즉 간호학 틀에 맞추기 위해서는 모든 교육과정의 기틀을 완전히 새로 짜야 했으니, 개혁이 아니라 '창조'에 버금가는 일이었다. 더구나 병원은 의사 중심으로 체계가 잡혀 있었기 때문에 더욱 힘이 들었다.

의학 모델에 따라 공부했고, 가르쳐왔던 교수들이 지금까지와는 완전히 다른, 즉 간호 중심으로 교육과정을 새로 구성한다는 것은 문자 그대로 머리를 쥐어짜야 하는 혁신적 과제였다. 그런 과정을 거쳐 1978년에 '연세대학교 간호대학 교육과정 개선을 위한 연구보고서'를 발표했다. 이 자료는 아마도 전국 간호대학 교육과정의 변화에 큰 파장을 일으켰을 것이다.

미국에서 돌아오자마자 중책을 맡았기 때문인지 커리큘럼 개혁 과정은 생각한 것보다 힘들었다. 특히 힘이 들었던 것은, 사람들이 선생님한테 차마 하지 못했던 얘기들을 나한테 쏟아 부었던 일이다. 그렇잖아도 힘이 드는데 미국에서 공부 좀 하고 왔다고 앞에서 떠들어대는 새파란 나이의 제자 꼴(?)은 더 보기 힘들었기 때문이리라. '힘들어 죽겠다'는 단순한 하소연도 많았지만, 충고나 조언을 빙자한 비난과 비판이 적지 않았기 때문에 몸과 함께 마음고생도 많이 했다.

하지만 나는 이때의 경험 덕분에 훗날 간호학 교육과정이나 이론에 대한 책을 따로 써낼 정도로 많은 공부를 하게 되었고, 그런저런 결과들이 모여 오랫동안 몽골의 한 간호대학을 맡게 되는 바탕이 되기도 했다.

스승의 그림자

햇살 맑은 봄날, 거리에 나서면 때로는 눈부신 햇빛 때문에 당황을 할 때가 있다. 아직 기온은 그다지 높지 않은데, 햇살은 마치 여름처럼 쨍쨍 내리쬐는 듯 따갑기 때문이다. 어쩌면 그래서 '봄볕에는 며느리 내보내고 가을볕에는 딸 내보낸다'는 말이 생겼는지도 모르겠다. 이런 날에는 잠시 나무 그늘 아래 몸을 피하는 것도 좋다.

그렇게 나무 그늘 아래 서서 봄 거리를 쳐다보노라니 문득 재미있는 모습이 나타난다. 만발한 철쭉꽃 아래 그늘이 마치 꽃물이라도 들인 것처럼 살짝 분홍빛으로 피어나는 것이다. '착시 때문일까?' 잠시 내 눈을 의심하면서 다시 쳐다봐도 꽃그늘은 여전히 옅은 분홍색으로 펼쳐져 있다.

그림자는 당연히 검은색이라고 생각해왔던 고정관념이 잠시 흔들리는 순간이다. 물론 그림자 자체는 검은색이지만, 선연한 꽃잎을 통과한 햇살이 땅바닥에 꽃물을 들였기 때문이리라.

 만발한 철쭉꽃이 만들어낸 꽃물 그림자를 보면서 문득 선생님이 우리 간호계에 남긴 길고 짙은 그림자도 어쩌면 저 꽃 그림자와 같은 것이 아니었을까 싶어진다.
 선생님과 함께 '커리큘럼 개혁'에 나선 것이 1974년이니까 벌써 40년이 지난 셈이다. 그동안 선생님께 배운 것을 이루 다 말할 수 없지만, 그때부터 지금까지 변치 않는 무언의 가르침이 하나 있다. 그것은 바로 '스승의 권위'가 어디에서 오는가 하는 것이다.
 예로부터 유교의 영향을 많이 받았던 우리나라는 특히 '군사부일체(임금과 스승과 아비는 하나다)'라고 할 정도로 스승에 대한 예를 매우 중하게 여겼다. 이와 함께 머릿속에 잊히지 않게 새겨지는 것이 바로 '스승의 그림자도 밟지 마라' 하는 것이다.

하지만 40년 전 선생님은 커리큘럼 개혁에 나선 우리들에게 때로는 '스승의 그림자'를 밟아야 한다고 가르쳐주었다. '스승'이라는 이름이 헛된 가식과 쓸데없는 권위의식으로 물들어 있다면 그 그늘이 안식처가 아니라 '독'이 된다는 것을 일찌감치 알고 계셨기 때문이다.

선생님이 굳이 교수들을 대상으로 하는 교수방법에 대해 공부하도록 한 이유도 바로 그것이었다. 교재가 아무리 좋아도 가르치는 기술이 이에 미치지 못하면 그 가치가 반감되기 때문이었다. 우선 선생님은 영어로 된 교수법 책을 교수들에게 나눠주고, 한 부분씩 맡기고 번역해서 전체 교수들 앞에서 발표를 하도록 했다.

학생들 앞에서는 큰소리치지만 한 번도 다른 동료 교수들 앞에서 이런 식으로 발표해본 적이 없는 교수들은 부족한 자신의 영어 실력과 함께 번역의 어려움을 절감했다. 또한 다른 동료 교수들 앞에서 발표를 하는 것도 자존심이 상할 수 있는 엄청난 스트레스였다. 교수들의 강의 실력과 영어 실력이 적나라하게 드러나는 순간이었다.

그때 선생님은 "강사들이 강의를 하면 교수님들이 평가를 하잖아요? 교수님들도 마찬가지예요. 이제는 교수들도 자기 공부만 하면 안 됩니다. 이제는 교수법을 따로 배워야 해요. 연구든 임상이든 마찬가지예요. '실적'만 가지고 교수 임용을 해주니까 아이들을 제대로 가르치질 못하는 거예요." 하고 교수들을 질책하고 독려했다.

이때 여러 교수님들이 번역한 내용은 따로 묶어서 「새로운 수업전략」이란 책으로 내기도 했다. 아마 학술논문집 말고 이런 종류의 참고문헌을 간호대학에서 발간한 것은 이것이 처음일 것이다.

하지만 이처럼 의욕적으로 시작한 일이었지만 5년, 6년 세월이 흐르고 점차 매너리즘에 빠지면서 커리큘럼 개편에 나섰던 사람들은 짜증을 내거나 무기력증 같은 것에 빠지기도 했다. 물 끓이듯이 홀랑 뒤집어서 다시 교안을 만들어야 하니까 스스로 지쳤던 것이다. 특히 교수법에 대해서는 잠도 못 잘 정도로 스트레스가 심하다고 하소연들을 하곤 했다.

그렇게 한발 한발 힘겹게 나아가고 있을 때 천군만마와 같은 원군이 등장했다. 바로 김의숙 교수와 김수지 교수였다. 이들은 한국에서 처음으로 간호학 박사(Dr of Nursing Science)를 받고 귀국한 학자였으니 그 누구도 간호이론에 대해 추종이 불가능한, 그야말로 교과과정 개편의 적임자들이었다. 이때까지의 교육과정연구회의 작업이 그동안 굳어져 있던 간호 교육현실을 녹이는(unfreezing) 준비 과정이었다면, 그때부터는 다음 단계로 진정한 간호를 위한 새로운 교육(refreezing)으로 한 단계 발돋움하는 과정이라 할 수 있었다.

이때부터 나는 김의숙·김수지 교수를 삼각 편대의 앞에 내세우고 커리큘럼 개혁에 다시 힘을 내기 시작했다. 이와 더불어 '교수법' 강의도 한층 힘을 얻을 수 있었다. '교수'의 권위가 신체적인 나이나 교단에 선 경력 혹은 어떤 교수의 연줄을 잡고 있느냐 하는 것이 아니라 '실력'에서 나온다는 것을 모든 교수들이 알게 된 것 역시 큰 성과라 할 수 있다.

김의숙·김수지 교수가 합류하고 1년가량 지난 뒤 선생님은 제5공화국 출범과 함께 11대 국회의원이 되어 학교 일에서 손을 뗄 수밖에 없게 되었다. 하지만 프로그램 개편 사업은 이미 탄력을 받고 있었기 때문에 선생님의 부재에도 불구하고 큰 어려움 없이 이어나갈 수 있게 되었다.

그리고 4년 뒤, 즉 커리큘럼 개편 작업을 시작한 지 10여 년이 흐른 뒤, 국회에서 다시 학교로 돌아온 선생님은 그동안의 작업을 정리해서 차례차례, 한 한기 한 학기 적용시켜 나갔다. 지금 연세대 간호대학에 있는 상설 교육과정연구회는 그때부터 시작된 것으로 주기적으로 교육과정을 검토하고 수정 보완하는 메카니즘이 확고하게 만들어진 것이다.

지금도 그렇지만 당시 연세대 간호대학은 전국 간호대학의 맏언니이자 모델이었다. 일단 연세대 커리큘럼이 정비되기 시작하자 곧 다른 대학에서도 그것을 가져다 쓰기 시작했다. 새로 만드는 것은 엄두도 낼 수 없는 일이었지만 만들어놓은 것을 가져다 각 학교에 맞게 변형시켜서 쓰는 건 얼마든지 가능했기 때문이었다.

'저작권'에 대한 인식이 거의 없었던 그 시절, 김모임 선생님과 연세대 교수들의 새로운 커리큘럼은 전국 간호대학의 교재 선진화에 혁혁한 공을 세운 셈이다. 하지만 교육과정의 개편과는 달리 교수법은 아쉽게도 널리 확산이 되지는 못했다. 심지어 당시에는 연세대 내에서도 간호대 이외에는 교수법 강의를 따로 하는 데가 없었다.

어쩌면 그 덕분에 연세대 간호대학이 전국의 간호대 가운데 맏언니 자격을 지금껏 유지하고 있는 것이 아닐까 싶다.

40년이 지난 오늘, 나는 철쭉빛으로 곱게 물든 꽃 그림자를 살짝 밟으며 '쓸데없는 권위의식'은 결코 진짜 권위를 만들어낼 수 없다는 선생님의 무언의 가르침을 다시 한번 생각해본다.

카센터와 정비공장

몽골에서 간호대학 일을 하다 보니 한국에 오는 일이 띄엄띄엄할 수밖에 없다. 그래서 계절의 변화도, 사람의 변화도 늘 크게 느껴진다. 추위 때문에 코트 깃을 바짝 세우고 다니다 갔는데, 어느 날 돌아와 보니 반팔 차림이 어색하지 않은 늦은 봄날이 따끈따끈 나를 기다리고 있는 식이다. 언제나 인사는 "계절이 바뀌면 만나요." 하게 된다.

사람도 그렇다. 옛 동료 교수가 갑작스런 병으로 입원했다는 소식을 이미 그가 퇴원을 하고도 한참 지난 뒤에 듣곤 한다. 요즘 젊은이들이 자신의 가치를 잘 몰라주는 사람을 보고 '저를 띄엄띄엄 아시네요!' 한다더니, 내가 딱 그 꼴이다. 정말 사람도, 계절도, 우리나라 사정도 띄엄띄엄 알고 지낸다.

그렇게 사정을 잘 모르는 것 중 하나가 '자동차'다. 그런데 자동차는 마치 사람처럼 너무 고이 보관을 하면 오히려 고장이 많다. 게다가 연식이 좀 오래된 탓인지 크고 작은 고장들이 제법 있다.

  그렇게 조심을 했는데도 올해 초에는 제법 목돈이 들어가고 말았다. 정비공장에 바로 들어갔어야 했는데, 늘 다니던 동네 카센터에 먼저 갔던 게 화근이었다. 카센터 사장님이 미처 알아차리지 못했던 문제 때문에 호미로 막을 일을 가래로 막게 되었던 것이다.

  차를 가진 사람이라면 누구나 마찬가지겠지만, 정비공장에 들어가는 일은 웬만해서는 피하고 싶어 한다. 괜히 큰돈이 들어갈 것 같은 기분도 기분이지만, 예약을 해서 실제 수리를 끝내기까지 비용과 시간도 만만치 않게 들어가기 때문이다. 하지만 '그럼에도 불구하고' 카센터가 아닌 정비공장을 찾아야 하는 일은 분명히 있다.

  누구보다 친절하고 꼼꼼한 우리 동네 카센터 사장님이 고칠 수 없는 고장이 있기 때문이다. 말하자면 카센터가 틀렸고 정비공장이 옳았던 게 아니라 카센터와 정비공장이 하는 일이 서로 다르다는 걸 간과했던 것이다.

  일반인들은 잘 모르지만, 간호계 종사자들은 이와 비슷한 경우를 종종 경험하곤 한다. 단도직입적으로 말하자면 똑같이 '간호사'라는 이름으로 불리지만 사실은 '3년제 출신'과 '4년제 출신'이 혼재하고 있는 현실이다. 이것이 바로 간호계의 카센터와 정비공장인 셈이다.

  모두 나름대로 꿈을 가지고 공부를 했고, 졸업 후에도 간호사로 일하고 있지만, 실제 현장에서는 안타깝게도 간호서비스의 질적 차이로 나타나기도 한다. 병원의 입장에서는 비용을 아끼기 위해 4년제 대학 졸업자보다는 3년제 졸업 간호사를 선호한다. 3년제와 4년제의 혼재는 이와 같은 임금 문제뿐 아니라 기타 처우를 '하향평준화' 시키는 원인이 되기도 한다. 심지어 같은 병원에 근무하는 간호사들끼리도 '출신' 문제 때문에 갈등이 생기는 경우들이 적지 않았다.

선생님은 이처럼 의료 현장에서 서로 다른 위상을 가지고 있는 간호사들이 병원의 이익과 편의 때문에 오히려 혼란과 불이익을 갖게 되는 현실을 깨기 위해 많은 노력을 기울였다. 그것이 바로 '간호교육일원화'였다.

3년제와 4년제는, 기간으로 보면 단 1년의 차이에 불과하지만 커리큘럼이나 학내 분위기 등에서는 상당한 차이가 난다. '기술'의 측면에서는 3년만 배워도 일단 충분할지 모르지만 선생님이 생각하는 '간호사의 인성'을 제대로 닦기 위해서는 인문학적 소양이나 예술적 감성, 철학 등도 고루 공부해야 하는데, 그러기 위해서는 3년으로는 부족하다는 것이다.

즉 사람을 대상으로 하는 학문으로서의 간호학을 공부하는 한편, 인간을 이해하고 간호를 하기 위해서는 4년제 대학에서 기본 소양을 닦아서 인격을 준비해야 한다는 것이 선생님의 신념이었다. 따라서 3년이라는 기간은 필수 학점을 따고 기술을 습득하느라 바빠서 다른 소양을 쌓을 시간이 부족해질 수밖에 없다.

간호교육일원화란 이처럼 서로 다르게 공부해서 다른 대접을 받고 있는 간호사들의 학습 기간과 커리큘럼 등을 하나로 통일시킴으로써 간호사들이 하는 일은 서로 달라도 처우 및 위상은 모두 4년제 졸업자 수준으로 상향평준화시키자는 것이었다.

당시 세계간호협회(ICN)에서도 4년제 일원화를 정책으로 내세우고 있었다. 모든 나라는 아니었지만 국력과 상황에 따라 서서히 일원화하는 방향으로 움직이기 시작했는데, 우리나라에서 이런 움직임에 주목하고 실행에 옮긴 사람이 바로 선생님이었다.

1978년, 제21대 대한간호협회 회장으로 당선된 뒤 선생님은 우선 간호교육일원화 정책을 위해 이미 임상간호사의 60% 이상을 점유하고 있는 3년제 출신 간호사들이 대학 과정에 편입하여 학사를 받을 수 있도록 하는 'RN-BSN' 과정의 개설을 제안하였다.

미국에서 공부하는 동안 눈여겨보았던 것을 도입하는 제도였다. 즉, 전문대학 출신들이 짧으면 2년, 길면 3년 정도 대학 공부를 함으로써 학사간호사로 대우를 받을 수 있게 한다는 아이디어는 바로 이때부터 시작되었다고 할 수 있다.

'아직은 시기상조'라는 반대도 만만치 않았고, '이미 3년을 공부했는데 왜 2년~3년을 더 공부해야 하는가?' 하는 반론도 있었다. 이런 반대와 우려를 무릅쓰고 선생님은 일단 연세대 간호대학에 이 시스템을 도입했다.

민들레 홀씨

　어린 시절 우리는 하얀 솜털 같은 민들레 꽃씨를 후후 불며 들판을 뛰어다니곤 했다. 그렇게 우리들의 입김과 바람의 숨결을 타고 멀리 멀리 날아간 민들레 홀씨들은 어딘지 모를 곳에 내려앉아 또 다른 민들레 꽃밭을 만들어낸다.
　전문대학 졸업생이 대학에 편입하는 제도에 대한 교육부의 인가가 떨어질지 아닐지 불명확한 상황에서 연세대학교 내에 '자율학습대학'을 만들고, 끊임없이 신입생을 맞고 졸업시킨 선생님의 활동도 어쩌면 봄철의 하늘을 훨훨 날아 전국 방방곡곡으로 퍼져나가는 민들레 홀씨의 모습을 꼭 닮은 것 같다.
　사실 자율학습대학은 당시 선생님이 간호협회장이자 연세대 교수직을 겸하고 있었기 때문에 시도할 수 있었고, 성공시킬 수 있었던 새로운 제도였다고 할 수 있다. 그만큼 준비 과정에도 상당한 시간과 노고가 필요했다.

1985년, 선생님은 캘리포니아주립대(CSU at Long Beach)에서 주최하는 원격교육프로그램에 다녀온 다음 전국 세미나를 개최하고 이 프로그램을 소개했다. 당시 교육부 정책에 따르면, 전문대 졸업생은 대학에 편입을 할 수 없도록 되어 있었지만 원격교육프로그램은 당장이라도 간호대학이나 간호학과에 도입이 가능하고, 학위도 줄 수 있을 것으로 보았던 것이다.

그리고 이듬해인 1986년에는 CSU의 교수가 직접 우리 간호대학을 찾아 이 프로그램을 두 차례에 걸쳐 소개했고, 나는 직접 그 대학에 가서 2주일 동안 프로그램을 공부하고 왔다. 그리고 1988년에는 다시 CSU 교수가 와서 전국 간호대학 교수를 대상으로 교육과정과 모듈 개발을 위한 워크숍을 열었고, 간호대 내에 원격교육을 위한 위원회가 상설화되면서 모든 교수들이 참여하는 본격적인 모듈 개발이 시작되었다.

하지만 'RN-BSN' 과정의 개설로 가는 길은 여전히 멀고 험하기만 했다. 연세대학교 학교 당국의 저항도 컸지만, 교육부에서도 인가를 내주지 않았기 때문이다. 학교에서 적극적으로 이 프로그램을 반대한 이유는 '야간대학을 설립하면 학교의 질이 떨어져 이류대학으로 전락할 수도 있다'는 것이었다. 교육부는 여전히 '법'을 문제로 삼았다.

하지만 '이 길만이 한국 간호계를 전문직으로 신장하는 길'이라는 선생님의 신념에 따라 학교 당국과 교육부에 대한 설득을 계속해나갔다. 그리고 연세의료원에서 함께 근무하고 있는 3년제와 4년제 출신 간호사들의 갈등을 해소하고 간호사의 평생교육을 위해서는 이 프로그램이 꼭 필요하다는 점을 김일순 의료원장에게 끊임없이 설득했다.

그리고 마침내 연세의료원에 근무하는 간호사에 한해서, 이 과정을 수

료할 경우 정규 학사 학위자로 인정해준다는 정책을 이끌어냈다. 단, 의료원에서 2년 이상 근무한 사람에게만 입학 자격을 주었다. 총 51학점 중 50퍼센트는 학생들의 경험과 능력을 인정해주고, 일주일에 2일 정도만 학교에 나와 강의를 듣는 야간 수업으로 진행했다. 1992년 우선 이 교육 과정의 철학을 표방하는 "자율학습대학"을 개설했다.

1985년부터 1992년까지, 7년이라는 긴 시간 동안 간호대학 교수들이 힘을 모아 만든 간호교육과정이 드디어 빛을 보았던 것이다.

여러 사람의 우려와는 달리 생각보다 많은 3년제 출신들이 자율학습대학을 찾았다. 이들의 학습동기는 뚜렷했다. '간호사 면허증'은 발급해주면서도 의료 현장에서는 각종 학교 출신들을 마치 동네 학원에서 기술이나 배워가지고 온 것처럼 취급하는 경우가 많았기 때문이었다.

선생님이 이렇게 뚝심 있게 밀어붙일 수 있었던 것은 평소의 소신에 따른 것이었지만, 선생님보다 앞서 이를 성공시킨 실제 사례도 큰 힘이 되어주었다. 그는 바로 이스라엘의 버그만 전 ICN 부회장이었다. 이스라엘 역시 처음에는 석사 과정 인정을 받지 못했다. 하지만 6년 동안 계속 졸업생을 내자 마침내 이스라엘 정부에서도 석사 과정을 인정해주었다.

선생님은 버그만의 실제 사례를 바탕으로 '우리도 계속 졸업생을 내면 언젠가 교육부 인정을 받을 수 있다'는 용기를 얻었고, 이를 자율학습대학에 입학한 학생들에게도 수시로 일깨워주었다.

수많은 사연을 안고 시작되었던 자율학습대학은 현재 'RN-BSN'이라는 이름 아래 각종 대학 출신 간호사(간호전문학사)를 위한 최고의 편입 제도로 정착되어 있다.

5년 동안의 자율학습과정을 통해 평생교육, 열린교육, 능력 중심의 교육에 대한 인식이 확산되었고, 교육부에서도 이 과정을 평생교육 방안으로 인정해주었다. 하지만 교육부에서는 수도권 인구 정책 때문에 새로운 정원을 더 주기는 힘들다는 입장을 고수했다. 결국 우리는 1996년 연세대 간호대학 입학 정원을 20명 반납하고 그 인원만큼 야간자율학습과정 학생을 받았다. 한국 간호의 미래를 위해 제 살을 깎는 아픔을 감수한 것이다.

'전문학사'들의 '학사 학위'에 대한 열의가 그만큼 뜨겁다는 것을 학교에서도 인정을 해준 것이다. 선생님이 최초로 '자율학습대학'에 대한 아이디어를 도입하고 10년의 세월이 흐른 뒤였다.

돌아보면, 자율학습대학은 목적 달성을 향한 선생님의 치밀한 전략과 간호대학 교수들의 전문직에 대한 소명이 어우러져서 일궈낸 소중한 결과물이다. 선생님의 안목과 준비가 적어도 10년 이후를 바라본다는 사실이 다시 한번 증명되는 순간이었다.

하지만 선생님은 연세대에서 맨 처음 시도했던 자율학습대학에 와서 공부한 첫 기수에게 크게 미안한 감정을 가지고 있다. 선생님이 제시한 커리큘럼대로 2년 동안 공부를 했지만 그들이 'RN-BSN'과정에 입학했을 때는 아쉽게도 학력을 인정받지 못하고, 모든 과정을 첫 학기부터 다시 공부를 해야만 했다. 그 대신 2기부터는 학사 학력을 인정해주기로 학교 측과 합의를 했다.

일반 4년제 간호학과 편입은 시험 그 자체가 어려운 데다 합격을 해도 2학년부터 정규대학 학생들과 같이 주간에 공부를 하게 된다. 일부 3학년으로 편입이 되는 학교도 있지만 결과적으로는 4년에 졸업을 못하고 1년 정도 더 공부를 해야 하는 경우가 대부분이다. 반면에 RN-BSN 제도를 통해 입학을 하면 3학년으로 편입이 되는 것은 물론 현직을 가지고 있으면서 졸업 간호사들과 같이 야간에 공부하게 된다. 단, RN-BSN에 편입을 하려면 간호사 면허증이 있어야 하고, 임상 간호사들을 우선하기 때문에 임상 경력을 갖춘 현직 간호사를 선발하게 된다.

이는 곧 현장의 실무 간호사의 능력을 우선 향상시켜야 간호가 발전한다는 선생님의 철학을 관철시키기 위한 것이었다. 뿐만 아니라 RN-BSN을 통해 좋은 학교에 편입을 하면 최종학력이 바로 그 학교가 되기 때문에 일종의 '학력 세탁'의 효과도 크고 취업에서도 유리해진다.

아마 선생님의 추진력과 나를 비롯한 여러 교수들이 4~5년 동안 미리 투자를 해놓지 않았더라면 그나마 시작도 하기 어려웠을 것이다.

흔히 팔은 안으로 굽는다는 얘기를 많이 하지만, 선생님과 우리는 오히려 본래 정규과정으로 우리 학교에 들어온 학생들 보다 RN-BSN으로 들어온 학생들한테 더 많은 애정을 쏟아붓곤 했다. 임상에서도 사회에서도 이미 많은 경험을 했고, 그런 그들이 더 많은 공부를 하겠다고 왔다는 것은 이미 평생 이 길을 가겠다는, 간호에의 헌신이 확실하다고 생각했기 때문이다. 그런 점에서 선생님은 이렇게 들어온 임상 간호사들이 우리 간호계의 '효자'가 될 것이라 믿었다.

그렇게 연세대 간호대학에서 바람이 불기 시작하자 다른 대학에서도 비슷한 움직임이 일어나기 시작했고, 곧 전국 대학으로 번져 나갔다. 연세대에서 피어난 한 송이 작은 민들레의 씨앗들이 마침내 전국 간호대학으로 날아들어가 씨앗을 틔우기 시작한 것이다.

이런 움직임은 곧 RN-BSN 교수협의회 결성으로 이어졌다. 성인으로 다시 공부를 시작하는 현직 간호사들을 어떻게 효율적으로 가르칠 것인가에 대한 논의를 하는 모임인 교수협의회에서 나는 회장을 맡아 선생님의 기본 철학을 실현할 수 있는 작은 힘이 되어주었다.

곧 이어서 이런 움직임은 간호계만이 아니라 다른 분야로도 퍼져나가기 시작했다. 특히 보육교사(유아교육학과)에서 비슷한 움직임이 나타났다. 당시 보육교사제도 역시 간호사제도처럼 이원화되어 있어서 상당한 어려움이 있었기 때문이다.

RN-BSN 과정이 어느 정도 정착이 되자 선생님은 이제 '과' 단위가 아니라 '대학' 단위로 움직이기 시작했다. 3년제 학과를 4년제 학과로 바꾸는 것만이 아니라 아예 대학 자체를 4년제 대학으로 승격시키기 위해 뛰기 시작한 것이다. 3년제 대학의 4년제 대학 승격은 각 대학의 의지만이 아니라 교육부의 인가를 따로 받아야 하는 일이었기 때문에 선생님은 학계는 물론 교육부 쪽과도 수많은 접촉을 가졌다.

이런 일들은 1년, 2년 단기적으로 이뤄지는 게 아니었다. 심지어 먼 훗날 적십자간호대학 학장을 맡아달라는 제안이 들어왔을 때 선생님은 제일 먼저 '4년제 승격 추진'을 조건으로 내걸었을 정도로 이 문제에 오랫동안 관심을 기울여 왔다.

선생님의 노력과 간호계의 발달에 따라 많은 전문대학들이 4년제 대학으로 바뀌었다. 선생님의 스승이기도 한 홍신영 박사의 노력으로 전주에 있는 예수간호전문대가 4년제 예수간호대학교로 바뀐 것을 필두로 전산초 박사가 학장으로 부임한 대구동산대도 계명대로 바뀌었다.

하지만 이런 노력에도 불구하고 교육부에서는 여전히 간호교육일원화에 대해 소극적이다. 오히려 학점인정제와 독학사 제도 등 교육의 질적 향상을 뒤로 하는 엉뚱한 제도만 양산하면서 '헛다리 짚기'만 계속하고 있다.

물론 정부만의 문제는 아니다. 상당수의 3년제 학교가 '큰 뜻'에는 동의하지만 자신의 학교를 4년제로 바꾸는 데에는 크게 찬성하는 분위기가 아니기 때문이다. 대부분 사립학교인 3년제 대학에서는 4년제로 바꾸자면 투자는 많이 해야 하지만 건질 것은 별로 없다고 생각한다.

하지만 대학 자체의 승격과는 별개로 지방대학교에서도 간호학과의 인기는 최고다. 취업이 확실하니 입학생도 당연히 많다. 심지어 학생 수를 맞추기 어려운 여타 학과에서 간호학과로 학생 정원을 넘겨주기도 한다.

3년제 대학이나 일부 사립대만이 아니라 국공립대도 문제는 마찬가지다. 그나마 사립대 간호학과를 맡고 있는 사람들은 RN-BSN을 해야 간호사들이 진짜 전문직으로 일원화가 될 수 있다는 말에 공감하고 어느 정도 그런 방향으로 일을 추진하기도 하지만, 국공립대는 거꾸로 가기 일쑤였다. 그 이유는 단 하나, 좀 심하게 얘기하자면 '봉급을 올려주는 것도 아니고, 힘만 드는 일을 무엇 때문에 하느냐' 하는 것이었다.
 이 때문에 2015년 지금 현재까지도 국공립대학에는 RN-BSN 제도가 없다. 우리나라와 우리 국민의 건강을 위해 가장 먼저 나서야 할 국공립대가 몸을 사리고 있는 게 영 불편하고 아쉽기만 하다.
 그런데 더 큰 문제는 '일원화'에 대해 간호협회 내부에서조차 '다른 생각'을 가진 사람들이 제법 있다는 사실이다.
 조금 황당한 얘기지만, 언젠가 간호계의 지도자 중에도 3년제와 4년제의 어정쩡한 동거생활을 청산하고 아예 간호사를 4년제와 2년제로 이원화하자는 안을 들고 나온 적이 있다. 그 당시에도 이미 간호사의 70퍼센트가 전문대 출신이고 30퍼센트가 4년제였다. 그러니 아무리 열심히 공부를 해도 '수'에 밀릴 수밖에 없는 구조였다. 그런 상황에서 3년제도 아닌 2년제를 도입하면 과연 누가 힘들어서 4년씩 공부를 하려고 할까.
 다행히 결론이 너무 뻔한 것이어서 더 이상 논의하지는 않았지만 우리 내부에 전혀 다른 의견을 가진 사람이 있다는 사실은 명확하게 확인할 수 있었다. 선생님의 의지에 따라 시작한 자율학습대학 즉 RN-BSN은 오늘날 '전문학사' 출신의 임상 간호사들이 '학사 학위'를 받을 수 있는 매우 유용한 길이 되고 있다.

또한 간호대만이 아닌 수많은 전문대들이 4년제로 바뀌면서 학력의 상향평준화를 향해 뚜벅뚜벅 나가고 있다. 물론 대부분의 전문대가 4년제로 바뀌면 RN-BSN은 더 이상 존재할 필요가 없을 것이다.

예상치 못한 암초도 있고, 내부 의견 통일도 완벽한 것은 아니지만 '길'은 정해진 것이 아니겠는가. 선생님이 뿌린 씨앗이 전국 방방곡곡에서 노란 민들레로 피어나고 있는 셈이다.

사막에 심은
한 그루의 나무

몽골에서 오래 지내다 보니 이런저런 일로 몽골을 찾는 한국 사람들을 많이 만나게 된다. 본래 한국인이 많이 살지 않는 나라다 보니 어떤 일로 몽골을 찾건 간에 얼굴을 맞대게 되는 일이 생각보다 많기 때문이다. 그렇게 별다른 약속이나 준비 없이 만나게 되는 사람들 중에 간혹 오랜 시간이 지나도 잘 잊히지 않는 사람이 있다.

몇 년 전 울란바토르에서 잠깐 만났던 환경단체 연구원이 바로 그런 사람 중 하나다. 시내의 한국인 식당에서 우연히 만나 잠깐 얘기를 나눴을 뿐이건만 지금까지 내 기억에 남아 있는 이유는 그가 하고자 하는 일 때문이었다. 그는 몽골의 사막에 나무를 심겠다고 찾아온 사람이었다.

누구나 알고 있듯 몽골의 사막에서 발생하는 황사는 동북아시아 전체의 환경 재앙이다. 그리고 이를 예방하기 위해 수많은 프로젝트들이 수행되고 있다. 그중 하나가 바로 한국의 환경단체 등이 주도하고 있는 '사막에 나무 심기'다. 언뜻 들으면 참 무모한 일처럼 보이는지라 처음에는 도와주기는커녕 비웃는 사람도 많았다.

사실 김모임 선생님과 함께했던 여러 가지 일들을 돌아보면 마치 사막에 나무 심기처럼 처음에는 무모해 보이지만 시간이 흐르고 나면 '아하 그렇구나' 하고 많은 사람들이 동의하고 결국은 너도나도 힘을 보태게 되는 것들이 대부분이다.

연세대학교 원주캠퍼스 간호학부 설립도 그중 하나다. 특히 원주캠퍼스 프로젝트는 앞서 소개한 간호교육일원화 사업의 연장선에 있으면서 또 한

편으로는 지역사회간호학 등 선생님이 구상하고 있는 여러 가지 '국가보건사업'을 위한 시금석으로서의 의미도 가지고 있었다.

국민들을 위한 간호 서비스의 질을 높이기 위해서는 간호사의 질이 먼저 높아져야 하고, 그러기 위해서는 그만한 인프라가 갖춰져야 한다는 것은 선생님의 평생 철학이다.

선생님은 1994년에 연세대학교 원주캠퍼스에 간호학과를 개설하고 스스로 초대 학과장이 되었다. 이미 세계간호협의회장을 역임했고, 본교의 간호대 학장을 맡고 있는 거물급 인사가 '분교'의 일개 학과장이 되는 것은 보통 사람의 시각으로 보면 별로 바람직한 직분이 아니겠지만 스스로 그 자리를 찾아간 선생님의 뜻은 불가에서 말하는 '하심(下心: 스스로 자기 자신을 낮추고 남을 높이는 마음)'과 같은 것이었다.

당시에도 원주는 강원도에서 제법 큰 도시였지만 간호서비스의 질은 도시 규모에 비해 매우 낮은 편이었다. 지역에서 가장 큰 병원이 원주기독병원이었는데, 학사 출신 간호사가 거의 없을 정도였다.

대도시 수준의 우수한 간호서비스를 중소 도시까지 전파하자면 일단 간호사들의 수준을 올려야 되는데, 그런 조건을 갖춘 중소 도시가 별로 없었다. 그런 점에서 연세대학교의 분교가 자리하고 있는 원주는 새로운 간호사를 육성할 조건을 고루 갖추고 있는 셈이었다.

선생님은 본교에서 간호대 학장을 하는 동안 원주의 상황을 늘 예의주시했고, 수년에 걸쳐서 여러 가지 사전 준비를 했다. 그리고 1993년 11월 교육부 인가를 받았고, 1994년 마침내 50명의 신입생을 받음으로써 드디어 강원도 지역 최초의 4년제 간호학과가 출범하게 되었다.

이는 또한 1980년대부터 간호계에서 꾸준히 추진해왔던 간호교육일원화의 구심점을 강원도에 마련하는 역사적인 일이기도 했다. 선생님은 이에 그치지 않고 1997년 3월에는 간호학사학위특별과정(RN-BSN)을 신설함으로써 간호교육일원화에 더욱 박차를 가하기 시작했다.

지금 돌아보면 아쉬움이 없는 것은 아니다. 선생님이 애초에 구상한 것은 일개 간호학과가 아니라 본교와 같은 간호대학으로 만드는 것이었기 때문이다.

선생님의 구상은 본교 간호대와 원주 간호대 전체를 관할하는 학장 1인을 두고 그 아래 각 간호대를 관장하는 부학장을 두는 것이었다. 그리고 양쪽 캠퍼스를 특성화하여 각 캠퍼스의 장점을 모두 활용할 수 있도록 학생과 교수가 상호교류하는 협력적 융합 모델을 제시했다. 이는 당시 분위기에서는 매우 혁신적이고 대담한 방안이었지만, 이런저런 사정이 겹치면서 결국 '간호학과' 설립으로 한계가 지워지고 말았던 것이다.

물론 첫 졸업생이 배출되는 4년 후에는 단독 간호대학으로 승격시킨다는 것을 전제로 한 학과 개설이었지만, 아쉽게도 그 약속마저 지켜지지 않고 '간호학부' 승격에 그치고 말았다. 그래도 세월이 좀 더 흐른 2003년에 석사 과정을 설립해서 간호사의 질적 향상을 더욱 크게 도모할 수 있었다. 사막에 심은 한 그루의 나무가 거목으로 성장한 것이다.

원주캠퍼스에 간호학과가 설립된 지 벌써 20여 년. '4년제 간호대학 불모지'에 한 그루의 나무를 심기 위해 고군분투했던 선생님의 노력은 이제 원주세브란스기독병원 간호사를 포함한 지역 간호사들에게 RN-BSN 과정을 제공하고, 일반대학원 석사과정과 중환자 전문간호사과정 등의 우수한 간호교육 프로그램을 제공하는 등 강원도 지역 간호 인프라의 메카로서의 역할을 훌륭히 수행하고 있다. 선생님이 심은 한 그루의 나무가 20년이 지나는 동안 풍성한 숲을 이루게 된 것이다.

오늘날 원주캠퍼스에서 공부하고 있는 학생과 대학원생, RN-BSN 과정의 교수, 학생들은 그들의 뿌리를 만들어준 이가 바로 선생님이라는 사실을 기억하면서, 지난해 20주년을 기념해서 선생님을 초청하여 큰 행사를 열었다. 선생님은 그 자리에서 또다시 간호대학의 승격을 추진하도록 일침을 가하는 것을 잊지 않았다.

제5부

간호의 별,
세계의 별

사람들은 존재하는 것들을 보며 "왜지?"라고 말한다.
나는 존재한 적이 없는 것들을 꿈꾸며 "왜 안 돼?"라고 말한다.

– Dale Carnegie –

가깝고도 먼
나라에서 온 원군

나이아가라 같은 거대한 물줄기와 폭포도 그 자신의 의지가 아니라 자신이 가는 길에 놓인 바위의 크기와 모양에 따라 이리저리 갈라지고 굽이쳐 흐르고 떨어진다. 이와 마찬가지로 우리들의 인생도 때로는 우리 자신의 의지와는 상관없이 전혀 엉뚱한 외부의 조건에 따라 바뀌는 경우가 적지 않은 것 같다.

1977년, 이제 막 꼴을 갖추기 시작했던 대한간호협회가 세계간호협의회(ICN)라는 높은 벽에 도전해보겠다는 엄청난 결심을 하게 된 것도, 사실은 우리 내부가 아닌 외부에서 주어진 계기에서 시작되었다. 그 계기를 만들어준 곳은 바로 일본간호협회였다. 일본간호협회에서 뜻밖에도 선생님을 ICN 이사로 추천했던 것이다. ICN은 간호계의 UN이라 할 수 있는 전 세계적인 조직으로 2015년 현재 135개국이 가입해 있다.

1977년 당시 우리 간호협회의 수준은, ICN의 입장에서 보자면 북한보다 경제력이 뒤떨어지는 개발도상국에 불과했다. 뿐만 아니라 국제회의에 때때로 참석을 하긴 했지만 회비도 제대로 내지 못하는 수준 낮은 회원국 정도였다.

물론 일본은 선진국 대열에 들어선 지 한참 되었을 때였고, 그런 만큼 ICN을 비롯한 국제무대에서 제 목소리를 내고 있던 터였다. 그런 일본간호협회가 선생님을 일개 위원도 아닌 '이사'로 추천한 것은 아무도 예상치 못한 일이었다. 더욱이 옛날의 '은원 관계'를 생각하면 더욱 의외였다.

대한간호협회는 일제 강점기였던 1923년 5월에 '조선간호부회'를 창립하고 1929년 7월에 열린 캐나다 총회에 역사상 최초로 대표 3인(이효경, 이금전, 쉐핑)을 참가시키고 회원 가입을 신청했지만 일본간호협회의 방해로 그 뜻이 무산되었다.

'조선은 일본의 식민지로서 국가가 아니므로 ICN 회원국의 자격이 없다'는 것이 일본의 논리였다. 그랬던 일본간호협회가 선생님을 ICN 이사로 추천을 했으니, 그야말로 격세지감이 아닐 수 없었다.

그 이후 대한간호협회가 정식으로 ICN 정회원국이 된 것은 해방을 맞고 4년이 지난 1949년, 스웨덴 스톡홀름에서 열린 제9회 ICN 총회 때였다. 하지만 이때는 대표를 파견하지 못했고, 회원국으로서 정식 대표를 처음으로 파견한 것은 1953년에 열린 브라질 총회였다. 이런 역사적 은원관계에도 불구하고 일본간호협회가 선생님을 ICN 이사로 추천한 이유는 한 가지였다.

당시까지 일본에는 '존스홉킨스'에 버금갈 만한 세계적인 대학에서 박사학위까지 취득한 간호사가 한 명도 없었다. 또 모든 경제, 사회, 문화 발전은 한국을 앞서 있었으나 간호 수준만은 한국이 일본을 앞섰다는 것을 자타가 인정하고 있었다. 일본뿐만 아니라 동남아 전체를 통틀어 당시 해외 유학을 통해 박사 학위를 딴 간호사가 선생님이 유일했으니, 매우 합리적인 선택이었던 셈이다.

ICN에서는 전 세계를 7개의 지역으로 나누고, 각 지역별 대표를 뽑아서 이사회를 구성하는데, 일본간호협회에서 추천한 것은 서태평양지역의 몫이었다. 그러나 이사는 지역별이 아니라 전 세계 회원국들이 함께 투표를 통해 선출이 되어야 한다. 후보로 나서기 위해서는 일단 자국 협회 이외에 하나 이상의 외국 간호협회에서 추천을 받아야 하는데, 예기치도 않게 일본간호협회의 추천이 들어왔던 것이다.

일본의 추천이 있었고, 총회가 열리는 장소가 일본이었기 때문에 후광 효과도 노려볼 수 있었지만 사실 ICN 이사국 도전은 무모한 시도였다. 당시까지 선생님은 한 번도 ICN 총회에 참석해본 적이 없었다. 심지어 '선거운동'을 해야 한다는 것도 모르고 있었고, 이름만 보내면 당연히 이사가 되는 줄 알고 있을 정도로 정보에도 어두웠다.

당시 서태평양지역 이사 자리를 놓고 다투었던 라이벌은 필리핀 대표. 필리핀 출신이라 영어도 자연스러웠고, ICN에서 여러 가지 일을 해왔기 때문에 다른 회원국들과 사이도 좋았다. 반면에 변방의 회원국 출신인 선생님은 '저 사람 누구야?' 할 정도로 안면마저 생소했으니 결론은 시작하기도 전에 이미 내려진 것이나 마찬가지였다.

그래도 이때의 선거는 대한간호협회가 질적으로 한 단계 업그레이드되는 큰 계기가 되었다. 우물 안 개구리가 드디어 바깥세상을 향해 눈을 돌리기 시작한 것이다. 그 이전까지 대한간호협회는 ICN에서 이런저런 업무에 적합한 사람을 추천해달라는 공문이 와도 외면하기 일쑤였다. '우리 주제에 무슨……'이라는, 다소 자격지심에 가까운 생각이 컸기 때문이다.

그러나 이사국 도전 이후 ICN이 한결 가깝게 느껴지기 시작했고, 그 결과는 바로 그해 7월 1일 하영수 이화여대 교수의 전문간호사업위원회(PSC) 위원 당선으로 나타났다. 선생님 역시 일본이 만들어준 계기를 그냥 흘려보내지 않았다. ICN 총회는 4년에 한 번씩 열렸는데, 일본 총회 다음으로 1981년 LA 총회가 예정되어 있었다. 때마침 1978년에 대한간호협회 회장으로 선출된 선생님은 일본 총회에서의 경험을 되새기며 차근차근 LA 총회를 준비하기 시작했다.

가장 먼저 한 일은 대한간호협회가 주체적으로 나서서 총회 학술대회에서 한 세션을 맡은 것이다. 개도국으로서는 거의 최초의 시도였다. 이 덕분에 한국은 늘 가르침을 받던 개도국 회원에서 다른 나라를 가르치는 선진 국가로 업그레이드를 할 수 있었다.

또 ICN 회원국으로서 기본 의무라 할 수 있는 회비 문제도 해결했다. '한강의 기적'이라는 표현이 어색하지 않을 만큼 적지 않은 경제 발전을 이루었지만 그때까지도 많은 ICN 회원국들은 한국을 못사는 나라로 알고 있었다. 가장 큰 이유는 대한민국의 국제적인 위상이 낮았던 것이지만 또 한편으로는 ICN 회비를 못 내고 있었기 때문이기도 했다. '일본의 식민지'라는 인식이 그때까지 남아 있었던 것도 중요한 이유 중 하나였다. 교육이든 뭐든 일본보다 못하다는 인식이 여전했던 것이다. 간호에 관해서는 한국이 오히려 일본보다 앞서 있었지만, 그걸 인정받지 못하고 있었던 셈이다.

대한간호협회는 우선 밀린 ICN 회비를 전액 납부했을 뿐만 아니라 한 단계 더 나아가 각 회원들이 내는 회비에 '500원'씩을 더 거둬서 리볼빙 펀드를 조성했다. 이로써 회비 납부를 넘어 어려운 나라를 적극적으로 도와주는 '지원국'의 지위를 가지게 되었다.

회원국이 아니라 임원국이 되기 위해서는 그만한 자격을 갖추어야 한다. 사회 지도층 인사들에게 노블레스 오블리주를 강조하는 것과 마찬가지로 그만한 책임과 능력을 보여주어야만 하는 것이다. 회비 완납에 이어 한국이 주관하는 학술 세션 구성, 전시장에 대한간호협회 부스 운영, 리볼빙 펀드 조성 등으로 대한민국은 드디어 임원국으로 나아갈 자격을 하나씩 갖추게 되었다.

일본 총회 이후 4년. 선생님이 이끄는 대한간호협회의 노력은 드디어 선생님의 이사 선출로 꽃을 피우기 시작했다. ICN 이사 선출은 개인의 기쁨이자 영광일 뿐만 아니라 대한간호협회와 대한민국의 기쁨이기도 했다.

간호계의 유엔이라 할 수 있는 ICN의 이사국이 됨으로써 우리 간호협회와 대한민국의 위상이 단숨에 선진국 대열에 들어서게 되었기 때문이다. 이로써 우리는 전 세계 보건의료의 동향과 세계 간호의 발전 방향을 함께 느끼고, 함께 나아갈 수 있게 되었다.

그로부터 다시 8년이 흐른 1989년에는 ICN 총회를 서울에 유치하고 제21대 회장까지 배출하게 되었으니, 그야말로 괄목상대, 상전벽해가 아닐 수 없었다. ICN 이사 도전에 보기 좋게 참패한 때로부터 12년 만에 이룬 쾌거였다.

죽을 만큼 열심히

　선생님과 함께해온 지난 40여 년을 돌아보면, 선생님이 그 어느 때보다 환하게 꽃피운 때가 바로 ICN 회장으로 당선되던 때가 아닌가 생각된다. 선생님 역시 ICN 총회를 준비하느라 어렵고 힘들었던, 그러나 그만큼 보람된 날들과 ICN 총회를 서울에서 개최했던 당시의 흥분과 불안, 그리고 ICN 최초의 동양인 수장으로서 세계 간호계를 이끌던 때를 자주 그리고 오랫동안 이야기하곤 한다.

　나는 ICN을 떠올릴 때마다 '선생님이 안 계셨더라면 어떻게 우리가 그 대회를 유치하려고 감히 생각이나 했을까? 어떻게 회장 후보를 내세울 엄두를 낼 수 있었을까? 당시 한국의 여건 속에서 어떻게 그런 엄청난 국제대회를 성공적으로 치러낼 수 있었을까? 자문하곤 한다.

　ICN 총회의 서울 개최는 한국 간호를 처음으로 세계에 알리고, 한국의 간호사들에게 다른 나라의 간호 상황을 접하게 함으로써 국제화에 눈을 뜨게 했으며, 우리나라 위정자들에게 '간호'의 존재감을 확인하게 하는 중요한 모멘텀이 되었다. 특히 6년 동안 ICN 총회를 준비했던 그 과정과 우리 협회의 전 직원들, 각 분과를 맡아 진행하는 이사들, 지방의 간호협회 지도자들, 그리고 대학교수들, 자원봉사자로 참여하는 학생에 이르기까지 모든 이들이 리더십을 경험하고 자라나게 하는 현장이었다. 사업계획을 세우는 데서부터 평가보고서를 낼 때까지의 전 과정을 선생님의 리더십에 따라 진행해 나갔기 때문이다.

- 장기 사업기획안 작성
- 단계별 분과별 실행 계획과 타임테이블
- 목적 달성을 위한 협상과 접근방법
- 주요 식순에서의 의전
- 세계 대표자회의의 진행방법
- 포스터 세션(poster session)과 학술발표의 평가와 진행
- 자원봉사 시스템 구축
- 참석자 만족을 위한 각종 배려
- 각종 홍보 방법
- 자금 조달과 기념품 제작, 배포
- 관광과 숙박
- 동시통역
- 신문 발행 및 기자와 뉴스 관리

몇 년 동안의 희로애락을 겪으며 마치 무에서 유를 창조하듯 이 모든 것을 준비했고, 일주일 만에 우리가 6년 동안 준비한 것을 마치 공연을 하듯 단숨에 쏟아내었다. 그 과정에서 우리는 선생님의 리더십을 눈으로, 몸으로 확인할 수 있었다.

아무리 어려운 일에 부딪혀도 좌절하거나 포기하지 않는 끈기와 인내, 공적인 비용은 아무리 적은 액수라도 허투루 쓰지 않는 검소함과 공사 구분 정신, 사업에 손해가 발생할 경우 관련된 사업자들과 우리들이 계약사항대로 똑같이 물어내는 공평무사의 정신, 모든 대안을 꼼꼼히 검토한 다음 최선의 결정을 내리는 치밀함, 개인적으로는 자존심이 상하거나 포기할 일도 간호를 위해서는 끝까지 참아내는 희생정신, 정부 부처와 타 학계 사람들이 간호사 출신이라고 무시할 때도 끝까지 참고 이해시키는 설득력…….

1989년 ICN 서울 총회를 성공적으로 마친 뒤 채 흥분이 가시기도 전에 다시 온 힘을 다해 작성한 조직위원회보고서(1990년 2월 출간)는 지금도 보물처럼 빛을 발하고 있다.

당시 조직위원장이었던 선생님이 쓴 이 보고서의 서문을 보면 지금도 그때의 흥분과 감격이 고스란히 전해진다.

"……우리는 온 정성을 다해 준비하였다. 아시아의 많은 국가들이 이 대회를 주관하겠다는 우리의 용기를 부러워하였다. 이들은 우리가 그들을 대표하여 훌륭한 대회를 치러주기를 바랐고 뜨거운 박수를 아끼지 않았다. …… 그러나 우리는, 우리 계획대로 되는 일이 아니라는 것을 너무도 쓰라리게 경험하였다. 설상가상으로 우리나라의 정치, 사회, 경제적인 여건이 총회 준비에 부정적 조건으로 작용하였다. …… 그러나 이런 환경 속에서도 우리는 ICN의 과거 어느 총회보다 가장 성공적인 총회로 평가받는 총회를 치렀다.

…… 대한간호협회의 모든 회원은 그 어려운 가운데 도와준 정부, 기업체 그리고 관련 기관들의 협조와 격려를 두고두고 잊지 못할 것이다.

…… 대한민국의 오늘을 사는 간호사는 이 위대한 역사를 창조한 긍지를 가져야 한다. 올림픽이 우리나라가 선진국으로 발돋움하는 발판이 되기를 희망하듯이 우리의 간호 올림픽도 간호가 국민과 나아가 인류의 건강을 위한 무한한 가능성을 지닌 전문직으로 발전할 수 있는 기폭제가 될 것을 믿어 의심치 않는다.

…… ICN 서울 총회는 21세기를 위해 세계의 간호가 한국 간호로, 한국의 간호가 세계의 간호로 되는 하나의 길을 연 것이다."

"죽을힘을 다하여 정말 최선을 다했다."라는 느낌이 어떤 것인지, 나는 그때 처음 알았다. 최선을 다한 결과가 성공적으로 나타날 때의 희열도 그때 알았다. 그러기에 당시 ICN 회의 개최를 이끌었던 수장들은 25년이 지났지만 지금도 선생님을 중심으로 모이고 있다. 여전히 ICN 이야기로 꽃을 피우며.

가장 손위인 홍정혜와 김순자·김정애, 그리고 조인자 등은 김모임 회장을 모시고 역사적으로 ICN을 치러낸 전 과정을 마치 어제 일처럼 추억하며 날이 새도록 이야기꽃을 피운다.

늘 먼저 이야기를 꺼내고, 날짜까지 또렷하게 기억하며 열을 올리는 사람은 김순자 부회장이다. 청천벽력같이 놀라웠던 ICN 총회 개최지 지원, 회장 출마 도전, 그리고 그 힘들었던 준비과정……. 나는 가장 나이가 어린 신임 이사로서 홍보위원장을 맡아 4개 국어로 신문을 내는 등 전 세계 기자들을 상대하고 보도자료를 내었던 일들을 얘기하며 대선배들 틈에 끼어들어 함께 흥분한다. 그 역사의 현장에 함께했었음에 대한 자긍심을 한껏 누리는 순간이다.

대선배들은 늘 이렇게 끝을 맺는다.

"꽃꽂이에서 중앙의 장미가 제대로 빛이 나려면 옆의 보조 꽃과 잎이 잘 조화가 이루어져야 해. 우리가 바로 그 보조 꽃이지. 참 우리도 김모임 꽃 덕분에 좋은 꽃꽂이라는 영광을 누렸어." 그러면 그 떠들썩한 자리를 멀찍감치 지켜보던 사부님들은 웃으며 "그럼 우리는 그 꽃들을 떠받드는 영광스러운 수반이네?" 하며 구수한 양념을 얹는다.

나는 1989년도에 우리가 경험했던 것과 같은 엄청난 사건을, 앞으로 한국 간호계가 경험할 기회가 없을 것이라고 단언한다.

당시 ICN 총회 개최는 간호계 리더를 키워내는 기회가 되었고, 흩어졌던 간호계를 하나로 모았으며 간호의 자긍심을 세웠다. 그리고 한국 간호를 되돌아보고 세계를 향해 나갈 수 있는 발판을 마련해주었다. 그 결과들은 대략 아래와 같은 것들이다.

—급격하게 증가한 국제 학술대회 연자 및 포스터 발표 참여
—ICN의 각종 위원회(Committee) 멤버 참여

―ICN 이사 선임
―ICN과 시그마 세타 타우 등 국제 간호기관의 자문위원단(Advisory committee) 참여
―WHO 와 관련한 많은 자문 위원회 및 컨설팅 위원회 참여

또한 ICN 총회 개최를 계기로 WHO가 간호협력센터를 창설할 때 창립 준비 모임의 핵심 위원으로 참여하게 되었고, 이를 통해 전 세계 WHO 협력센터 네트워크 사무국을 우리나라에 유치할 수 있도록 했다.

이후 외국에 유학을 가거나 외국 병원에 취업을 했을 때는 그들 쪽에서 먼저 서울 ICN 또는 김모임 ICN 회장을 안다고 하며 친밀감을 표현하는 경우가 많았다. 이는 또한 알게 모르게 한국 간호사의 세계 진출에 긍정적인 요소가 되었다.

나 역시 '김씨 성을 가진 한국인'이라는 이유만으로 반가운 얼굴로 달려와 "당신이 바로 그 유명한 한국의 김모임 인가요?" 하는 질문을 여러 차례 받았고, 지금도 심심치 않게 받고 있다.

나는 그때마다 이렇게 답한다.

"나는 애석하게도 김모임이 아니다. 그분은 나보다 훨씬 예쁘고 키도 크고 똑똑하고 세련된 분이다. 그분은 내가 가장 존경하는 사람이다. 나도 내가 김모임이면 정말 좋겠다."

하지만 언제까지 25년 전의 ICN 총회와 한국인 ICN 회장 배출이라는 과거의 영화만을 곱씹으며 만족할 수는 없다. 2015년 ICN 서울 대표자회의를 준비하며, 나는 우리 젊은 간호계 지도자들이 우리와 같은 희열을 맛보

기를 기원한다. 그동안 선배 지도자들이 일구어놓은 토대를 기반으로 국내·외적으로 진정한 간호 정신을 구현해내기를 갈망한다.

간호의 기본 정신은 진정한 인간 사랑의 기반이고 간호전문직에 대한 애정과 헌신은 자신의 영역만을 사랑하고 집착하는 독선이 아니라 국가 전체의 건강한 정신과 삶을 이루어내고자 하는 열린 마음의 발로이기 때문이다.

리더와 보스

몇 년 전, 일반 여성들을 대상으로 하는 한 특강에 초청을 받아 강의를 한 적이 있다. 당시 주최 측에서 요청한 주제는 '리더십'이었는데, 나는 '김모임의 리더십'을 주제로 강의를 했다. 선생님이 살아오신 삶은 간호사들이 아닌 일반 여성들에게도 상당한 공감을 주리라 믿었고, 실제로 상당한 호응이 있었다.

나는 선생님을 '보스와 리더'의 모델을 인용해 '진정한 리더'의 모델로 소개했다. 보스는 부하들에게 일을 시켜서 자신이 최정상에 올라가는 것을 성공이라고 생각하는 반면 리더는 스스로 앞장서서 일을 해결하고 다 함께 성공의 길로 나아간다는 것이다.

40여 년 이상을 곁에서 모셔왔지만, 어떤 어려움이 닥쳐도 선생님이 그것을 다른 이들에게 미루는 모습을 본 적이 없다. 오히려 당신이 먼저 솔선수범 앞장을 서서 모든 문제를 해결해 나갔다. 우리들은 그저 선생님의 뒤를 따르기만 해도 성공의 길에 들어설 수 있었으니 그야말로 진정한 리더의 모델이 아니겠는가.

선생님이 이처럼 앞장서서 아무도 예상하지 못했던 큰 성공을 이끌어낸 사례는 수도 없이 많지만, 그중에서도 특히 1979년 아프리카 케냐에서 ICN 총회를 서울에 유치하기 위해 혼자 고군분투했던 눈물의 기록은 압권 중의 압권이라 할 만하다.

ICN 총회는 4년에 한 번씩 열렸는데, 올림픽이나 월드컵 같은 국가적 행사와 중복되지 않도록 홀수 해에 열렸다. ICN 총회에서는 회장 및 임원단 선출을 하고, 다음 개최지 결정은 2년에 한 번씩 열리는 CNR(Council of National Representatives)에서 별도로 이뤄진다. 그리고 각 나라의 대표자들만 선거권과 피선거권을 갖는데, 선진국이건 개도국이건 1국가 1표를 원칙으로 한다. '간호계의 유엔'답게 선거 방식도 유엔과 같다.

1979년, 선생님이 멀고 먼 케냐까지 갔던 이유는 ICW 즉 세계여성단체협의회 총회를 서울에 유치하기 위해서였다. 당시 선생님은 대한간호협회장인 동시에 한국여성단체협의회(KCW)의 부회장이기도 했기 때문이다. KCW에서는 서울 총회 유치를 위해 이철경 등 유력 인사들이 총 출동하다시피 했다.

그런데 때마침 한 달 뒤, 역시 케냐에서 CNR이 열리기로 되어 있었기 때문에 선생님은 KCW 임원들이 귀국한 뒤에도 한 달간 더 머물기로 했다. 가장 큰 이유는 '여비와 출장비'. 사실 선생님에게는 KCW의 서울 총회 유치도 중요한 일이었지만, 내심 돈 들이지 않고 CNR에 참석하고자 하는 계산도 깔려 있었다. 당시 대한간호협회의 살림살이는 회장의 ICN 총회나 대표자회의 같은 중요한 회의 참석조차 여비를 대주지 못할 만큼 아주 어려웠기 때문이다.

KCW 회의 덕에 왕복 항공비는 해결이 되었지만, 한 달 동안 물설고 낯선 케냐 땅에서 먹고 자고 씻고 해야 할 '숙식비'는 여전히 문제였다. 이때 선생님이 마련한 해결책은 그야말로 기발한 것이었다. 지금으로 말하자면 일종의 워킹 홀리데이와 비슷한 방식으로 '알바'를 했던 것이다.

선생님이 당시 일한 곳은 케냐 인구와가족계획연맹(IPPF)이었다. 국내의 가족계획협회에서 일했던 인연을 발판으로 미리 케냐 현지에 연락, 자리를 마련해달라고 요청을 해두었던 것이다.

그런데 ICW 총회에 참석한 선생님은 다소 엉뚱한 생각을 하기 시작했다. '세계여성단체협의회 총회를 한국에 유치할 수 있다면, ICN 총회도 안 되란 법이 없지 않겠어?' 하는 것이었다. 바로 두 해 전, ICN 이사에 도전했다가 고배를 마셨던 기억 같은 것은 이미 선생님의 머릿속에서 사라진 지 오래였다. 그 대신 '우리도 할 수 있다'는 강한 의지가 그 자리를 가득 채웠다.

선생님은 바로 국내에 남아 있는 대한간호협회 김순자 부회장에게 전화를 걸었다. 한밤중에 걸려온 전화 때문에 잠을 깬 김순자 부회장은 당연히 어이가 없었을 터. 하지만 오랫동안 함께 일하면서 '김모임 스타일'에 익숙해진 김 부회장은 그 시간에 이사 한 사람, 한 사람에게 전화 연락을 취했다. 그리고 이사들은 만장일치로 선생님의 뜻을 따라주었다.

당시 대한간호협회는 김모임 회장을 비롯하여 홍영숙 제1부회장. 김순자 제2부회장 등 3명의 회장단과 사무총장, 재정위원장 등 10명의 이사로 이루어져 있었다.

그렇게 '한밤중의 전화'를 통해 국내 이사회까지 마친 선생님은 곧 ICN 본부 쪽에 '1985년 ICN 총회 서울 유치'를 공식적으로 신청했다. 하지만 돌아온 대답은 냉소와 무시였다. '변변한 국제회의 한 번 치러본 적이 없는 대한민국 서울에서 ICN 총회를 열겠다니, 무슨 말도 안 되는 소리냐' 하는 것이었다. 게다가 그때까지 단 한 번도 완납을 해본 적이 없었던 '회비'도 문제가 되었다.

선생님이 회장을 맡으면서 상당 부분 납부를 했지만, 아직 2년 치 회비가 미납된 상태였다. ICN의 회비는 국력이나 경제력에 따라 차등제로 매겨지는데, 당시 우리나라는 경제력에 비해 비교적 낮은 회비를 적용받고 있었다. 그럼에도 회비를 못 내고 있었으니, ICN 총회를 유치하겠다는 게 얼마나 무모하게 느껴졌겠는가.

하지만 그것으로 선생님의 의지가 꺾일 리는 만무한 일. 선생님은 다시 김순자 부회장에게 전화를 걸어 밀린 회비를 완납하는 데 대한 이사들의 의견을 물어보게 했다. 물론 쉽지 않은 결정이었지만, 이사들은 이번에도 만장일치로 선생님의 뜻을 따라주었다. 그만한 자금이 있었기 때문이 아니라 '김모임이 하겠다니까' 하는 것이 솔직한 심정들이었다.

또한 과거에는 상상도 못했던 일에 도전해본다는 사실이 마음을 설레게 했다. 그것이 바로 선생님이 '보스'가 아닌 '리더'로서 함께 일하는 이들에게 전파시킨 긍정의 힘이자 카리스마였다.

마침내 국내에서의 절차를 모두 마쳤고, 공식적인 신청 접수도 끝났다.

이제 남은 일은 '홍보전'이었다. ICN 총회를 유치하는 과정도 올림픽이나 월드컵 유치 과정과 크게 다르지 않다. 주최지는 하나의 도시, 예를 들자면 서울이나 도쿄 같은 지방정부지만 실제로는 온 나라가 힘을 쏟는 국가적인 행사다. 따라서 정부 차원에서 만든 각종 프레젠테이션 및 영상 자료와 홍보물, 리플릿 등이 대량으로 배포되고, 대사관 등 정부의 각종 지원을 등에 업고 CNR이 열리는 현지에서의 맨투맨 작업도 뜨겁다.

그런데 선생님에게는 아무것도 없었다. 심지어 서울이나 대한간호협회를 홍보하는 팸플릿조차 없었다. ICN 총회 유치를 상상도 하지 못했던 출장길이었으니 당연한 일이었다. 지금이라면 당장 '이메일'을 통해 각종 자료를 보내고 현지에서 프린트를 해서 쓰면 되겠지만, 1979년의 세계 IT 수준은 스마트폰이 아니라 '삐삐'에 머물러 있었다. 물론 국제전화를 사용하는 것도 쉽지 않았다.

하지만 이미 이런 사태를 계산 속에 넣어두었던 선생님은 신청 접수를 하자마자 우리나라 대사관과 문화관광부 파견 사무소, 케냐에 진출해 있는 한국 기업체 등을 돌며 홍보물이란 홍보물을 몽땅 수거한 다음 각국 대표들에게 뿌렸다. 얼마나 케냐 전역을 헤매고 다녔는지 신고 갔던 신발 밑창이 전부 떨어져서 버려야 할 정도였다.

언젠가 선생님은 그때 일을 "정말 눈물이 나더라고. 근데 누가 시켜서 하는 일도 아닌데 누구를 원망하겠어? 그냥 뛰어다녔지. 그 신발 그거 잘 보관했다가 박물관에 보관해야 하는데 말야. 하하하." 하고 웃음으로 회상한 적이 있다. 30년도 더 지난 아득한 과거의 일이니 웃고 넘길 수 있겠지만, 당시 선생님의 심정을 그 누가 짐작이나 할 수 있을까?

하지만 그렇게 '계란으로 바위 치기' 같았던 그 도전은 단 10년 뒤에 'ICN 서울 총회'와 '대한민국 최초의 ICN 회장 당선'으로 나타나고야 말았다.

투표 결과 1985년 ICN 총회는 이스라엘에서 개최하기로 결정이 되었다. 그런데 재미있는 것은 이처럼 말도 안 되는 돈키호테 같은 도전을 하면서도 선생님은 내심 우리가 될 것으로 믿고 있었다는 점이다. 그 누구도 따를 수 없는 무한 긍정이 바로 이런 경우가 아닐지······. 물론 선생님 나름 대로 믿는 구석이 있었던 것은 사실이다.

"어려움이 많았지만, 정말 우리가 될 줄 알았어. 이스라엘이랑 붙었으니까 중동에서 적극적으로 밀어주겠다고 했거든. 그리고 다른 나라도 상당수가 우리 편을 들겠다고 약속을 했고······. 의외로 호응이 좋았어. 그런데 막상 투표를 하려는데 미국간호협회에서 손을 번쩍 들더니 '투표는 내일 아침에 합시다' 그러는 거야. 그리고 그 다음 날 아침 완전히 뒤집어졌어. 몇 대 몇이었는지는 모르겠지만 이스라엘로 결정이 나버리더라고.

사실 간호협회 회장이 된 지도 얼마 되지 않았고, 국제회의에도 많이 참석을 해보지 못했던 때라 국제 정치적 역학 관계를 잘 몰랐어. 그 밤에 미국이 각 나라 대표들을 초청해서 파티를 하고, 밤새 그들을 설득했다는 걸 까맣게 몰랐지. 하긴 알아도 썩 달라질 건 없었어.

조인자 사무총장하고 달랑 둘이 갔으니, 정부 지원을 업고 물량 공세를 펴는 그 사람들을 어떻게 대적할 수 있었겠어? 새삼 '역사는 밤에 이루어진다'는 말이 생각나더라고." 세상에는 노력하지 않고 저절로 되는 일도 없고 한 번에 이뤄지는 일도 없다. 선생님의 심모원려(深謀遠慮: 깊이 고려하는 사고와 멀리까지 내다보는 생각)와 무모한 듯 보였던 도전이 없었더라면, 우리는 어쩌면 지금도 세계 간호계의 변방 혹은 '일반 회원국'으로만 남아 있을지도 모를 일이다.

올해 6월에 세계 135개국의 간호사들이 다시 서울에 모여 세계대표자회의(CNR)를 개최하였다. ICN 총회는 아니지만 선생님의 케냐 도전 이후 36년 만의 일이고, 1989 서울 총회가 열린 지 26년 만의 일이다. 선생님이 해 놓으신 일들에 새삼 감사하게 되는 요즘이다.

만일 선생님이 '머리'만 쓰고 나머지 일을 몽땅 우리들에게 미루는 보스였다면 세계 간호사들이 다시 대한민국과 서울을 ICN 회의를 위해 이처럼 찾아올 수 있었을까? 🌷

2012. 6. 8.
노르웨이, 올레순 항 (Alesund Harbour)

강은 실개천에서
시작된다

　언젠가 지인들과 함께 태백에 있는 '한강 발원지' 검룡소를 찾은 적이 있다. 심심산골에 있을 것이라는 '예상'과는 달리 도심 한가운데에 마치 공원처럼 잘 가꿔져 있는 '연못'의 모습에 다소 놀라기는 했지만, 민족의 젖줄 한강이 시작되는 곳이라니 새삼 이곳저곳이 달리 보였다.
　'저렇게 작은 연못이 태백산에서 내려오는 작은 실개천을 모아서 흐르다 강원과 경기도, 충청도의 크고 작은 강들을 하나로 합쳐 몸집을 불리고, 마침내 한강이 되는구나' 싶어 새삼 자연의 크고 위대함에 고개가 숙여졌다.
　따지고 보면 사실은 새로울 것도 없다. 나이아가라처럼 거대한 폭포도, 한강처럼 유장한 강물도 그 시작은 검룡소와 같은 작은 연못이 아니겠는가. 그 작은 물줄기가 쉬지 않고 흐르면서 주변의 물줄기를 하나씩 모아들여 거대한 물줄기를 만들어내는 것이다. 나는 검룡소를 보면서 오래전에 선생님과 함께 보았던 나이아가라 폭포를 떠올렸고, 다시 선생님을 떠올렸다. 전 세계 간호계마저 대한민국이라는 강물 안으로 끌어들인 큰 물줄기가 된 분.

선생님이 만들어낸 거대한 물줄기는 1989년 ICN 서울 총회와 당신의 ICN 회장 선출로 정점을 찍었다. 그 발원지는 1979년 케냐에서 선생님 단독으로 벌였던 서울 총회 유치운동이었다. 그리고 혼자 흘러가던 '김모임'이라는 외로운 물줄기에 '대한간호협회'와 '한국 정부'라는 실개천과 강물이 합류하기 시작한 것은 1981년 미국 LA 총회 때부터였다.

1981년 LA 총회는 여러모로 한국에 유리한 조건이 갖춰져 있었다.

당시 대한간호협회는 선생님이 16대, 17대, 18대 회장을 연임하면서 대내외적으로 탄탄한 전력을 구축하고 있었다. 만성 적자에 허덕이던 살림살이가 흑자로 돌아섰을 뿐만 아니라 정부 기관이나 기타 단체들과의 관계도 매우 좋았고, 간호사들의 내부 결속도 그 어느 때보다 높았다. 선생님이 대한민국 최초의 간호사 출신 국회의원으로 진출한 데 힘입어 외부적인 지원이 우리를 기다리고 있었다.

1981년은 아직 해외여행 자유화가 이뤄지기 전이었다. 그럼에도 불구하고 대한간호협회에서는 자그마치 97명이 LA 총회에 참석했다. 앞서 밝힌 대로 회비 문제는 이미 깔끔하게 해결했고, 오히려 리볼빙 펀드를 조성해서 어려운 나라를 도와주는 협회로 업그레이드가 되어 있었다. 우리가 주관하는 학술대회로, '미래를 향한 간호교육'이라는 주제의 세션도 주관했다.

선생님이 현역 여당 국회의원이었기 때문에 LA 현지에서 대사관이나 영사관의 도움을 많이 받았다. 97명이나 되는 인원이 한꺼번에 참석할 수 있였던 것도 비자 문제 등에서 상당한 혜택을 받았던 덕분이다.

이외에도 우리는 케냐에서의 경험을 거울삼아 상당한 준비를 했다. 홍보물도 다양하게 준비했고, 각국 대표단에게 줄 선물도 정성스럽게 준비했다. 상당한 성과를 거둘 수 있었던 바탕에는 바로 이런 철저한 준비가 있었다고 믿는다.

LA 총회에서의 목표는 우선 '이사국'이 되는 것이었다. ICN 개최지는 2년 뒤인 1983년의 브라질 CNR에서 결정될 것이기 때문에 우선 임원국이 되어 영향력을 키우고 세계 각국과의 접점을 넓히는 일이 필요했다. 다행히 첫 번째 목표는 어렵지 않게 달성되었다. 세계 각국의 대표들이 이미 그동안 선생님이 해왔던 국내외 활동과 역할, 끊임없는 봉사활동 등을 익히 알고 있었기 때문이다. 그 다음 목표는 당연히 CNR 총회에 참석할 대표자들의 마음을 잡는 일이었다.

젊은 후배가 알려준 우스갯소리 중에 '사람은 어디를 잡아야 하는가' 하는 것이 있다.

"토끼는 귀를 잡으면 되고, 닭은 날개를 잡으면 되고, 고양이는 목덜미를 잡으면 되지만 사람은 어디를 잡아야 할까요? 멱살을 잡으면 싸움이 나고 손을 잘못 잡으면 뿌리치지요. 그럼 어디를 잡아야 할까요?"

정답은 바로 마음이다. 마음을 잡으면 꼼짝을 못하는 것이 바로 사람이기 때문이다. 바로 이 원리가 ICN 총회에서도 발휘가 되었다.

1981년은 한국이 세계적인 경제대국 반열에 올라서기 한참 전이었다. 오히려 1979년의 10.26사태나 1980년의 광주민주화항쟁 강제 진압 등으로 좋지 못한 이미지가 더 클 때였다.

그런 상황에서 우리가 내세울 수 있는 것은 그들의 마음을 사로잡는 진정성밖에 없었다. 물론 그 당시 우리의 활동이 2년 뒤 개최지 선정에 어떤 영향을 미쳤는지 계량화해서 보여줄 수는 없다. 하지만 우리의 뜻대로 서울 개최가 결정된 것을 보면 LA에서의 정성과 노력이 그들의 마음에 적지 않은 파장을 남긴 것만은 확실한 것 같다.

사실 1977년 일본에서 선생님을 서태평양지역 이사로 추천했을 때만 해도 이를 축하해주거나 힘써 밀어주기는커녕 오히려 왜 일본에서 밀어주느냐는 의혹을 제기하는 사람마저 있을 정도로 우리 협회는 단합이 잘 되지 않았다. 그러나 선생님에 대한 일본 등 외국의 인정, 간호계 밖의 지원, 그리고 한국 간호사들의 진정성이 '김모임'이라는 물줄기에 합류하여 큰 강 물줄기를 향해 나아가기 시작했다.

마른 땅에 터진 강물

 선생님이 거처를 제주도로 옮긴 덕분에 제주도 나들이가 제법 늘었다. 덩달아 제주도를 찬찬히 둘러볼 기회도 많아졌다. 제주도를 돌다 보면 '육지'와 다른 풍경들이 참 많지만, 그중에 특히 재미있는 것은 대부분의 하천이 평소에는 물이 하나도 없는 '건천'이라는 점이다. 비가 올 때는 콸콸, 제법 세차게 흘러내리지만 평소에는 언제 그랬냐는 듯 말짱한 것이다.
 한라산에서는 비가 많이 내리지만 대부분의 빗물이 제주도 특유의 현무암층 절리와 그 밖의 많은 틈을 통해 지하로 스며들기 때문이다. 하지만 이 덕분에 제주도는 오히려 '삼다수'라는 우수한 수자원을 자랑할 수 있게 되었다.
 제주도에도 건천이 아닌 일반 하천도 있다. 정방폭포와 천지연·천제연 폭포 등 상당한 규모의 폭포도 있다. 지하로 스며드는 빗물보다 더 많은 양의 물이 지표를 흐르기 때문에 강을 이룰 수 있는 것이다.

사람들이 하는 일도 그런 것 같다. 어떤 사람은 나름대로 열심히 무언가를 해도 지하로 스며들어 그 흔적이 남지 않지만, 어떤 사람의 활동은 적지 않은 양을 지하에 빼앗기면서도 도도한 물줄기를 유지한다. 지금 와서 돌아보면 1979년 케냐 총회 때까지 선생님의 활동 역시 세계인의 눈에는 내리자마자 지하로 스며드는 것처럼 보였던 것이 아닌가 싶다. 그러다 1981년 LA 총회부터는 서서히 지표를 흐르는 강물의 모습을 보여주기 시작했던 것이다. 물론 그 이전까지 지하로 스며든 것처럼 보였던 활동들 역시 '삼다수'처럼 알게 모르게 제 나름의 역할을 해냈을 것이다.

LA 총회가 끝나고 2년이 흘러 1983년 브라질의 브라질리아 CNR 회의가 다가왔다. LA에서 ICN 이사로 선출된 선생님을 필두로 김순자 부회장, 조인자 사무총장 등 대한간호협회의 회장단과 주요 인물들이 총출동을 해서 1989년 서울 총회 유치작전을 펼치기 시작했다. 세계 46개국 회원국이 참석한 이 회의에서 대한민국과 겨루었던 상대는 영국과 콜롬비아, 쿠바 등 4개국이었다.

콜롬비아와 쿠바는 별 문제가 되지 않았지만 한때 '해가 지지 않는 나라'로 불렸던 영국은 역시 우리에게 벅찬 상대였다. 특히 다음 대회가 열리게 될 1989년은 ICN이 창립된 지 90주년이 되는 해였고, 이것은 영국에게 매우 뜻깊은 해였다. ICN이 처음 문을 연 곳이 바로 90년 전 영국이기 때문이었다. 게다가 간호사의 상징 '나이팅게일'도 바로 영국인이었다.

이를 바탕으로 영국은 '창립 90주년 기념 총회는 당연히 영국에서 열어야 한다'는 논리로 각국 대표들을 설득해 나가기 시작했다. 뿐만 아니라 영국은 우리보다 일주일이나 먼저 현지에 도착해서 유치전을 준비했다. 더구나 당시 영국의 간호협회장이 ICN 부회장이었으니 우리는 긴장을 하지 않을 수 없었다.

영국은 '창립 90주년' 축포로 시작하는 영상을 만들어 지지를 호소했다. 영국 간호협회장은 유창한 영어·불어 실력을 선보이며 세계를 제패한 그들의 능력과 우수성을 나타내는 데 주력했다. 반면에 우리는 조용한 아침의 나라를 상징하는 '모닝 캄 Korea'를 영상으로 만들어 한국의 이미지를 알리는 데 주력했다. 영국의 시끄러운 축포와 달리 조용한 음악이 깔리는 가운데 창호지로 만든 문이 열리면서 해가 떠오르는 영상이었다.

결과를 먼저 밝히자면, 우리는 압도적인 지지로 개최국으로 결정되었다. 46개국 가운데 한국 33표, 영국 8표. 콜롬비아 5표, 쿠바 0표가 나왔으니 그야말로 영국의 참패였다.

후일담을 들어보면 영국이 패배한 첫 번째 원인으로 시끄러운 축포 영상을 꼽는 사람들이 많았다. 특히 아프리카 국가들은 왜 대포를 쏴대면서 자기들만 잘났다고 자랑을 하고 그러느냐며 부정적이었다. 아마도 과거의 식민지 시절을 연상시키면서 거부감을 불러일으켰기 때문일 것이다.

반면에 우리가 만든 영상은 호평 일색이었다. 그 영상은 당시 회장단과 조인자 사무총장이 문화공보부 등 관련 부서로부터 영상을 받아 발췌해서 정리한 것이었다. 적당한 사진을 골라내느라 거의 눈이 빠질 지경으로 고생을 한 덕분에 지금도 그 영상을 기억하는 ICN 관계자들이 적지 않다.

그러나 어찌 '영상'만으로 막강한 영국의 로비를 이겨냈겠는가. 이외에도 수많은 요인들이 작용을 했는데, 그중에서 몇 가지는 꼭 얘기해두고 싶다.

우선 첫째 요인은 한국 대사관의 전폭적인 도움이었다. 물론 '국회의원 김모임'의 후광이었다. 일단 대사관에서 우리 일행을 위한 전용차와 기사를 보내준 것만 해도 다른 나라 대표들의 부러움을 샀다. 국제대회를 나가보면 종종 느끼는 일이지만 '국력'이라는 걸 무시할 수가 없다. 개인의 능력이 비슷할 경우 아무래도 국력이 강한 나라 쪽으로 기우는 게 어쩌면 국제 사회에서는 당연한 일인지도 모른다.

그리고 이보다 더욱 중요한 것은 그 나라를 대표하는 사람의 '사회적 위치'이다. 그가 어떤 위치에 있느냐에 따라 대접이 달라지기 때문이다. 그런 점에서 우리 대표단은 대한민국의 국회의원이자 ICN의 이사였던 선생님의 덕을 톡톡히 본 셈이다.

우리 대표단은 대사관의 도움을 단순히 누리는 것에서 만족하지 않고 최대한 전략적으로 활용했다. 선거가 치러지기 바로 전날 한국 대사가 주최하는 코리안 나이트(Korean night)를 대대적으로 개최한 것이 대표적인 활용 사례다. 비록 우리가 비용을 대긴 했지만, 한국 대사관이 각국 대표들을 초청하는 형식의 파티였기 때문에 '한국 간호협회는 국가에서 전폭적으로 지원해주는구나' 하는 인상을 심어주기에 충분했다.

파티는 아주 성황리에 치러졌다. 우리 대표단은 모두 한복을 입고 맵시를 자랑했고, 각국 대표들도 덩달아 신이 나서 춤을 추는 등 대단한 반응을 보여주었다. 당시 우리가 했던 많은 것들이 토대가 되어 지금껏 이어지고 있다. 이처럼 '모델'이 있다는 것은 후배들의 특권이자 이점이다. 하지만 선생님은 이런 모든 이벤트를 아무런 모델도 없이 스스로 창조해냈으니, 그야말로 '개척자'라는 표현이 과장이 아닐 것이다.

우리는 이런 호응을 최대한 활용했다.

'자 보아라. 지구의 반대쪽에서도 이렇게 도와줄 정도니 서울에서는 오죽하겠는가. 만일 서울에서 ICN 총회를 열게 된다면 대한민국 정부는 지금보다 10배는 더 나서서 도와줄 것이다.'

여기에다 한국 정부가 보증하는 서류까지 챙겨서 갔으니 그 효과는 더욱 증폭되었다. 사실상 다음 날 투표는, 이미 승패가 결정된 것이나 마찬가지였다.

그날의 승리는 선생님의 리더십의 승리이자 함께 고생한 대표단의 전폭적인 도움, 그리고 일치단결한 팀워크의 승리였다. 투표가 끝날 때까지 식사도 하지 못하고 만일의 경우에 대비했던 대표단의 헌신은 선생님을 빛나게 한 또 다른 김모임이었던 셈이다.

겉으로 드러난 노고는 국내외에서 어느 정도 인정을 해주었지만, 누구에게도 말할 수 없었던 혹은 말하지 않은 고생들이 더 많았다. 당시 우리나라에서 브라질까지 가기 위해서는 서울에서 LA까지 간 다음 브라질 행으로 갈아타고 가야 했다.

더욱이 대한간호협회 창립 이후 최초로 총회 유치에 도전하는 중요한 자리였지만 ICN이 경비를 부담하는 '이사'인 선생님을 제외하고, 김순자 부회장(Voting Representative)과 조인자 사무총장 두 사람 이외에는 경비조차 대주지 못했으니, 나머지는 모두 스스로 경비를 마련해서 참석할 수밖에 없었다.

비행기로만 꼬박 30시간이 넘는 거리를 이코노미석에 앉아서 가야 했으니 그 불편이 오죽했겠는가. 우리들 모두 힘들었지만 특히 김순자 부회장은 비행기 바닥에 담요를 깔고 누워서 갔을 정도로 힘들어 했다. 당시만 해도 해외여행을 자주 해보지 못했던 터라 비행기 여행도 익숙지 않았고, 음식도 입에 맞지 않았다. 하지만 누구도 불평을 하거나 푸념을 하지 않았다.

투표가 끝나고 긴장이 풀어지면서 그동안의 일들이 주마등처럼 머리를 스치고 지나갔다.

'춘궁기'가 오면 직원들 월급 주는 것을 걱정하던 협회, ICN 회비도 제대로 내지 못하는 가난한 협회, 일본이 애써 추천을 해주었지만 이사 선출 투표에서 보기 좋게 미끄러진, 서툴기 짝이 없는 애송이 협회. 회장 혼자 북 치고 장구 치면서 국제전화로 ICN 유치와 회비 완납을 결정해야 했던 열악한 환경………. 하지만 이 모든 경험들이 쌓이고 쌓여서 마침내 원하는 결과를 얻어내었다. 수많은 현무암의 구멍에도 불구하고 커다란 흐름을 이뤄내는 제주도의 강물처럼.

대한민국의 유치 성공담은 이윽고 전 세계 회원국들의 모범 사례가 되었고, ICN 유치를 희망하는 나라들이 으레 들러서 상담을 받고 갈 정도가 되었다. 대한민국의 기적은 곧 간호협회 즉 간호의 기적 스토리였다.

구르는 돌에는
이끼가 끼지 않는다

지금도 봄가뭄이 심한 편이긴 하지만, 지난 4월에는 아주 심했던 모양이다. 아침 신문에 바짝 말라버린 소양호의 모습이 제법 큰 사진으로 실린 것을 보면서 '비가 좀 와야 되는데……' 하는 안타까운 생각이 절로 들었다. 그러면서 한편으로는 '저렇게 엄청난 댐도 비가 안 오니까 마르는구나' 하는 당연하지만 새삼스러운 생각이 들었다.

왜 안 그렇겠는가. 아무리 거대한 댐도 계속 물이 공급되지 않으면 마를 수밖에 없지 않은가. 그런데 우리는 때때로 너무도 당연한 것을 잊고 작은 성취에 안주하다 큰일을 그르치는 경우를 많이 본다. 그 작은 성취가 궁극의 목표가 아니라 하나의 과정일 뿐이라는 것을 깜빡 잊어버린 탓이다.

'ICN 총회 서울 유치'라는 목표를 달성했을 때 우리의 상황도 이와 비슷했다. 남들의 눈에는 커다란 산을 넘어 이제 탄탄대로가 펼쳐질 것처럼 보였을지 모르지만, 실상 우리들의 심정은 참으로 복잡했다. 해결해야 할 일이 하나둘이 아니었기 때문이다. 올림픽이나 월드컵 경기를 유치하고 난 뒤 실제 경기가 펼쳐지기까지 8년여의 시간이 주어지지만 경기장 건설 등 하나하나 준비를 하다 보면 그마저도 빠듯하고 촉박하게 느껴지는 것처럼 ICN 총회 역시 준비해야 할 일이 산더미처럼 많았다. 게다가 당시까지 우리 협회는 제대로 된 국제회의를 단독으로 유치하고 실행해본 경험이 전무한 터였다.

  한국으로 돌아와 '어떻게 대회를 치를 것인가' 하며 연일 회의를 거듭하고 있을 때 ICN에서 현지답사를 나왔다. 서울이 어떤 곳인지, 어떻게 대회를 치를 것인지 미리 살펴보기 위해서였다. 당시 답사단은 사무총장 홀로란과 재정부장 단 둘이었다. 그런데 당시 협회 살림은 두 사람의 답사를 제대로 치러내기도 벅찬 상태였다. 재정 상태는 최악이었고, 선생님은 이를 해결하기 위해 동분서주하고 있었다.

  그때 마침 두 사람이 들이닥친 꼴이니 난감하기 짝이 없었다. 간호협회 전용 차량도 없던 때라 우리는 용달을 타고 다니면서 일을 했지만, 귀한 손님들을 어찌 용달에다 모실 수 있겠는가.

  귀빈이 도착할 날짜는 다가오고, 우리는 용달차를 동원해야 하나 말아야 하나 여전히 고민에 빠져 있었다. 그때 나타난 구세주가 바로 조인자 당시 간호협회 사무총장의 부군이었다. 당시 H자동차 임원으로 있던 그는 흔쾌히 의전용 차량은 물론 비서 겸 기사까지 보내주었다.

  그뿐 아니라 해야 할 일에 대해 일일이 훈련시키고 지시를 해두었던 터라 기사는 우리가 공항에 도착하기도 전에 미리 간호협회에 전화를 걸어서 귀빈들의 이름을 확인한 뒤 피켓을 준비해서 들고 있는 센스까지 보여주었다. 지금도 그때 일을 생각하면 사무총장의 부군과 그가 보내준 기사에게 고맙고 또 고맙다.

본격적인 총회 준비를 위해 가장 먼저 할 일은 이벤트 회사를 선정하는 일이었다. 간호협회뿐 아니라 당시 국내에서는 그만큼 큰 국제회의를 유치해본 경험이 거의 없었던 터라 대행하는 업체도 별로 없어 업체를 선정하는 일도 쉽지 않았다. 그런데 어렵게 선정한 회사마저 몇 달 만에 손을 들어버렸다. 하필이면 ICN 서울 총회가 열리기 바로 전해인 1988년에 '88 서울올림픽' 개최가 확정되면서 모든 인원을 그쪽으로 투입해야 한다는 것이었다. 정부 차원에서도 꽤나 상황이 급했으니 어쩌면 당연한 일이었을지도 모를 일이다.

하지만 우리와 함께 팀을 짜서 일하던 인원들이 갑자기 빠지게 되었으니 비용은 둘째치고 시간적으로도 큰 손해를 입게 되었다. 한편으로는 몇 달 동안 우리가 훈련시킨 인원들을 다 빼앗긴 모양새가 되고 말았다.

평생 간호밖에 모르고 살아온 여성들이 국제회의를 연다니까 만만하게 보고 달려들었다가 하나하나 꼼꼼히 따지고 드니까 '앗 뜨거' 하고 철수를 해버린 것이 아닐까 하는 짐작도 들었다. 나중에 확인해본 결과 애초 제시했던 공사비 등이 상당 부분 과다 계상되어 있었으니, 우리의 짐작이 과히 틀리지는 않았으리라.

88올림픽을 앞둔 상황에서 새로운 대행업체를 선정하는 것은 무리였다. 결국 우리는 특단의 조치를 내렸다. 즉 우리들 스스로 ICN 서울 총회 준비를 하기로 한 것이다.

사실은 말도 안 되는 결정이었다. 지금이야 웃으면서 '옛말' 하듯이 할 수 있지만, 그 이후에 벌어진 일들을 생각해보면 어떻게 우리가 그 엄청난 일들을 해낼 수 있었을까 믿어지지 않을 때가 많다.

당시 대한간호협회의 1인당 회비는 5,000원이었다. 우리는 평소에도 회장단 회의나 이사회를 열 때 거마비 형식의 회의비를 받기는커녕 오히려 길어지는 회의를 대비해 간식을 사가지고 갔고, 협회에서는 물을 끓여 내놓곤 했다. 부득이 식사를 해야 할 때는 협회 주변의 저렴한 식당을 이용했다. '회식'은 그야말로 가뭄에 콩 나기 정도로 드물었다.

이런 사정은 ICN을 준비할 때도 달라지지 않았다. 회장단은 매일 출근하다시피 했고, 준비위원장을 맡은 이사들도 주 1~2일은 협회로 출근했다. 그리고 ICN 몇 달 전부터는 아예 협회에서 살다시피 했다.

'통행금지'가 있던 시절이라 12시가 되면 꼼짝을 할 수가 없었다. 이 때문에 미친 듯이 일을 하다 보면 어느새 통행금지 시간이 되고, 집에 못 들어가는 일은 다반사였다. 그런 날은 근처 찜질방을 찾아 대충 씻고 잠깐 눈을 붙인 다음 아무 일 없었다는 듯 출근을 해서 또 하루 일을 시작하곤 했다. '철인'이 따로 없었다. 당시 조인자 사무총장은 열이 38도까지 올라갈 정도로 몸이 좋지 않았지만 병원에 갈 시간이 없을 정도로 일에 매달렸다.

국제회의 개최 경험을 가진 사람이 아무도 없었지만, 우리는 그 덕분에 오히려 일을 창의적으로 만들어서 해 나갔다.

우선 남아 있는 기간별로 해야 할 일들의 리스트를 만들었다. 연도별, 월별, 일별 스케줄표를 만들어 벽에 붙이고, 개인별 다이어리에도 붙이고, 책상 위에도 붙여두었다. 그리고 매일 어떻게 진행되었는지 체크하고, 미처 처리하지 못한 일들은 어떻게 할 것인지 결정하고 스케줄을 재조정했다. 말로 설명하면 참 쉽지만 오늘날처럼 컴퓨터 시스템이 발달한 것도 아니고, 더구나 엑셀은커녕 변변한 업무처리 시스템조차 없던 때에 스케줄표를 손으로 그리고 수정하고 다시 그리는 일은 노동 중에서도 상노동이었다.

하지만 그 모든 일들을 우리는 즐겁고 신나게 해 나갔다. 일이 힘들어지는 것은, 일 자체보다 함께 일하는 사람 때문인 경우가 많다. 서로 호흡이 맞지 않으면 별것 아닌 일도 힘들게 되고, 마음 맞는 사람과 일을 하면 아무리 힘든 일도 웃으면서 할 수 있는 법이다.

'ICN 서울 총회' 준비 작업은 '죽을 만큼' 힘들었지만 함께 일했던 사람들 덕분에 오히려 즐겁고 행복했다. 회의를 할 때는 마치 싸움을 하듯이 다투는 일도 있었지만, 일처리 방식을 놓고 다투는 것이지 감정의 문제는 아니었기 때문에 다음 날이 되면 언제 그랬냐는 듯 반갑게 인사를 나눌 수 있었다.

그렇게 힘든 과정을 겪은 덕분에 우리는 국제적인 행사를 유치하면서부터 평가까지 전 과정 그리고 조직 관리, 인사 관리 등에 대해서 정말 많은 것을 배웠다. 심지어 "나중에 우리들끼리 국제회의 전문 이벤트 회사 하나 차릴까요?" 하는 말을 농담처럼 할 정도였다.

만일 우리가 '서울 총회 유치'라는 일차 목표에 안주하고 잠시라도 손을 놓았다면, 결국 서울 총회도 덕지덕지 흠집투성이가 되었을 것이고, 그런 최고의 성공 개최 결과는 불가능했을 것이다. 정말 옛말 그른 것 없다. '구르는 돌에는 이끼가 끼지 않는다.'

고향의 이방인

'1989 ICN 서울 총회'를 앞둔 우리 협회의 가장 큰 문제는 예산이었다. 그렇잖아도 어려운 협회 살림살이에 총회를 치르는 것이 쉬운 일은 아니었다. 게다가 우리 이전에 총회를 유치했던 거의 모든 국가들이 적자를 면치 못했다. 사실은 흑자를 낼 생각조차 하지 못했다.

애초에 ICN 총회를 여는 목적이 돈이 아니라 그 나라 간호협회의 국제적인 위상을 드높이고 세계 간호계에 확고한 위상을 세우는 것이기 때문이다. 하지만 우리의 상황은 조금 달랐다.

대한민국 경제는 서서히 선진국 대열에 들어서고 있었지만 간호협회 재정은 별로 좋지 못했기 때문에 총회 유치를 우려하는 사람들이 많았던 것이다.

월드컵이나 올림픽도 마찬가지다. 국제대회를 유치함으로써 파생되는 국가 신인도 상승이나 간접적인 경제효과를 빼고 그 자체만 놓고 따지면

'흑자'를 보는 경우는 거의 없다.

그럼에도 불구하고 수많은 국가에서 총력을 기울여 국제대회를 유치하는 이유는 눈에 보이지 않는 긍정적인 효과가 그만큼 크기 때문이다.

ICN 서울 총회 유치에 나선 우리들의 생각도 그랬고, 다른 회원들도 그렇게 생각하고 있으리라 믿었다. 그리고 일단 서울 유치가 결정되면 모든 회원이 전폭적인 지지를 보내줄 것이라고 생각했다. 간호계의 유엔총회를 서울에서 열게 되었으니 이보다 더 큰 축제가 어디 있겠는가.

그런데, 그것은 우리의 오산이었다. 예산 문제나 총회 이후의 일들에 대해 걱정이나 우려를 하는 사람들이 어느 정도 있다는 것은 알고 있었지만 아예 딴지를 걸거나 대놓고 딴짓을 하는 사람들이 생각보다 많았다.

'협회를 걱정하고 사랑하는 마음'이라고 통 크게 이해할 수도 있지만, 결정된 일이라면 일단 최선을 다해 협력해주어야 하지 않겠는가. 하지만 그들은 돕기는커녕 계속 협회 내에 부정적인 여론을 만들어냈다. 죽을힘을 다해 일하고 있는 준비위원들의 기운을 쭉 빼는 일이었다.

그들의 주장은 크게 보면 두 가지였다.

첫째는 '간호협회를 말아먹을 짓을 한다' 는 것이었다. '과거 선례를 보면 ICN 총회에서 흑자를 낸 경우는 없었다. 게다가 우리는 다른 나라에 비해 재정이 더 열악하지 않느냐. 그러니 총회가 끝나고 나면 우리 협회는 아예 거덜이 나고 말 것이다' 하는 주장이었다.

두 번째로는 '이 모든 일을 꾸민 게 바로 김모임이다. 협회 차원에서 차근차근 따져서 일을 하지 않고 개인의 명예욕을 채우기 위해 독단적으로 저지른 일이다' 하는 주장이었다.

물론 둘 다 말도 안 되는 주장이었다.

우선 '간호협회를 말아먹을 짓'이라는 건 하나만 알고 둘은 모르는 어리석은 주장이다. 지금까지 대부분의 개최 협회가 적자를 면치 못했던 것이 사실이지만, 그 나라의 간호협회가 그것 때문에 문을 닫은 일은 없었다.

잠시 재정적으로는 부담이 생겼을지 몰라도 앞에서 얘기한 것처럼 총회를 치른 이후 그 나라의 간호협회는 세계적인 위상이 달라지면서 훨씬 더 빠른 발전을 이뤄낸 경우가 더 많았다. 뿐만 아니라 선생님과 우리 팀은 충분히 흑자를 낼 수 있다는 계산까지 미리 해두었으니, 그들이 말하는 것처럼 '말아먹을 짓'은 분명 아니었다.

우리는 서로 격려하면서 '말아먹으려고 해도 말아먹을 밥도 없으면서 그러네. 앞으로는 갈비탕에 말아먹을 수 있도록 해놓을 테니 두고 봐라' 하고 웃었다. 그리고는 '우리가 허수아비나 꼭두각시로 보이냐? 이래봬도 역전의 용사다!' 하면서 힘을 모으곤 했다.

두 번째 '김모임의 명예욕에 의한 독단' 역시 말도 안 되는 억지였다. 물론 ICN 총회를 서울에 유치하겠다는 결정을 내리고 실제 브라질까지 달려가서 유치작전을 펼친 것은 선생님이 간호협회장으로서 시작했지만 대한간호협회 이사회와 총회 등 가능한 모든 절차를 거쳐 전 회원의 뜻을 모은 뒤에 시작한 일이다.

더욱이 이런 부정적인 세력들이 딴죽을 걸고 나선 때가 총회 유치작전을 벌일 때나 그 직후가 아니라 마지막 준비에 한창 열을 올리고 있었던 바로 직전의 1년여 간이었다는 사실은 아무리 생각해도 이해할 수 없는 일이다.

'방해공작'의 대표적인 사례를 하나만 들자면, 바로 제주도 여행 건이다. 한 사람의 회원도 절실한 ICN 총회 기간에 특정 학교 출신들을 모아서 제주도 여행을 떠난 회원이 있었다. 어쩌면 선생님에게 개인적으로 라이벌 의식을 가졌을 수도 있고, 출신 학교에 따른 파벌의식이 작용했을 수도 있다. 하지만 세계 간호계의 이목이 집중되어 있던 그 시기에 귀한 손님들을 모셔놓고 할 일은 아닌 것 같다.

그런 사람들이 있었던 반면 한편에서는 많은 자원봉사자들이 커다란 도움을 주었다. 특히 해외에 나가 있는 우리 간호사들이 한국에 돌아와 수고비도 받지 않고 열심히 일을 도와주었다.

수많은 학생들이 자원봉사를 했지만, 영어권이나 프랑스어권 등 외국에서 온 손님들의 안내는 해외 간호사들의 도움이 컸다. 그들은 비행기 삯이나 숙박비 등도 모두 자신들이 부담을 했으니, 협회 입장에서는 절이라도 해야 할 만큼 고마운 일이 아닐 수 없었다.

결과를 미리 말하자면 우리는 역대 어떤 ICN 총회보다 성대하게 대회를 치러냈고, 당시 돈으로 15억여 원의 흑자도 남겼다. 이 기록은 지금까지 깨지지 않고 있는 ICN의 '전설'이다.

뿐만 아니라 총회를 치르는 동안 쌓인 노하우는 함께 고생했던 우리 팀의 개개인뿐만 아니라 이후 치러진 국제행사의 훌륭한 모델로서 '대한간호협회'의 소중한 자산이 되었다.

당시 협회 재정고문을 맡았던 차강석 씨는 대회가 끝난 뒤 그동안의 고생은 싹 잊은 채 "이렇게 돈을 벌 수 있다면 총회를 매년 열어도 좋겠다."고 했을 정도로 즐거워했다.

오늘날에는 ICN 본부에서 직접 총회를 주관하고 있다. 하지만 아쉽게도 ICN 본부에서 직접 주관한 총회는 아직까지 별다른 재미를 보지 못하고 있다. 본부에는 선생님이나 그를 보좌했던 서포터 그룹과 같은 훌륭한 팀이 없기 때문이다.

ICN 총회를 앞두고 혹은 총회 당시 벌어졌던 일부 협회 사람들의 '딴짓'을 생각하다 보니 문득 성경 구절 하나가 떠오른다. "…선지자가 자기 고향과 자기 집 외에서는 존경을 받지 않음이 없느니라 하시고 그들이 믿지 않음으로 말미암아 거기서 많은 능력을 행하지 아니하시니라."

'두 개의 머리'로는
바로 갈 수 없다

잘 알려진 대로 샴쌍둥이란 신체의 일부가 붙어서 태어나는 일란성 쌍둥이다. 생각하는 머리는 둘인데 몸은 붙어 있으니 생활이 여간 불편한 것이 아니다. 게다가 신체 기관이 모두 두 개씩 형성되어 있는 것이 아니라서 「천혜의 손」 벤 카슨 박사 이전에는 수술을 엄두도 내지 못했다.

이 때문에 수많은 샴쌍둥이들이 불편한 몸으로 불행한 삶을 살다가 길지 않은 생을 마감하곤 했다. 그런데 지난 1989년의 서울 총회 준비 과정을 돌아보면 우리 협회 혹은 간호계 전체가 잠시나마 마치 몸은 하나인데 머리는 두 개인 샴쌍둥이와 같았던 시기가 있었던 것 같다.

브라질까지 가서 ICN 서울 총회를 유치한 것이 1983년. 대회까지는 6년이라는 제법 넉넉한 시간이 남았지만 준비를 하는 입장에서는 썩 여유가 느껴지는 것은 아니었다.

가장 먼저 한 일은 협회 내에 ICN 총회를 준비하고 실행할 '조직'을 구성하는 일이었다. 조직을 만드는 일 자체는 크게 어렵지 않았다. 브라질까지 함께 갔던 서포트 조직이 있었던 때문이다. 우선 1984년 1월 27일 대표자회의에서 서울 총회 조직위 구성을 결의했다. 그렇게 해서 꾸려진 9인 소위원회는 최연순 당시 간호협회장을 비롯해서 김수지·김정애·홍여신 부회장 등이었다. 1차 조직위였다.

그리고 훗날 다시 꾸려진 본격적인 조직위원회는 준비위원장 김모임 회장을 중심으로 부위원장 김순자, 사무총장 조인자, 재정위원장 홍정혜 등의 진용이 갖춰졌다. 준비위원들은 일단 각국의 사례를 모아서 차근차근 분석을 해나가기 시작했다. 그렇게 준비하는 동안 시간은 어느덧 1985년, 케냐에서 우리에게 패배를 안겨주었던 이스라엘의 ICN 총회가 다가왔다.

당시 이스라엘 상황은 썩 좋지 못했다. 1982년에 발발한 1차 레바논 전쟁이 막바지로 치닫고 있었기 때문에 전쟁의 상흔이 남아 있었던 데다 언제 어디서 폭탄이 터질지 모를 일촉즉발의 상황이 매일 이어지고 있었다. 게다가 출장 경비도 문제였다.

대한간호협회 차원에서 처음으로 해외 출장 경비를 제대로 지급한 것은 1977년 전산초 회장이 일본에서 열리는 ICN 총회에 참석했던 때였다. 그 이전에는 다른 국제회의에 끼어서 가거나 자비로 참석할 수밖에 없었다. 1979년에 선생님이 케냐 CNR에 참석하기 위해 ICW 회의를 활용했던 것이 좋은 예다. 물론 그 이후에도 여비는 개인이 부담하는 경우가 많았다.

하지만 우리는 적지 않은 전쟁의 위험과 자비 부담을 감수하고 이스라엘로 가서 '현장 경험'을 쌓기로 결정했다. 직접 눈으로 보고 느끼고 오지 않으면 4년 뒤에 있을 서울 총회를 제대로 치러내기가 쉽지 않을 것이라

판단했기 때문이었다. 또 한편으로는 이스라엘 총회에 참석한 각국 대표들에게 한국 총회 참석을 독려하는 것도 중요 목표 중 하나였다.

선생님은 전국의 각 시도 지부와 병원 간호사회를 비롯한 산하단체를 격려하여 많은 협회 임직원들이 참석할 수 있도록 독려했다. 그리고는 참석하는 임직원들에게 참석비를 지원하는 대신 분야별로 조사해야 할 현장조사 리스트를 만들어 나누어 주었다. 당시 우리 협회의 참석 인원은 86명이였다.

이스라엘은 항공료나 기타 숙식비용이 비쌌으나 성지순례라는 관광의 매력이 겹쳐 기대보다 많은 임직원들이 참여해 주었다. 미리 조직을 구성해놓았던 덕분에 현지 참관은 예상보다 큰 효과를 거두었다. 서울 대회에서 각자 어떤 일을 해야 할지 미리 시뮬레이션을 할 수 있었기 때문이다.

그런데 한국에 돌아와 현장에서 보고 느낀 것을 적용하려고 하니 생각처럼 쉽지가 않았다. 회의를 유치할 때까지는 선생님이 간호협회 회장이였기 때문에 행정적·재정적 지원이 원활했지만, 바로 그 다음해인 1984년에 선생님이 회장 임기를 마치면서 준비 상황이 생각했던 것만큼 순조롭지 않았다. 물론 새 회장단의 문제가 아니라 국제적 행사 경험이 없었던 협회 조직의 문제였을 테지만 일을 하다 보면 자신도 모르게 조심스러워지거나 아쉬운 부분이 생기곤 했다.

그래도 맡은 바 임무가 있으니 힘이 들어도 한 발씩 준비를 해 나가고 있을 때였다. 앞서 얘기했던 대로 '88서울올림픽'이 다가오면서 행사 기획을 맡기로 했던 업체가 중도에 손을 들어버리면서 준비위원들은 사면초가의 위기에 처하게 되었다.

'철의 여인' 선생님도 이때만큼은 적지 않게 흔들렸다. 총회까지 남은 시간은 겨우 1년여. 그런데 전폭적으로 지원해줘도 시원치 않을 협회는 힘을 하나로 모으지 못했다.

사실 선생님은 이 무렵 ICN 조직위원장 직함을 내려놓을 생각까지 가지고 있었다. 협회 임원들과 손발을 맞추기가 너무 힘이 들었기 때문이다. 하지만 선생님이 위원장직을 내려놓는다면 국내는 물론 국제적으로도 적지 않은 문제가 생길 수밖에 없었다.

당시 '대한간호협회'의 국제적 위상은 그 자체의 역량보다는 '김모임'이라는 한 명의 스타에 의해 유지되는 일종의 '스타 시스템'이었기 때문이다. 자칫하면 국제적 망신을 살지도 모를 위기가 닥친 것이다.

그러자 간호계 원로들이 나서서 선생님이 일을 제대로 할 수 있도록 밀어주자는 분위기를 조성해 나가기 시작했다. 여러 가지 방법이 논의되는 가운데 선생님을 다시 간호협회장으로 선출하자는 결론이 내려졌다. 당시 선생님은 1978년부터 2년 임기의 대한간호협회장직을 세 차례 연임한 뒤 물러나서 조직위원장 업무에만 전념하고 있었다.

간호협회 역사상 세 번 연임을 한 회장은 10~12대 홍신영, 13~15대 전산초 회장 등 총 3명이었고, 더 이상의 연임을 한 기록은 없었다. 이 때문에 선생님도 더 이상 협회 쪽 일에는 관여하고 싶지 않아 했던 것이다. 그러나 상황이 상황인지라 선생님도 주변의 권유를 받아들여 다시 협회장 선거에 나서기로 마음을 굳혔다.

이로써 선생님은 간호협회장 4선의 기록과 함께 1988년부터 총회가 열리는 1989년까지 간호협회를 이끌면서 ICN 서울 총회 조직위원장을 겸하게 되었다.

 이제 남은 시간은 고작 1년. 다행히 선생님의 4선 당선과 함께 조직위는 다시 한번 힘차게 가동되기 시작했다.

 우리는 이때 일을 추진하는데 두 사람의 리더가 진정한 협력체계를 이루며 가는 것이 얼마나 어려운가를 알게 되었다. 두 리더만의 문제가 아니라 조직 구성원들의 마음과 역량이 함께 협력체계를 이루어내기 위해서는 또 다른 많은 요소가 작용하기 때문이다.

시냇물이 모여

　검룡소에서 발원한 작은 샘물이 '한강'이 되어 서해로 흘러들어가는 과정을 찬찬히 살펴보면 참 많은 지천과 샛강들이 합쳐짐을 알 수 있다. 남한강은 강원도 도계에서 섬강, 청미천과 합쳐져 북서쪽으로 흐르다 여주를 통과하면서 다시 양화천 ·복하천 등과 만난다. 이윽고 양평군에 들어서서 흑천과 만나고, 다시 서쪽으로 흘러 두물머리에 이르러 북한강과 만난다.
　금강산에서 발원한 북한강은 화천군에 이르러 서천·수입천 등과 합쳐 파로호를 이룬 후 남쪽으로 흐르고, 다시 춘천시의 의암호에 이르러 소양강과 합쳐진다. 이윽고 가평군에서 홍천강을 만나 흐르다 두물머리에서 남한강을 만나 비로소 '한강'이라는 이름을 얻는다.
　그리고 한강은 다시 탄천, 양재천, 안양천, 중랑천, 홍제천, 불광천, 반포천 등의 수많은 지천을 받아들여 몸집을 키운 후 서해로 흘러드는 것이다.
　만일 검룡소에서 발원한 남한강이나 금강산에서 발원한 북한강이 이처럼 수많은 지천과 샛강을 받아들이지 않는다면 어떻게 될까? 말할 것도 없이 한낱 건천이 되거나 조그마한 동네 개천이 되어 농업용수로 족하게 될 것이다. 선생님이 전 세계 간호계를 하나로 묶어낼 수 있었던 그 힘도 알고 보면 그처럼 많은 지천과 샛강을 받아들인 덕분일 것이다.

선생님의 4선 당선과 함께 조직위는 다시 활기를 되찾았지만 국내외 사정은 생각보다 더 악화되어 가고 있었다. 지금 돌이켜보면, 그때 선생님이 협회장으로 복귀해서 조직을 재정비하지 않았다면 과연 총회를 치러낼 수 있었을까 싶을 정도였다.

사실 조직위원들은 선거 전에 협회의 전체적인 분위기와 여러 인간관계들을 고려해서 '회장 4선에 도전하느냐 말아야 하느냐'를 가지고 격렬한 토론을 벌였다. 당시 선생님은 최대한 회장 선거를 다시 치르지 않고 협회의 온 힘을 모아내기를 간절히 바라고 있었다.

역대 ICN 총회는 대부분 적자로 끝을 맺었지만 우리는 역사상 최초의 '흑자 총회'를 만들기 위해 상당한 고심을 했다. 그 첫 번째 길은 참가 회원을 늘리는 것이었다. 참가자들이 내는 회비가 곧 총회 주최국의 수입이 되기 때문에 참가 인원의 숫자는 매우 민감한 문제였다.

1977년의 일본이나 1985년의 이스라엘 총회 참석자는 1,000~2,000명 수준. 다른 총회도 대략 비슷했다. 하지만 우리는 일단 수만 명의 예상 인원을 잡았다. 총회 유치전에서 보여준 우리의 이벤트에 대한 호응도나 선생님에 대한 호감도, 현역 국회의원인 선생님의 후광을 통한 정부의 전폭적인 홍보 및 지원 등을 감안하면 그 정도 인원은 충분히 가능하리라 예상했다. 이런 예상을 토대로 대회장도 아예 올림픽주경기장으로 잡았다.

하지만 우리의 예상은 국내 상황에서부터 어긋나기 시작했다. 86아시안게임과 88서울올림픽을 앞두고 이를 반대하는 학생 및 시민단체의 시위가 끊이지 않았고, '양키 고 홈'과 같은 반미구호가 공공연하게 외쳐지면서 해외에서 한국을 보는 눈들이 조금씩 '치안 우려' 쪽으로 바뀌어갔다.

불에다 기름을 끼얹은 것은 일부 학생들이 미8군에까지 들어가서 방화를 했던 사건이었다. 이 사건 이후 한국이 마치 위험지역인 것처럼 알려지면서 참가 신청자의 숫자가 뚝 떨어졌다. 미국뿐 아니라 가장 많은 인원이 참가하리라 믿었던 일본과 유럽 쪽도 마찬가지였다. 참가율 감소는 결국 모금과 비용 조달에 대한 고심을 가지고 왔다.

결과만 놓고 본다면 서울 총회는 여타 총회의 일반적인 참가자 수의 3~4배가 넘는 5,000명의 인원이 참가함으로써 역대 최대 규모라는 찬사를 받았다. 하지만 이조차도 애초의 예상보다 매우 부족했기 때문에 만족할 수가 없었던 것이다. 모자라는 비용과 후원금은 국내에서 해결할 수밖에 없었다. 비용은 최대한 줄이고, 후원은 최대한 많이 받는 것이 우리의 전략이었다.

당시 우리를 가장 크게 도와준 분은 당시 청와대의 H비서실장이었다. 훗날 내무부 장관과 보건복지부 장관 등을 두루 거치면서 우리와 더욱 깊은 인연을 맺게 되는 H실장은 저소득층과 사회복지 대상 계층에 대한 연민의 정이 깊었고, 특히 간호사를 귀하게 생각하는 사람이었다. 나이팅게일 기장을 받은 40여 명의 간호사를 직접 불러서 파티를 열어줄 만큼 간호사들에게 애정을 쏟아준 정부 요인은 아마도 H실장밖에 없을 것이다.

우리는 세 번, 네 번 청와대를 방문해서 도움을 요청했다. '국가의 위신과 명예에 관한 문제'라는 우리의 호소를 인정한 H실장은 마침내 우리의 요청을 뿌리치지 않고 나서주었다.

일단 H실장이 움직이자 경제인연합회 등의 각종 경제단체도 도움의 손길을 내밀기 시작했다. H실장의 도움은 우리를 후원해주라고 그들에게 압력을 가하는 것이 아니라 우리들의 이야기를 직접 들어볼 수 있도록 자리를 마련해주는 것이었다. 그리고 상당수의 기업들이 우리들의 뜻을 이해해주었다. 또한 H실장은 노태우 대통령을 설득해서 대통령 특별하사금까지 받을 수 있도록 해주었다.

H실장의 활약은 여기에서 그치지 않았다. 총회 당시에는 각국 대표들을 초청해서 대통령과 함께하는 만찬 파티와 패션쇼 등을 열어서 각국 대표들과 우리를 함께 감동시켰다. 또 교통부 장관과 외무부 장관은 우리나라를 찾는 손님들의 비자 문제 해결에 적극 나서주었다.

지금과는 상황이 많이 달랐던 때라 북한과 외교 관계를 맺고 있는 나라는 무조건 '적성국'으로 분류가 되기 때문에 일반 상황에서는 입국 자체가 불가능했는데, 그런 문제를 풀어주었던 것이다. 조금 아쉬웠던 것은 '북한 대표'까지 초청을 하려고 했지만 이런저런 사정이 겹치면서 결국 무산되고 만 일이다.

이외에도 대표단의 이동이 있을 때는 시내 교통을 통제해주었고, 셔틀 버스를 제공해주기도 했다. 서울시를 비롯한 지방 정부에서도 많은 도움을 주었다. 밥값 지원 등 '비용'의 편의도 고마웠지만, 국공립 병원이나 보건소 등에 근무하던 '공무원' 신분의 간호사들이 총회에 참석할 수 있도록 배려해준 것이 더 큰 도움이었다.

　오랜만에 혹은 처음으로 고국을 찾은 해외 동포 간호사들은 문화관광부의 도움을 얻어서 산업시찰을 보내주었다. 동포들의 입장에서는 어쩌면 대회 참가보다 고국의 발전상을 직접 확인했던 산업시찰이 더 오랫동안 기억에 남았을지도 모르겠다. 또 임상 쪽에 있는 이사들은 병원장들을 찾아다니며 간호사들이 총회에 참석할 수 있도록 해주기를 부탁했다.

　어쩌면 ICN 서울 총회는 간호협회는 물론 전국 간호대와 병원 등을 총동원한 첫 번째이자 마지막 행사가 아니었을까? 부족한 재정을 보충하기 위해 여러 가지 아이디어가 나왔지만 그중에서도 특히 '전시회'를 통한 재정 모금은 그 이전까지는 볼 수 없었던 독특한 모금 방식이었다. 총회 개최를 위한 펀드를 모집하다 보니 정부 고위층 인사는 물론 선생님이 아는 사람들을 모두 만날 수밖에 없었다. 그런데 '간호'와는 별로 상관이 없을 듯한 화가협회와 서예협회가 움직이기 시작했다. 그 덕분에 좋은 작품을 상당수 기증받아 전시회를 열고 판매를 했다.

　전시회는 당시 총리가 직접 축사를 하는 등 상당한 호응이 있었다. 전시회 중 하나 특기할 것으로 체코슬로바키아 국적의 태피스트리 화가 이기순 씨의 전시회를 빼놓을 수 없다. 이기순 씨는 6.25 당시 연세대학교 간호대학 학생으로 납북되었다가 체코로 건너가 조각가 야로슬라브 베이체크와 결혼한 한국인 동포로, 이들 부부는 세계적으로도 유명한 화가이며 조각가였다. 당시 동구 공산국과의 교류가 없었던 정부에서 ICN 전시회를 기회로 이들 부부의 전시회를 기획하여 동구권과의 교류를 하는 기회로 삼았고, 이는 우리 ICN 총회와 함께 정치적으로도 뉴스의 초점이 되었다.

덕분에 재정에도 큰 보탬이 됐는데, 전시회가 끝나고 보니 미처 팔리지 못한 작품들이 적지 않았다. 그때 홍정혜 재정위원장은 선생님을 비롯한 임원들에게 강매를 하고 도움을 준 분들에게는 선물 대신 작품을 사서 방문, 전달하게 했다.

서울 총회는 우리 준비위원들의 기대에는 못미쳤지만, ICN 역사상 최고의 총회로 꼽힌다. 제네바 ICN 본부에 가면 20년이 훌쩍 지난 지금도 '서울 총회' 얘기부터 꺼내는 사람들이 적지 않다. 게다가 ICN 역사상 최초의 '흑자 대회'라는 기록도 가지고 있다. ICN과 결산을 끝내고 총회지원 약속의 미납금까지 전부 거두어 협회로 남긴 돈이 약 15억 원 정도였다. 15억 원이라면 지금도 큰돈이지만, 그때로서는 어마어마한 액수였다.

후임 집행부는 이 돈으로 간호사 연수원을 지었다. 많은 사람들이 간호사 연수원을 협회비로 지은 줄 알지만, 실제로는 서울 ICN 총회에서 남은 돈이 상당 부분 포함됐다. 하지만 '연수원 신축'은 선생님의 뜻과는 무관한 것이었다. 선생님은 언제나 '건물이 아닌 사람'에 투자하는 것을 주장했고, 그 돈이 실제적인 '간호사 교육'에 쓰이기를 원했다. 그러나 그 돈을 어떻게 쓰는가 하는 문제는 당연히 후임 집행부의 결정이었으므로 선생님은 조용히 그 결정을 따라주었다.

하지만 지금도 우리는 그 결정에 대해 아쉽다는 생각을 버릴 수가 없다. 그 돈을 연수원이라는 '건물' 대신 미래의 전문 간호를 발전시켜 갈 '인재'를 길러내는 곳에 조기투자했더라면 많은 리더가 길러졌을 텐데 하는 아쉬움 때문이다.

서울 ICN을 위한 김모임의 사람들

ICN 서울 총회가 ICN 역사에 길이 남을 성공적인 대회로 마감할 수 있었던 것은 H실장을 비롯한 정부 부처, 기관장, 지방 정부, 경제 단체 등의 전폭적인 지지와 이를 이끌어낸 선생님의 리더십 덕분이라 할 수 있다.

하지만 서울에서 ICN 총회를 개최해보자는 각오를 다졌던 1979년 케냐 CNR 회의 때부터 1989년 서울 총회를 실제로 열기까지 장장 10년 동안 선생님을 중심으로 한 몸처럼 움직였던 '김모임의 사람들'이 없었다면 과연 서울 대회를 무사히 치를 수 있었을까?

'산을 넘고 강을 건너' 함께 뛰었던 '김모임의 사람들'에 대한 이야기를 하지 않을 수 없다. 그 시절, 음으로 양으로 고생한 사람들은 수도 없이 많지만 ICN 총회 훨씬 이전부터 지금까지 30~40여 년 동안 한결같이 끈끈한 정을 나눌 정도로 가족 같은 이들에 대한 이야기는 성공적 서울 총회 개최 이야기 중 일부분으로 남게 될 것이다.

첫 번째 자리는 김순자 부위원장이다. 그는 선생님이 간호협회장을 맡을 때마다 부회장을 맡아 언제나 함께했다. 1979년 케냐에서 한밤중에 걸려온 선생님의 전화를 받고 10여 명이 넘는 회장단과 이사들을 설득해서 '오케이' 사인을 받아낸 것이 바로 그였다.

선생님이 국회 일로, 정부 일로 바쁠 때 그를 대신해서 협회를 건사한 것도 김 부위원장이다. 특히 그는 선생님보다 연배가 높으면서도 언제나 회장 혹은 위원장을 깍듯이 모심으로써 후배들의 귀감이 되었다.

언젠가 김 부회장은 선생님에게 '인생이 얼마나 된다고 이렇게 일만 하느냐'고 타박 아닌 타박을 했다가 '그러게요. 인생 얼마 안 되니까 더 열심히 일해야죠' 하는 소리를 들었다며 고개를 절레절레 젓기도 했다. 하지만 그 역시 자신의 남편에게 '협회 사람들, 좀 돈 거 아냐?' 하는 소리를 들을 만큼 협회와 조직위원회 일에 매달렸다.

두 번째는 홍정혜 재정위원장. 그는 '마른 걸레를 짜고 또 짜는' 절약 정신으로 언제나 빠듯한 협회와 조직위원회 살림을 꾸려나갔다. 홍정혜 재정위원장은 교수 출신인 선생님이나 김 부회장과는 달리 대한적십자사 출신이다. 그러다 보니 세상을 보는 눈이나 처리하는 방식이 선생님과 다른 데가 많았다. 언제나 아카데믹한 이상론을 먼저 생각하는 학자 출신들과 달리 현실적인 문제를 재빨리 파악하고 어떤 방향으로 나아갈 것인지 새로운 길을 제시해주곤 했다. 총회를 앞두고 성금 모금을 위한 작품 전시회를 열었을 때, 남은 작품들을 임원들한테 판매해서 알뜰살뜰 재정을 확충했던 것도 바로 재정위원장이었다.

그리고 조인자 사무총장이 있다. 그 스스로 "남편하고 여행 다닌 것보다 선생님하고 다닌 일이 더 많다."고 할 만큼 '딱 붙어 다닌' 사이다. 심지어 남편이 캐나다 법인 사장으로 갈 때도 혼자 보냈다. 그때는 남편이 근무하던 H자동차가 미국 GM 포드와 소송이 걸려 있을 때였으니 꽤나 섭섭했겠지만, 그에게는 남편보다 선생님 혹은 협회 일이 더 중요했다. 남편은 그럼에도 불구하고 '차량 지원' 등 협회 일을 측면에서 성심성의껏 지원해주었다.

사무총장이 얼마나 협회 일을 열심히 하고 다녔는지 아이들이 "우리 엄마는 나라 일하는 사람"이라고 말할 정도였다. 처음 협회에 들어올 때는 딱 1년 만 하자고 했는데, 정부 부처나 각종 단체 등에 사귀어놓은 사람들을 어떻게 할 건가 뒷일을 생각하니 그만둘 수가 없었다고 한다. 그런 그가 협회 일을 정리할 무렵에 헤아려보니 어느새 12년의 세월이 흘러 있었다. 조 사무총장은 연세대 교수로 오라는 제안이 몇 차례나 있었지만 모두 마다하고 협회에 전념했다.

선생님이 다소 직선적이고 성격이 급한 반면 사무총장은 그걸 완벽하게 커버해주는 온화하고 부드러운 성격이었다. 그야말로 찰떡궁합. 그래서 선생님은 바깥주인, 조 총장은 안주인 역할을 하면서 '부부'라는 소리를 많이 듣곤 했다. 1978년에 처음 협회 일을 시작하여 김 모임 회장 전 임기 동안을 완벽한 궁합으로 협회를 이끌어 냈다. 목소리가 좋아서 늘 각종 큰 행사의 사회를 도맡아 했고 영상 내레이션도 많이 했다.

그리고, 당시 홍보위원장을 맡았던 김의숙. 나 역시 그들 중의 하나라고 감히 자부한다. 선생님의 제자이자 후배 교수로서 학교와 협회는 물론 선생님이 국회의원과 장관직을 수행할 때도 늘 함께했다. 선생님은 때때로 나를 보고 "너는 사람 만나는 거 좋아하고, 누구를 만나도 금방 친구를 만들고 하는 걸 보면 정치를 해야 하는데……." 하며 정치를 외면하는 나를 아쉬워 하신다. 나는 선생님의 뒤를 이어 29대와 30대 대한간호협회장을 지내고 ICN 이사를 했다.

ICN 서울 총회 당시 홍보위원장으로서 나는 전 세계에 대한간호협회의 활약상을 생생하게 알렸다. 특히 총회 기간 동안 영어·독어·불어·한국어 등 4개 국어로 매일 신문을 발행하고, 프레스 인터뷰도 매일 진행했는데, 역대 그 누구도 한 적이 없는 일이었다.

총회 기간에는 줄잡아 만 명 이상의 인원이 움직인다. 이를 따라다니는 국내외 기자들 역시 엄청난 숫자다. 이들 기자들을 관리하고 정보를 가공 혹은 제공하는 게 홍보위원장의 역할 중 하나였다. 특히 세계적으로 유명한 인물들의 연설은 모두 나의 손을 통해 나갔다.

당시를 돌아보면 잊지 못할 에피소드들이 많지만 특히 기억에 남는 사연들이 몇 가지 있다. 그중 가장 기억나는 하나는 '동시통역기 사건'이다.

외국에서 수천 명 이상의 손님들이 몰려오게 되니 동시통역기는 꼭 필요한 물건이었다. 그래서 당연히 기본 예산에도 잡혀 있었다. 그런데 선생님은 이 돈을 절약할 수 있는 기상천외한 방법을 찾아냈다.

당시 우리나라의 동시통역기 기술 수준은 매우 형편없었다. 그래서 국내 제품 대신 해외에서 약 8,000개 정도의 동시통역기를 빌려올 작정을 하고 있었는데, 선생님은 좋은 물건을 잘만 찾아내면 동시통역기를 기념품으로도 쓸 수 있으리라고 판단했다. 말하자면 '기념품'과 '동시통역기' 두 군데에 들어갈 예산을 하나로 묶어버림으로써 비용을 반 가까이 줄일 수 있다고 생각한 것이다.

　일단 기술 계통에 발이 넓은 조인자 사무총장의 남편과 의논을 했다. 그 결과 당시로서는 매우 혁신적인 기술을 가지고 있는 국내 업체를 소개받았다. 성능도 좋았을 뿐 아니라 선생님의 판단대로 '기념품'으로도 충분히 쓸 수 있을 정도로 모양도 앙증맞고 예뻤다.

　문제는 예산. 물론 돈은 홍정혜 재정위원장 몫이다. 업체 대표는 1개당 1만 5,000원은 줘야 한다고 얘기했는데, 협회에서 정해놓은 예산은 개당 5,000원이었다. 그리고 기념품 예산도 역시 1개당 5,000원이었다. 따라서 1만 원 이하면 기본적으로 예산에서 벗어나는 것은 아니었다.

　하지만 홍 정혜 재정위원장은 "우리 예산은 그 가격의 반밖에 안 돼요. 절반으로 깎아주세요." 하며 치고 나왔다. 그나마 조 사무총장의 남편이 소개를 해줘서 싸게 준다고 준 가격인데 그걸 절반으로 깎자고 했으니 누가 봐도 말이 안 되는 상황이었다. 오죽하면 함께 갔던 김순자 부회장이 "에구 민망해라." 하고 고개를 돌렸을 정도였다.

　업체 대표는 사정 얘기를 듣고 개당 가격을 1만 2,000원까지 낮춰줬지만 홍정혜 선생님은 그마저도 받아들이지 않았다. 그리곤 '홍보비'를 비장의 무기로 들고 나왔다. 협회에서 그 제품을 쓰게 되면 전 세계적으로 홍보를 하게 되는 효과가 있으니 홍보비를 지불한 셈치고 더 깎아달라는 것이었다.

　"사장님, 이번 회의는 세계 120개국이 대상이에요. 적어도 100개국 이상의 대표들이 올 거란 말입니다. 100개국을 대상으로 하는 홍보비라면 공식적인 비용만 1초당 1억 원이에요. 그런데 이 기계를 우리가 각국 대표단에게 선물로 주면 몇 년 동안 제품 홍보를 자동적으로 해주는 셈 아닙니까? 그러니까 홍보비라고 생각하면 무료로도 줄 수 있는 거잖아요. 그러지 말고 우리가 홍보 열심히 해드릴 테니까 아예 무료로 주세요!"

김순자 부회장은 기가 막혀서 말문이 막혔지만, 마침내 동시통역기는 개당 7,000원 정도에 낙찰이 되었다. 본래 동시통역기 5,000원+기념품 5,000원×8,000개= 8,000만 원으로 잡아놓았던 예산이 개당 7,000원×8,000개= 5,600만 원이 되었으니 단번에 2,400만 원의 비용을 절약한 셈이 되었다.

사실 김순자 부회장도 둘째가라면 서러울 만큼의 '짠순이'였다. 회장인 선생님도 절약이라면 누구보다 선수였다. 그러나 홍정혜 재정위원장은 항상 한 수 그 위에 있었다. 게다가 조인자 사무총장은 꼼꼼한 운영에 집안의 사재까지 들고 나와 협회운영에 갖다 대는 열성파였다.

ICN 서울 총회 당시 다른 모든 국가 정 대표들은 ICN 총회 장소인 서울의 최고 호텔인 인터콘티넨탈 호텔에 묵도록 했지만 정작 ICN 이사이며 대한간호협회 회장인 김모임 선생님, 대한간호협회 정 대표 김순자 부회장, 조인자 사무총장, 그리고 홍정혜 재정위원장은 총회 학술대회 전 기간 동안 총회장 가까운 찜질방에서 숙식을 하며 비용을 절감했다. 이 트리오는 정말 선생님을 감싸고 한국의 별을 세계의 별로 만들어 내었다.

이렇게 김모임의 사람들이 직접 몸으로 뛰면서 비용을 절약하고 반대로 퀄리티는 더욱 높였으니 총회가 성공을 할 수밖에 없었던 것이다.

개회식이나 폐회식 때 동원된 연출자나 합창단, 연주자 등도 모두 최상급의 1인자들이었지만, 아주 저렴한 비용만 받고 흔쾌히 나서주었다. 선생님을 비롯한 여러 정계 인사들의 후광에 따라 국가를 위한 일종의 '재능

기부' 형태를 취했기 때문이었다. 특히 당시 K총리는 협회에서 행사를 치르는 것을 보고 얼마나 감탄을 했는지, 선생님의 일이라면 무조건 도와주겠다고 나섰을 정도였다.

몇 년 뒤였던가? 당시 민정당에서 큰 행사를 앞두고 간호협회를 찾아왔다. 서울 총회를 어느 회사에 맡겼느냐고 물어보기 위해서였다. 그러다 협회에서 직접 모든 것을 처리했다는 얘기를 듣고는 고개를 절레절레 흔들며 돌아갔다. 민정당 아니라 어느 기관이 우리를 따라 가겠는가? 도저히 근처도 따라올 수 없는 일이라 믿는다.

가장 한국적인 것이
가장 세계적인 것이다

언젠가부터 세계화, 세계화 하면서 글로벌 바람이 불고 있다. 불과 20여 년 전만 해도 국제무대에서 주목받지 못했던 변방국이었던 우리나라가 어느새 '유엔사무총장'과 간호계의 유엔이라 할 수 있는 ICN 회장까지 배출했으니, '국제화'가 어지간히 진행이 되기도 한 것 같다.

1989년의 서울 총회는 또 다른 의미에서 우리 문화를 세계에 널리 알린 '문화 총회'라고 해도 과언이 아닐 것 같다. 전통 서화 작품들을 모아서 전시회를 연 것은 물론 청와대 만찬과 뒤이은 한복 패션쇼도 역대 총회에서 볼 수 없었던 파격적인 문화 이벤트였다.

여기에 덧붙여 우리 한복의 아름다움을 널리 알린 또 다른 이벤트도 펼쳐졌다. 그것은 선생님을 비롯한 임원진들이 모두 한복을 입고 총회에 참석한 것이다. 총회장에서만이 아니라 업무를 볼 때에도 한복은 기본 복장이었다.

총회 당일 드레스 코드를 한복으로 정한 임원단은 유명한 한복 디자이너에게 단체로 다양한 색과 디자인, 그리고 옷감을 골라 각자에게 잘 맞는 것으로 맞춰 입었다. 특히 선생님의 한복 자태는 국내외 인사들의 찬탄을 자아냈고, ICN 회장으로 당선된 뒤 입었던 파란 치마에 흰 저고리 한복은 두고두고 화제가 될 만큼 아름다웠다. 훗날 선생님은 스페인 총회 때 '하얀 한복'으로 또 한 번 세계 참석자들의 눈을 사로잡았다.

한복뿐만 아니라 협회에서 직접 디자인해서 나눠준 ICN 가방도 화제였다. 모양이 예뻤을 뿐만 아니라 실용성도 뛰어나 너도나도 하나씩 챙겨들었고, 하나쯤 더 얻을 수 없느냐는 문의도 줄을 이었다. 그때 만든 ICN 가방의 가치는 4년 뒤에 열린 스페인 총회에서도 확인할 수 있었다.

적지 않은 참가자들이 4년 전 선물했던 ICN 가방과 동시통역기를 들고 있었기 때문이다. 1989년 ICN 서울 총회가 남긴 마지막 선물. 그 선물은 바로 대한민국 간호 역사상 최초로 세계간호협의회 즉 ICN의 회장으로 선출된 선생님이다.

처음 서울 총회를 유치했을 때에는 회장 당선까지는 생각지도 못했다. 그저 우리 손으로 ICN 총회를 한번 열어봤으면 하는 소박한 심정으로 도전을 했고, 성공을 했다. 그런데 총회를 앞두고 ICN 이사들의 상당수가 선생님에게 출마를 권했다. 특히 '개도국'인 아프리카와 중동 국가들은 이제 미국과 영국 등 거대 국가의 독점을 벗어나 한번 바꿀 때가 되었다며 적극적으로 권유해 왔다.

'김모임 ICN 회장 만들기'라는 또 하나의 목표가 생긴 이후 우리는 누구든 해외로 나가면 그 나라 간호협회 회장을 만나는 등 간접 홍보를 열심히 하기로 했다. 하지만 당시에는 협회에서 해외로 나갈 일이 좀체 없었다. 할 수 없이 그 일은 해외 유학파로서 나름의 해외 인맥을 구축하고 있으면서 해외에서 열리는 회의에 참석할 일도 많았던 내가 거의 전담을 하다시피 했다.

사람들과 어울리고 이야기하기 좋아하는 나는 WHO와 ICN 위원회 활동을 통해서 이미 많은 외국인 친구를 가지고 있었다. 그렇게 선생님을 홍보하는 나와 선생님은 어느새 외국 대표들 사이에서 'Two Kim'으로 불렸다. 같은 김씨였기 때문에 선생님을 'Big Kim' 나를 'Little Kim'이라고 불렀던 탓이다. 당시 한국 정치계에 김대중, 김영삼, 김종필 이 세 사람이 한국의 "Three Kims"로 해외에서도 유명했기 때문에 ICN과 더불어 WHO Collaborating Center로 셋이 늘 붙어 다니게 된 일리노이대학 부총장 김미자 박사와 더불어 우리는 한국 간호계 Three Kims로 더 알려지게 되었다.

지금도 해외 간호계 리더들은 Big Kim, Middle Kim, Little Kim 하며 나를 보면 선생님의 안부를 묻곤 한다.

ICN 회장 선거는 사실상 싱겁게 끝났다. 선생님이 경쟁자 없는 단독 후보로 나서서 당선이 되었기 때문이다. 이미 한국 간호계의 단결력과 선생님의 리더십이 '성공적인 총회'와 함께 타 후보들의 출마를 막아낸 것이다.

선생님이 국제적으로 인정을 받는 것은 단순히 '존스홉킨스 박사학위'나 '한국 최초의 간호사 출신 국회의원' 혹은 '장관' 이런 외형만이 아니었다. 선생님은 4년 동안 ICN을 이끌며 세계적 리더십도 충분히 인정을 받았다. 동양인 최초의 ICN 회장으로 선생님 회장 임기시 ICN은 많은 새로운 프로젝트들을 개발했다.

선생님에게는 언제나 '동양인 최초'나 '한국 최초'와 같은 수식어가 자연스럽게 따라다니고, 전 세계가 인정하는 진정한 '글로벌 인재'지만 정작 당신은 오히려 누구보다 한국적이었다. 어쩌면 그것이 바로 선생님을 국제적인 인물로 만든 바탕이 아닐까 싶다. 가장 한국적인 것이 가장 세계적인 것이니까 말이다.

1989년 ICN 서울 총회를 치르기 위해 총력을 기울였던 많은 사람들. 그리고 동양인 최초, 한국인 최초로 ICN 회장에 당선된 선생님이 바라는 것은 오직 하나, 대한간호협회가 그날의 기쁨과 명예를 계속 지켜나갔으면 하는 것이다.

아울러 과거의 우리나라처럼 선진국 대열에 들어서기 위해 애쓰고 있는 개도국 간호협회에 도움이 될 수 있도록 트랜스폼이 됐으면 하는 것이다. 가장 한국답게, 가장 그 나라답게.

아낌없이 주는 나무

'별'은 참 여러 가지 의미와 이미지를 가진다. 알퐁스 도데의 '별'은 주인집 아가씨를 그리는 목동의 사랑을 담고 있고, 코페르니쿠스의 별은 지구가 태양을 돈다는 발상의 전환을 이루어냈다. 그리고 성경 속의 별은, 인류의 구원자 예수님의 탄생을 나타낸다.

이처럼 수많은 의미를 가진 별을 '나라의 상징'인 국기에 새긴 나라들이 제법 많다. 가까운 중국의 오성홍기를 비롯해서 '유대의 별'을 가운데 새긴 이스라엘, 쿠바, 말레이시아, 터키 등이 대표적이다. 그 가운데 가장 많은 별을 국기에 새긴 나라는 미국이다. 자그마치 51개다.

미국의 국기에 빼곡히 들어찬 별들을 보고 있노라면, 그 수많은 별들이 모여 하나의 통합된 국가를 이룬 기적을 간접 경험할 수 있다. 그와 동시에 나는 늘 스승 김모임 선생님을 떠올리곤 한다. 선생님이 해오신 그 수많은 일들이 하나하나 모여 오늘날 한국 간호계의 기반이 되었다는 것도 미국의 성조기와 닮은 점이고, 이런 성과들 덕분에 받은 엄청난 양의 '상'도 별을 떠올리게 한다. 선생님이 받으신 그 수많은 상은, 내가 선생님을 만난 1968년 이전부터 지금까지 하신 모든 영역에서 시상된 것들이다.

나는 선생님 연구실의 조교로서 미국에서 공부하고 돌아오신 선생님이 미국 우등생들만 들어갈 수 있는 명예클럽 즉 오너 소사이어티(Honor Society)인 Phi Kappa Phi의 멤버라는 것을 처음 들었다. 그때부터 나도 선생님처럼 간호계의 명예클럽에 들어가고 싶다는 꿈을 갖게 되었다.

선생님은 학창시절 두각을 나타내셨고 이를 시작으로 간호계는 물론 여성, 보건, 국제 등 각 분야에서 선구자적인 성취를 이루어냈다. 그리고 또한 각 분야에서 최선을 다해 일을 하셨기에 이에 따른 업적이 남다르고, 그만큼 많은 수상의 대상으로 지목되곤 했다.

나는 스포츠계나 영화계 인물 가운데 상복이 유난히 없는 불운한 스타들에 대한 이야기를 들을 때마다, 그래도 우리 선생님은 참 다행이다라는 생각을 하고는 한다. 선생님이 만일 상복이 없는 불운을 타고 나셨다면 우리 간호계가 세계적으로 빛날 기회를 가질 수 없었을지도 모른다는 생각 때문이다.

하지만 선생님은 한 번도 당신 스스로 상을 탐낸 적이 없다. 그저 열심히 일하고 또 일했을 뿐이다. 선생님의 벗들이 "몸을 도끼같이 쓴다."며 흉을 볼 정도였다.

그런데, 선생님의 수상에는 특징이 하나 있다. 그것은 일단 수상 대상이 되면 수상 공적서를 직접 꼼꼼히 검토하고 오류가 없도록 내용을 몸소 점검하는 것이다. 그리고 당신이 받는 상이 '간호사' 김모임으로서 받는 상이 되도록 신경을 썼다.

간혹 어떤 사람들은 선생님이 수상을 너무 많이 하는 것 아니냐, 수상에 욕심이 있는 것 아니냐 하기도 한다. 하지만 나는 선생님의 심중을 너무나 잘 알기에 아무렇지도 않게 대답한다. "간호라면 불에라도 뛰어들 텐데, 수상이야 할 만한 일이지요." 하며 의미 있는 한마디 말로 웃고 만다.

선생님은 세계 보건계의 노벨상이라 부르는 WHO 보건상을 비롯해 보건의료계의 최고 교육기관인 존스홉킨스대학교의 히어로(Hero)라는 칭호를 받았으며, 캐나다 빅토리아대학교에서는 '전 세계에 영향을 미친 인물'로 선정되며 명예박사 학위를 받았다.

여성계에서 최고의 여성지도자를 선정하는 김활란 여성지도자상(賞), 간호사 최고의 국제적 영예 나이팅게일상(賞) 수상, ICN 최고의 크리스천 레이먼상(賞), 그리고 사회적 지도자로서 삼성재단이 선정하는 비추미 여성 대상을 받았다. 가장 최근 선생님이 전 재산을 후진 양성을 위한 일에 쾌척하신 직후 2015년 1월에는 유한양행에서 사회 공헌자로 선정한 유일한 상(賞)을 받으셨다.

사실 이미 가장 높은 곳에 오른 사람에게 수많은 수상이 무슨 큰 의미가 있을 것인가? 또 세계적으로 가장 높은 상을 수상한 사람에게 국내 분야의 상들이 무슨 의미가 있단 말인가? 그러나 선생님은 "내가 간호에 조금이라도 도움이 되고 쓰임이 되는 일이라면……." 하면서 다른 사람들의 입방아는 안중에도 안 두신다. 오히려 "내가 아니고 간호계의 다른 사람이 수상 가능자로 선정된다면 당연히 양보할 텐데……." 하며 안타까워 하신다.

선생님은 수상에서 따라오는 모든 상금을 인재개발을 위한 후진 양성에 쏟아 넣었다. WHO 보건상은 1994년 수상 직후 '김모임 간호발전기금'으로 조성되어 20여년간 지속적으로 간호학생들을 위한 장학금과 국제 지도력 향상을 위한 지원을 해오고 있다.

또 유일한상의 상금은 ICN에 국제 간호 지도력 양성을 위해 매년 만불씩 앞으로 평생동안 보내도록 했다. 감격한 ICN은 선생님의 이 기증금을 'MoIm Kim Policy Innovation and Impact Award'로 이름한 ICN상으로 만들어 매 ICN과 CNR 총회마다 수상자를 발표하게 된다. 그리고 이들의 성과물을 다음 ICN 총회 학술대회에서 발표할 수 있도록 했다.

선생님은 자신의 일생을 간호에 바쳤고 자신이 가진 모든 것을 간호에 아낌없이 내주었다. 그리고 선생님을 통해 멀리 내다볼 수 있도록 어깨를 내주었다. 이제 선생님의 이름은 매번 ICN 세계 간호사들이 모이는 개회식에서 한국 간호의 이름을 빛내며 세계의 최고 간호지도자들이 수상하고 싶어하는 상(賞)으로 빛을 발할 것이다.

정말 한국의 별이 세계의 별로 간호의 길을 비추고 있다.

제6부

꽃보다 아름다워

나는 내가 아픔을 느낄 만큼
사랑하면 아픔은 사라지고
더 큰 사랑만이 생겨난다는 역설을 발견했다.

- Mother Teres -

희망의 씨앗들

 새하얀 한지에 먹물이 한 방울 떨어뜨려지면, 모든 시선이 그쪽으로 옮겨진다. 이 한 점으로 말미암아 더 이상 한지는 그냥 한지로 남을 수가 없게 된다. 그 점을 시작으로 대나무가 그려지기도 하고 난초가 그려지기도 한다. 그렇게 그려진 그림은, 임금이나 지체 높은 사대부 집안의 서재에 걸리기도 하고, 기생집 병풍이나 촌로의 부채가 되기도 한다.
 한 장의 그림이라는 점에서는 모두 같은 가치를 지니고 있지만, 품격에 따라서 그림이 걸려 있는 장소와 그것이 미치는 힘 혹은 영향력은 천양지차다. 서재에서는 더욱 깊은 학문을 닦도록 이끌어주는 문우(文友)가 될 것이고, 기생집 병풍에 걸린 그림은 풍류를 돋워주는 배경이 될 것이다.
 1960년대. 아직 6.25의 상처가 채 아물기도 전에 떠난 선생님의 미국 유학은 당시 우물 안 개구리는커녕 올챙이도 채 되지 못했던 한국 간호계라는 백지 위에 뚝 떨어진 한 점 먹물과도 같았다. 그리고 이 한 점을 시작으로 한국 간호계는 '백지' 상태를 벗어나 꿈틀꿈틀 움직이기 시작했다. 4년제 학사 출신의 간호사도 그다지 많지 않았던 그 시절, 내가 굳이 '간호'를 배우기 위해 해외유학까지 결심하게 된 이유도 바로 선생님 때문이었다.

'김모임'이라는 모델이 없었다면 어쩌면 나를 비롯한 많은 사람들이 간호사를 단순한 '기술직'을 넘어서는 '자아실현'의 장으로서 받아들일 기회조차 없었을지 모른다.

오래전 일이다. 강의를 마치고 나오는 내게 학생 하나가 잘 포장된 책 한 권을 불쑥 내밀었다. 연구실에 돌아와 열어보니 '꽃들에게 희망을'이라는 제목이 붙어 있는 얇은 그림책이었다. 짙은 노란색 바탕에 하얀색 나비의 모습이 큼지막하게 그려져 있는 책을 보고 나는 잠시 의아해 했다.

'선생님께 드립니다' 하는 메모 내용을 보면 분명 내게 준 것이 맞는 것 같은데, 무슨 아이들 그림책이라니…….

하지만 10여분 만에 책을 다 읽은 뒤, 나는 참 좋은 책을 선물해준 그 학생이 진심으로 고마워졌다.

책이 얇은 만큼 내용도 간단하다. 주인공은 귀엽게 생긴 애벌레 한 마리. 다른 애벌레와 마찬가지로 꿈틀꿈틀 세상을 기어 다니다 자신과 같은 애벌레들이 서로 먼저 올라가려고 다투는 거대한 '애벌레 탑'을 발견하게 된다. 왜 다들 그렇게 높이 올라가려고 애쓰는지는 알 수 없었지만 그 역시 친구들의 몸을 밟고 한발 한발 위로 올라간다.

여기서 결론을 미리 말하자면, 이 주인공이 상징하는 것은 바로 우리들의 모습이다. 영문도 모른 채 서로서로의 몸을 짓밟으면서 더 높은 곳으로 올라가려고 아등바등 싸우는 우리들. 하지만 정작 높은 곳에 올라가는 방법은 따로 있었다. 그것은 바로 '나비'가 되어서 날아오르는 것이었다. 즉 자신의 속에 내재해 있는 '나비'라는 존재를 깨닫는다면 그토록 처절하게 남을 짓밟으며 살아갈 이유가 없는 것이다.

그 학생이 내게 준 것은 단순한 한 권의 책이 아니라 '선생님 덕분에 제 스스로의 가치를 깨닫게 되었어요' 하는 감사의 선물이었던 셈이다. 부끄럽지만, 그날의 기억이 아직도 소중한 이유다.

하지만 정작 이런 소중한 가르침을 나만이 아니라 우리 간호사 전체에게 알려준 분이 바로 선생님이다. 말이나 글이 아니라 삶 그 자체로 한국인, 여성, 간호사라는 세 가지 한계를 깨고 나갈 수 있도록 그 길을 알려주신 것이다. 우리끼리 싸우지 말고 '날아서' 갈 수 있는 길을.

미국에서 간호학을 공부하던 시절, 처음 나를 본 미국 학생들은 대부분 놀라곤 했다. '코리아'라는, 이름도 생소한 나라에서 온 학생이 간호학과 보건학 등에서 상당한 지식을 축적하고 있는 걸 보고 놀란 것이다. 그때 나는 선생님이 가르쳐주셨던 것들과 선생님과 함께한 경험이 이미 상당한 수준에 올라있는 것이라는 사실을 새삼 깨닫게 되었다.

선생님은 당신이 직접 가르쳤던 제자들은 물론 직간접적으로 연관이 있는 모든 이들에게 더 많은 공부를 하라고 독려하곤 했다. 연구직이나 교수직에 있는 사람들뿐만 아니라 임상 간호사들에게도 마찬가지였다. 3년제 대학 출신 간호사들에게도 정식으로 학사 공부를 하라고 권했고, 가능하면 석사 · 박사까지 하라고 독려했다.

여기서 1980년대 중반, 미국서 열린 간호이론 학술대회에 갔을 때 놀랐던 일이 생각난다. 간호이론가 Parse가 카리스마를 가득 담은 태도로 간호

교육의 시작을 6년으로 해야 한다고 했다. 물론 장내 청중의 반응은 시끌시끌했지만. 선생님은 그때까지 임상 간호사는 '학사'가 고작이었던 때에 이같은 생각을 파력했으니, 때로는 '오버한다'는 소리를 들을 만도 했다.

  하지만 그 덕분에 우리는 차근차근 석사·박사 과정을 밟았고, 그러면서 '자아실현'의 이유와 가치도 차츰 깨닫게 되었던 것이다. 또한 그런 과정들이 이어지면서 연세대 간호대학은 더욱 수준 높은 학문의 장으로 변하기 시작했고, 이런 흐름은 서서히 타 대학으로 번져가기 시작했다. 백지 상태와 같았던 한국 간호계에 김모임이라는 먹물 한 점이 떨어지면서 서서히 하나의 그림이 그려지기 시작한 것이다.

그런데 간호사들이 대부분 여성들이다 보니 웃지 못할 일들이 때때로 생기곤 했다. 그중 가장 큰 문제는 '임신과 출산'이었다. 연구직이나 교수직은 조금 나았지만 임상 간호사까지 배가 부른 채 공부를 하겠다고 쉬지도 않고 다니니 주변의 눈총이 적지 않았던 것이다.

그나마 간호사라는 직종이 조금 낫기는 했지만, 1970년대까지도 '임신=퇴직'일 정도로 여성 차별이 심했던 사회 분위기 속에서 여자들이 '일'도 아니고 '공부'를 하겠다고 부른 배를 안고 다니는 모습이 곱게 보일 리가 없었던 것이다.

이처럼 탁아와 육아 문제 때문에 간호사들의 이직률이 매우 높았던 그때, 선생님은 문제를 근본적으로 해결할 수 있도록 직장 탁아시설인 '세브란스어린이집'을 만들었다. 원래 세브란스어린이집은 병원 노조에서도 추진하려고 했던 일이지만 선생님은 병원이나 학교 차원에서 문제를 해결할 수 있도록 스스로 나선 것이다. 사실 세브란스 같은 큰 기관에 탁아 시설을 만드는 것은 법적으로 정해진 의무사항이었지만 병원 쪽에서 오랫동안 미루고 있었던 일이기도 했다.

어린이집을 만들 공간이 따로 없었던 때문에 우선 간호사들에게 양해를 구하고 간호사기숙사의 한 귀퉁이를 헐어서 따로 시설을 만들었다. 어린이집의 초대 원장은 최연순 교수였고, 그 다음은 내가 맡았다. 아동간호학을 하는 사람이 적격이라 해서 인계받았다.

처음에는 공간도 크지 않고 지원도 그다지 많지 않아서 우선 급한 간호사들의 자녀만을 대상으로 했지만, 나중에는 점차 규모가 커져서 병원 남녀직원의 자녀들까지 대상을 넓혔다.

사실 어린이집은 또 따른 의미에서 단순한 '탁아'의 개념을 넘어 인간 이해의 시작으로, 건강한 아동을 이해하는 '아동간호' 실습의 장이자 간호의 기본 철학을 구현하는 현장이기도 했다. 선생님은 만일 노조에서 어린이집을 만든다면 이런 '철학'과는 거리가 다소 있지 않을까 하는 우려를 했던 것이다.

선생님이 늘 "간호의 대상은 인간이다. 그리고 인간에 대한 이해는 심오한 학문을 통해서 이루어진다."고 하면서 간호사들에게 굳이 석사·박사를 권한 이유 중 하나는 바로 간호사로서의 '정체성'과 '자존감'을 키우자는 것이었다.

노태우 대통령 시절 청와대 비서실장을 지냈던 H 장관도 원래는 간호사에 대한 이해가 부족했던 사람 중 하나였다. 그런데 유학시절 겪었던 하나의 에피소드가 의사와 간호사에 대한 시각을 바꾸는 좋은 경험이 되었다. 이런 생각이 바탕에 있었기 때문에 ICN 서울 총회 당시 그처럼 적극적인 도움을 줄 수 있었으리라.

H 장관의 에피소드는 조금 쑥스러운 얘기지만 '치질'에 관한 것이다. 유학 당시 치질에 걸린 H 장관은 한국에 와서 치질 수술을 받고 다시 미국으로 돌아갔다. 그런데 수술과 치료가 모두 잘 끝났는데 이상하게 더 아프기만 했다. 도저히 이해할 수 없는 상황에서 그는 다시 미국의 병원에 입원을 했다. 그때 미국인 간호사가 다가와 말을 걸었다.

"아무래도 당신의 병은 '향수병'인 것 같습니다. 내 손을 잡고 나를 고국에 있는 누나라고 생각해보세요. 그럼 조금 편안해질 거예요."

간호사의 말대로 그를 누나라고 생각했더니 서서히 마음이 편해지고,

곧 아픔이 모두 사라졌다. 치질 수술의 후유증이라고 생각했던 아픔들이 사실은 조국에 대한 그리움과 고민 등이 복합적으로 나타난 향수병이었던 것이다. 환자와 24시간 늘 함께하는 간호사는 의사와 전혀 다른 시각으로, 인간 이해를 기반으로 하여 그의 병을 알아챌 수 있었던 것이다.

꼭 이런 이유 때문만이 아니라 미국 등 의료선진국에서는 오래전부터 간호사의 지위가 의사와 동등하게 정립돼 왔다.

H 장관의 아픔을 '향수병'으로 진단하고 그 병을 고쳐준 미국인 간호사가 그를 집으로 초대했다. 그는 내심 '생활도 어려울 텐데 웬 초대를……' 하면서 일러준 주소를 찾아갔다. 그때만 해도 한국에서는 집안 형편이 어려운 여성들이 간호사를 선택하는 경우가 많았기 때문에 든 생각이었다. 그런데 막상 집에 도착해보니 이게 웬일인가.

간호사의 집은 영화에서나 봄직한 대저택이었다. 게다가 아버지는 막강한 정치력을 가진 상원의원이었다. 그럼에도 그 아버지는 딸이 간호사라는 사실에 대해 무한한 프라이드를 가지고 있었다.

'상원의원 아버지와 함께 대저택에 사는 최고 학력의 간호사' 이것이 바로 H 장관이 미국에서 목격한 간호사의 모습이었다. 간호사라는 직업에 대한 충만한 자존감으로 스스로를 채우고 의사의 지시에 의해서가 아니라 건강관리팀의 동료로서 다 함께 의논해서 환자를 위해 가장 필요한 일을 해 나갈 수 있는 그 자체로 완전한 존재였던 것이다. 이는 또한 선생님이 생각하는 참된 간호사의 모습이기도 했다. 물론 간호사가 되기 위해 상원의원 아버지나 대저택이 필요한 것은 아니다. 가장 필요한 것은 간호사의 자존감을 지켜줄 수 있을 만큼 실력을 키우는 일이다.

선생님이 틈만 나면 '다학제로 구성된 건강관리팀의 동등한 일원이 되기 위하여 간호사들도 석사·박사를 해야 합니다' 하고 강조했던 이유가 바로 이것이다. 이제 돌이켜보니 선생님이 우리에게 주신 것은 단순한 지식이 아니라 우리들이 언제든 나비가 될 수 있다는 '꿈'이었던 것이다.

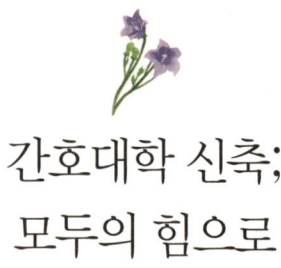

간호대학 신축;
모두의 힘으로

주 거처가 한국과 몽골 두 군데로 나뉘어져 있다 보니 본의 아니게 여행을 많이 다니게 된다. 그런데 한국과 몽골을 오가는 짧지 않은 이 길이 때로는 즐겁고 기대감에 찰 때도 있고, 때로는 지루하기 짝이 없을 때도 있다. 그렇게 달라지는 가장 큰 기준은 아무래도 '목적' 혹은 '기대감'이 아닐까 싶다. 즉 무엇인가 이루고자 하는 뚜렷한 목적이 있고, 이번 여정을 통해 그것이 이루어질 가능성이 크다면, 아무리 그 길이 멀고 험해도 마음은 기분 좋은 설렘으로 가득할 것이다.

살아가는 일도 비슷한 것 같다. 자신이 왜 살아가야 하는지 뚜렷한 목적이 있는 사람은 잠시의 어려움을 미래에 대한 희망으로 쉽게 이겨낼 수 있지만 그렇지 못한 사람은 조그만 일에도 일희일비하고, 어려운 시절이 길어지면 참지 못하고 스스로 좌절하는 경우가 많다.

그런 점에서 선생님은 우리에게 '너는 나비야' 하는 것을 알려주심으로써 여간해서는 좌절하지 않고 긴 생을 살아갈 수 있는 힘을 주신 셈이다. 참고 견디면, 이 시기만 넘기면 곧 나비가 되어 비상할 수 있다는 것을 알고 있으니 어떤 고난도 이겨낼 수 있었던 것이다.

하지만 선생님은 단순히 우리에게 '나비'라는 의식만 심어주신 것은 아니다. 우리들이 나비가 되기 위해 인고의 시간을 보내야 하는 '고치'까지 함께 만들어주셨다. 우리들의 고치는 바로 연세대학교 간호대학 건물이었다.

어떤 단체의 발전이나 성장을 바라보는 사람들의 시각은 언제나 엇갈린다. '한강의 기적'을 우리 민족의 자랑으로 여기는 국민적인 의식 때문인지 대부분의 사람들은 발전이나 성장이라고 하면 먼저 '건물'을 떠올린다. 연립이나 다가구를 헐어내고 아파트를 짓는 것이 개발이고, 강을 막고 댐을 쌓아야 발전을 할 수 있다고 본다. 나름의 논리들이 다 있겠지만 선생님이 생각하는 발전이나 성장은 언제나 '사람'이 중심이었다. 어떤 경우에도 '사람을 키워야 미래가 있다'는 선생님의 생각에는 변함이 없었다.

하지만 건물이 아닌 사람을 늘 강조하는 선생님도 건물을 짓느라 온 열정을 다 쏟아 부은 적이 있다. 연세대학교 간호대 건물을 새로 지을 때와 적십자간호대학을 리모델링할 때였다. 그렇게 열과 성을 다해 지은 건물이 앞으로 우리 간호사들의 '고치'가 될 것이라는 확신이 있었기 때문에 온몸을 던져 헌신을 했던 것이다.

누군가 꼼꼼히 정리한 선생님의 '공적 이력서'에 보면 당시 연세대학교 간호대 건물을 지을 수밖에 없었던 이유가 잘 정리되어 있다. 잠시 여기에 옮겨보자.

1990년대에 들어서자 간호대학은 학부 학생과 대학원 학생 수가 증가되고 보건진료원과 가정간호사 직무 교육과정, 야간 편입과정의 운영, 1개에서 3개로 부설 연구소가 신설·증가하게 되어 공간의 확장과 시설의 첨단화가 요구되었다. 김모임 교수는 간호대학 신축 추진에 중심 역할을 하는데, 간호대학 신축은 한국간호사 90년의 기념적 의의를 다지고 미래 100년의 터전이 될 새 교육의 장을 마련한다는 대전제 아래 연세대학교의 이념, 간호의 특성, 그리고 간호학생들의 조화로운 인성 발달에 초점을 두고 설계하게 되었다.

1991년 12월 간호대학 특별건축위원회가 결성되어 이념에 맞는 설계를 위해 외국의 시설 견학과 1,000여 명의 동문과 교직원이 참여한 모금 활동 끝에 1996년 9월 최첨단 시설을 갖춘 지하 1층, 지상 6층의 신축 건물이 완공하게 된다. ……(중략) 21세기 간호계의 지도자 양성 교육시설로서 부족함이 없이 건축하게 된 것이다. 이 간호대학 건물은 우리나라 간호학계의 최고의 교육시설로 손색이 없다.

당시 선생님은 연세대 간호대학 학장(1991년 3월~1994년 7월)을 맡고 있었다.

사실 간호대 신축은 선생님이 먼저 계획을 세우고 추진했던 일이 아니라 의료원에서 본래 간호대가 있던 자리에 다른 건물을 짓고자 하는 계획에 따라 시작된 일이다.

의료원 쪽에서는 기왕 지어져 있는 다른 건물로 간호대를 옮겨가라고 했는데, 선생님이 결사반대를 하면서 '신축'이 추진된 것이다. 의료원 사정 때문에 굳이 옮겨야 한다면 새로 짓겠다는 게 선생님의 주장이었다.

처음에는 의대 쪽의 반대가 적지 않았다. 그때만 해도 의대 건물이 지금처럼 멋진 곳이 아니었기 때문에 더 그랬을지도 모를 일이다. 하지만 전후 사정을 따지고 보면 의대 쪽에서는 결코 반대할 만한 이유가 없었다. 본래의 간호대학 건물도 외국 선교부의 지원으로 지어졌던 건물이고 결과적으로 보면 의료원에서 간호대에 제공해준 것은 부지밖에 없다고 해도 과언이 아니기 때문이다. 게다가 의료원에서 제공해준 부지도 우리가 만족할 만한 곳은 아니었다. 뿐만 아니라 이후 설계에서부터 건축, 시공, 준공에 이르기까지 나머지 과정에 들어간 돈은 사실상 간호대학 자체 비용과 동문·교직원들의 모금으로 충당했다.

선생님은 제일 먼저 신축건물 설계를 위해 외국 간호대학 건물을 돌아보고 설계를 확정할 수 있도록 견학 팀을 구성했다. 나는 그 팀의 일원으로 간호대학 졸업생 선배, 건축설계사, 의료원 시설과 직원과 함께 미국의 유수 대학 시찰에 나섰다. 아름답기로 소문난, 혹은 아주 잘 지어진 것으로 알려진 여러 대학을 직접 찾아가서 건물 외관뿐 아니라 내부 시설과 학생들의 동선까지 살펴보았다. 특히 실습실과 교수실의 설계 및 구조 등을 꼼꼼히 확인하고 살폈다.

그 과정은 이렇게 몇 마디 문장으로 정리될 수 없을 만큼 지난한 것이었지만, 덕분에 좋은 점이 적지 않았다. 특히 설계 단계부터 우리 간호대학의 뜻대로 할 수 있었던 것은 매우 다행스러운 일이었다.

물론 쉽지는 않았다. ICN 서울 총회 때와 마찬가지로 '여자들'이 하는 일이라 만만하게 보고 달려드는 사람들이 적지 않았기 때문이다. 설계 과정도 만만치 않았다. 비용만이 문제가 아니라 선생님의 뜻을 제대로 반영해주지 않으면서 이런저런 핑계를 대기 일쑤였다.

시공도 어렵기는 마찬가지였다. 특히 큰 문제였던 것은 현관에 들어서면서 바로 눈앞에 나타나는 턱이었다. 본래 언덕배기에 지어지는 건물이라 경사가 지는 것은 어쩔 수 없는 일이었지만 현관에 들어서자마자 2개, 3개의 턱이 생기는 것을 선생님은 도저히 용납할 수가 없었다. 그래서 설계 및 시공 변경을 요구했지만 '이미 진행할 만큼 진행해서 변경할 수가 없다'는 답변이었다.

아는 사람에게 일을 맡기는 것이 늘 좋은 결과를 가져다주는 것은 아니지만 적어도 간호대 신축에서는 아주 좋은 결과로 나타났다. 다용도로 쓸 수 있는 현 간호대 건물 1층의 중층적인 구조는 바로 선생님과 머리를 맞대고 고심한 결과이다. 완공 단계에 들어가 있는 건물의 구조를 바꾸지 않고 최대한 활용해서 이중삼중의 턱이 나타나지 않도록 변경을 한 것이다. 중층 구조 자체를 없애지 못한 것은 아쉽지만, 이렇게나마 모양을 정리할 수 있었으니, 그나마 참 다행스러운 일이다.

건물이 다 올라가고 난 뒤 공사 책임자는 이런 말을 남겼다고 한다.

"정말 멋지군요. 사실 저희 누님도 간호사인데 이런 건물에서 공부를 해본 적이 없어요. 정말 부럽네요."

일부 유학파를 제외하면 연세대 간호대학 출신 간호사들도 마찬가지였다. 그때까지는 그처럼 멋진 건물에서 공부를 해본 적이 당연히 없었다. 그것이 바로 선생님이 학교 쪽과 지난한 줄다리기를 하고, 졸업한 동문들에게 구차한 사정을 설명하면서 성금과 후원금을 모았던 이유이다.

하지만 단지 그 이유뿐이었다면 당시 ICN 회장이자 한국여성정치연맹 부총재를 겸임하고 있는 그 바쁜 와중에 건물 신축에 그처럼 매달리지는 않았으리라.

　하와이와 미국 본토는 물론 세계 곳곳의 간호교육 관련 시설을 두루 살펴보았던 선생님은 훌륭한 간호사를 양성하기 위해서는 그에 걸맞은 교육 공간과 시설이 필요하다는 것을 누구보다 잘 알고 있었기 때문에 '간호대 이전'이라는 이슈가 나오자마자 재빨리 신축으로 방향을 잡고 누구도 딴죽을 걸 수 없도록 밀어붙였던 것이다.

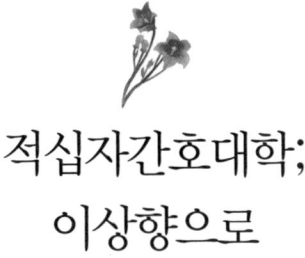

적십자간호대학;
이상향으로

  선생님이 적십자간호대학과 인연을 맺은 것은 서영훈 당시 대한적십자사 총재 때문이었다. 2000년의 어느 봄날이었다. 연세대 보건대학원장을 거쳐 보건복지부 장관직에서 물러나 대한적십자사 부총재 겸 한국여성정치연맹 총재를 맡고 있을 때였다. 서영훈 총재에게 뜻밖의 전화가 걸려왔다. "김 장관, 나 좀 도와주십시오." 하는 전화였다.

  장관직에서 물러난 지 오래지 않았기 때문에 많은 사람들이 선생님에게 여전히 '장관'이라는 호칭을 붙이곤 했다.

  대한적십자사 일이라면 이미 부총재로 일을 하고 있었고, 다른 일들은 서 총재와 관련될 만한 게 없었다. 무엇을 도와달라는 것인지 짐작이 가지 않았다. 그때 서 총재의 입에서 뜻밖의 이야기가 튀어나왔다.

  "적십자간호대학을 좀 맡아주세요."

  파격적인 요청이었다. 일단 격이 맞지 않았다. 적십자간호대학은 4년제

대학도 아닌, 이제 막 간호전문대학에서 3년제 간호대학으로 발돋움을 하고 있는 단계였다. 누구보다 그런 것을 잘 아는 서 총재가 선생님에게 SOS를 친 이유는 이사장과 학장 사이에 다툼이 생기면서 갑작스레 둘 다 사표를 내버렸기 때문이었다.

대한적십자사 휘하에 있는 적십자간호대학은 이사장은 적십자사 총재가 겸하고, 학장은 민간인이 맡는 '반관반민'의 어정쩡한 구조였다. 구조적인 문제가 결국 동시 사퇴라는 최악의 결과로 나왔던 것이다. 그래서 긴급히 서영훈 총재가 총대를 메고 선생님을 불러낸 것이다.

그때까지 대한적십자사 총재는 대대로 '총리' 출신이 맡아왔는데, 그래서 그런지 총재가 자주 바뀌었다. 서영훈 총재는 총리 출신이 아닌 첫 번째 총재였다. 그리고 서 총재 이후에는 총리 출신만이 아니라 여러 갈래에서 총재를 맡게 되었다.

선생님에게 얘기를 전해들은 나는 물론 주변 사람들도 극구 만류했다. '격'도 격이지만 평생 어려운 자리만 골라 다니다 이제야 좀 쉴 만하게 되었는데 왜 또 그런 힘든 곳에 가느냐는 것이었다. 당시 적십자간호대학에는 풀어야 할 문제가 한두 가지가 아니었다. 실제로 많은 사람들의 우려대로 선생님은 적십자간호대학에 재직하는 8년 동안 누구보다 건강했던 몸이 상당히 축이 나기도 했다.

또 한편으로 선생님은 젊은 사람들한테 기회를 주지 않고 '은퇴자'가 그 자리를 채우는 게 혹여 그 자리에 관심이 있었던 사람들에게 노욕으로 비치지는 않을지 많이 망설이고 고민했다. 하지만 선생님은 '적십자인'이라는 서 총재의 설득을 외면할 수가 없었다. 아울러 서 총재만이 아니라 대학의 다른 구성원들 역시 선생님을 원하고 있다는 것을 여러 경로로 확인했다.

그때 선생님은 서 총재에게 한 가지 약속을 요구했다. 이사회에서 공식적으로 적십자간호대학을 4년제 대학으로 만들겠다는 결의를 해달라는 것이었다. 서 총재는 약속대로 이사회 결의를 이끌어내 주었다.

이제 공은 다시 선생님에게로 넘어왔다. 적십자간호대학을 '4년제 대학'으로 만들기 위해서는 몇 가지 전제 조건이 있었다. 일단 교육부에서 4년제 대학에 요구하는 일정한 면적 이상의 건물과 장비, 시설 등을 모두 갖추어야만 했던 것이다. 따라서 무엇보다 시급한 것은 건물을 짓는 일이었다.

선생님은 적십자간호대학 건물을 새로 짓는 것이 곧 적십자간호대학의 미래를 새로 짓는 일이며, 이를 통해 한국 간호의 미래 또한 한 단계 업그레이드할 수 있다고 믿었다.

당시 선생님은 대중교통을 주로 이용했는데, 매일 출퇴근을 하는 선생님을 보고 동네 역장이 슬쩍 물었다.

"장관님, 매일 이렇게 나가서야 됩니까?" 그때 선생님의 답이 걸작이었다.
"그럼요. 공짜 표잖아요!"

이 에피소드는 당시 선생님이 이미 지하철 무임승차가 가능했던 나이라는 걸 보여주는 한편, 그 나이에 새로운 도전을 시작했다는 증거이기도 하다.

어디를 가든 티가 나는 '워커홀릭'이었지만 특히 적십자간호대학장 시절에는 선생님이 스스로 '내 평생 가장 열심히 일했다'고 술회했을 정도였다.

당시 선생님과 함께 일했던 이정자 교수는 이렇게 기억하고 있다.

"선생님이 우리 학교에 와서 제일 먼저 한 일이 학교를 새로 지은 거예요. 땅이 넓지 않으니까 전체를 신축한 게 아니고 일부는 새로 짓고 일부는 리모델링을 했죠. 그래서 학생들은 여기저기 옮겨 다니며 공부를 했는데, 기억에 제일 많이 남는 게 강당이었어요. 어차피 모든 건물을 다용도로 지을 수밖에 없었겠지만 강당은 특히 의자가 자동으로 들어갔다 나왔다 할 수 있도록 '최신식'으로 지었어요. 그런데 적십자창립제를 앞두고 학생들이 예행연습을 하면서 신발을 신고 강당 안으로 들어간 거예요. 당시 제가 RCY 지도교수였는데, 선생님에게 엄청나게 혼났죠. 그러고는 애들 데리고 밤새도록 그 자국들을 닦아냈어요. 눈물이 쏙 빠질 정도로 힘이 들었지만, 그만큼 뿌듯하기도 했어요."

결과적으로 보면 적십자간호대학의 새 건물은 서대문로터리라는 황금지역의 노른자위에 세워진 새로운 랜드마크가 되었지만, 그 과정은 결코 쉽지 않았다.

일단 자금이 턱없이 부족했다. 이사회에서는 '4년제 대학' 추진에 대해 결의를 해주었을 뿐 그에 필요한 건축비나 기타 비용을 전액 결제해준 것은 아니었기 때문이다. 더구나 설계며 건축 시공이 시작되면서 한창 돈이 들어갈 때는 대한적십자사 총재가 한완상 전 부총리로 바뀌어 있었다. 선생님의 성향 때문인지 한 총재와는 사이가 썩 매끄럽지 않았다. 자금을 대주기는커녕 오히려 물러났으면 하는 은근한 압력까지 느낄 정도였다.

하지만 선생님은 그럴수록 더욱 신축과 리모델링에 매달렸다. 자신을 바라보고 있는 수많은 적십자간호대학 학생과 교수들의 기대 때문이었다. 만일 선생님이 손을 뗀다면 건물 신축과 리모델링이 물 건너가는 것은 물론 4년제 대학 승격도 한낱 일장춘몽이 되어버릴 것이었다.

여러 가지 어려움에도 불구하고 선생님은 연세대 간호대학 건물 신축 위원장으로서의 경험을 살려 당신의 뜻대로 인테리어를 했다. 특히 간호사는 음악, 미술 등등 좋은 환경에서 공부해야 제대로 큰다는 지론에 따라 지어진 적십자간호대학은 지금도 인테리어 잡지에 종종 소개되는 '아름다운 캠퍼스' 중 하나로 꼽힌다. 실내 분위기는 마치 갤러리에 온 것 같다는 얘기를 듣곤 한다.

모자라는 건축비를 충당하기 위해 선생님은 적십자간호대학 동창회에 호소하기도 했고, 교수들을 독려하기도 했다. 돈이 없는 사람에게는 땅을 내놓으라고 요구하기도 했고, 전 총재들에게는 그림을 얻어오기도 했다.

땅값과 건축비가 워낙 부족했기 때문에 한때는 땅값이 싼 경기도 지역에 분교를 둘 생각도 해보았다. 본교는 서대문에 그대로 둔 채 분교를 지어서 교육부가 요구하는 규모와 시설 등을 확보하고자 했던 것이다. 하지만 본교와 분교로 나뉠 경우 설사 4년제가 된다 해도 교육 여건이 그다지 좋아지는 게 아니기 때문에 포기를 하고 말았다.

그러면서 선생님은 당신 개인 소유의 건물을 저당 잡혀서 자금을 끌어오기도 했다. 물론 모든 공사가 끝난 뒤 융자금은 돌려받았지만, 어지간한 사람들은 흉내 내기 어려운 결단이었다.

당시 적십자간호대학은 3년제 전문학사과정 가운데 학교 경영이 투명하고 역사와 전통을 자랑하는 강소대학이었다. 때마침 3년제 국립의료원 간호대학이 성신여자대학교와 합병을 함으로써 3년제 간호교육과정 가운데 최상위 선도대학으로 뛰어올랐다. 선생님 역시 이에 적지 않은 자극을 받았다. 선생님은 연세대학과 정부기관에서의 행정경험을 바탕으로 종합 행정시스템 구축을 통한 행정 혁신을 주도하여 2004년에 '간호교육 행정 서비스분야 국제인증(ISO 9001)'을 획득했고, 이는 특성화사업의 수주와 사업종료 후 감사에서 '모범대학'이라는 칭찬을 받게 하는 기반이 되었다.

우병록 행정실장은 이에 대해 "정말 행정의 달인이에요. 많이 혼나고, 많이 배우고 있습니다."며 입버릇처럼 말하곤 했다. 2005년 국내 최초의 간호대학 전용 디지털도서관을 만든 것 역시, 지금은 당연한 일처럼 보이겠지만 당시로서는 엄청난 히트작이었다.

선생님은 이와 함께 교육과정도 전면적으로 바꾸었다. 연세대 간호대학에서 했던 커리큘럼 개혁을 적십자간호대학에서 다시 시도한 것이다.

흔히 50대를 넘어가면 가장 두려운 것이 변화라고들 한다. 하지만 선생님은 오히려 젊은 교수들보다 앞장서서 교육방법의 혁신을 주문하고 격려했다. 특히 특성화 사업을 통해 언제 어디서나 접근할 수 있도록 e-러닝 체계를 갖추었고, 20여 개가 넘는 웹 컨텐츠를 개발하도록 한 것은 임상실습기관의 현장실습지도자와 함께 개발한 산학협력의 산물이었다.

2005년, 일산병원과 성바오로병원은 적십자간호대학의 교육의 질적 수준을 인정하여 졸업학년의 임상실습을 취업으로 연계하는 Co-op 실습제도를 시도하였다. 또한 선생님은 교육과정의 전면 개편과 교수학습방법의 혁신을 주문하여 '통합간호교육과정'을 개발하고, 전공 교과목간 통합과 문제중심학습법(PBL) 도입으로 전국간호교육기관의 주목을 받게 되었다.

선생님이 취임한 뒤 적십자간호대학은 매년 전문대학 특성화사업 국고지원을 받았고, 특성화 사업비는 고스란히 간호교육 혁신을 위한 프로그램과 시설 및 기자재 구축에 사용되었다. 당시 선생님은 "연세대학교에서는 간호대학이 조직구조상 제약이 많았는데, 적십자간호대학은 단일구조라 의사결정과 집행이 빠르기 때문에 일하는 것이 재미있다."고 자주 언급했다.

2005년부터 준비한 '통합간호교육과정'으로의 개편과 더불어 간호학실습실을 센터 수준으로 확대하고, 당시 운영체계를 포함하여 1대에 1억 원을 호가하는 실습용 마네킹 SimMan을 구매하였는데, 선생님은 이를 최대한 활용하도록 교수자 개발을 적극 지원했다.

그 전에는 학생들이 병원에 가서 직접 환자를 만나 실습을 해도 아무 문제가 없었지만 요즘 환자들은 학생들이 실습을 나오면 '내가 모르모트냐'하고 화를 내는 경우가 많기 때문에 시뮬레이션 시설이 꼭 필요했다. 다른 교육기관에서도 적십자간호대학을 따라서 SimMan을 구매한 곳이 많았지만, 사용법이 복잡하고 워낙 고가의 장비라 그냥 모셔만 두고 있는 곳이 많았다.

2007년에는 '간호교육이노센터'를 열고 PBL학습을 위한 시나리오 개발이나 시뮬레이션 실습을 위한 공동연수, 워크숍을 활발히 진행했고, 전국의 간호교육기관, 임상, 학회 등에서 단기연수를 주문받아 '맞춤형 교수연수'를 진행하기도 했다.

PBL이란 단순히 지식과 학습내용을 전달받는 것이 아니라 문제 상황을 해결하기 위해 노력하는 과정을 통해 학습내용과 사고기능을 습득하는 교육방법이라고 할 수 있다. 환자마다 상황이 다르고 어떤 일이 일어날지 모르는 병원에서는 '암기식'이나 '주입식'이 아닌 문제 중심 학습이 무엇보다 필요하다. 실제로 오늘날 PBL이 가장 발달한 곳이 바로 의학 분야라는 것이 이를 증명한다.

당시 PBL에서 가장 앞서 있던 곳은 제주한라대학교였다. 선생님은 적십자간호대학 교수들을 한라대학교로 보내 교육을 받게 하고 이를 연구하도록 해서 적십자간호대학에 적용시켰다.

합병 전까지 타 간호대학 재학생의 위탁교육과 해외 간호교육자 연수단 연수도 진행을 했는데, 이는 매년 모든 교수가 1회 이상 해외 단기연수를 할 수 있도록 전액 지원하고, 매학기 방학마다 외부특강을 유치해 신교수 학습법을 끊임없이 접할 수 있게 한 결과였다.

언제나 세계관이 남달랐던 선생님은 간호사의 글로벌마인드 구축을 위해 2004년 8월 '건강과재해연구소'를 '글로벌건강과재해간호연구소'로 개칭하고, 국제교류 프로그램을 적극적으로 개발함으로써 교수자 개발과 더불어 재학생의 국제 교류 활성화를 꾀하도록 했다.

취임 당시만 해도 적십자간호대학의 해외 교류는 캐나다의 말라스피나(Malaspina)대학 정도에 불과했지만, 연구소 개칭 이후 미국, 일본, 태국, 중국, 몽골의 유수한 4년제 간호대학과 자매결연을 맺고 다양한 교류 프로그램을 진행했다. 그 바탕에는 선생님의 명성과 인맥이 십분 활용되었다.

전액 장학금을 지원받아 미국에서 한 학기를 수학할 수 있는 해외인턴십 프로그램과 10여 개의 국제교류 프로그램 운영으로 당시 고등학교 수

험생들에게는 적십자간호대학이 국제교류를 제일 잘하는 대학으로 인식되기도 했다. 특히 ICN 총회나 컨퍼런스에 재학생이 참가할 수 있도록 지원하였는데, 2009년 남아프라카 공화국에서 개최된 ICN 총회에는 10명의 간호대학 재학생이 참가했다. 이는 전 세계적으로 한 대학에서 가장 많은 학생이 참여한 사례로써, 많은 타 대학의 부러움을 샀다.

그러나 무엇보다 획기적이었던 것은 4년제 간호대학도 실행하지 못한 '간호 나눔'의 실천이었다. 특성화사업의 일환으로 매년 아시아 개발도상국 간호교육 관계자 10여 명을 초청하여 '아시아 간호교육혁신 워크숍'을 개최하였으며, 재학생들이 인도, 캄보디아, 베트남, 태국 등에서의 글로벌 간호 체험을 통해 간호 나눔을 경험하도록 한 것은 우리나라가 국제협력 수원국에서 공여국으로 전환하는 시점에서 주목할 만한 미래지향적인 '신의 한 수'였다.

당시 적십자간호대학은 임상으로부터 '교육 잘하는 대학'이라는 한결같은 평을 얻게 되었다.

당시 적십자간호대학의 4년제 대학 승격 추진에 대해서는 사실 이사회 내부에서도 논란이 많았다. 단독으로 4년제 대학이 될 수 있을 것인가에 대한 의구심 때문이었다. 건물도 새로 지었고, 시설도 확충했고, 커리큘럼도 바꾸었지만 그것만으로는 4년제 대학 승격에 모자란 점이 많았다.

학장을 비롯한 교수진과 학생들은 '진인사대천명'의 자세로 자신들의 모든 것을 쏟아 부었지만, 정부를 상대로 일을 풀어 나가야 할 이사회는 잦은 총재 교체 등의 내부 사정 때문에 제대로 힘을 써주지 못했다.

결과적으로 적십자간호대학의 4년제 승격이 어려워지면서 다른 4년제

대학과 합병을 하는 문제가 대안으로 떠올랐다. 선생님은 이 대안에 꼭 전제조건이 있어야 한다고 못 박았다. 전제 조건은 5가지였다.
1. 적십자간호대학이라는 이름을 살리고, 동창회가 계속 이어진다는 것이 보장될 것.
2. 간호학과가 있는 대학과는 합병하지 않을 것.
3. 재학생들한테 불이익이 생기기 않도록 할 것. 즉 3년을 공부한 뒤에 자동으로 4학년으로 올라가게 할 것.
4. 반드시 남학생을 신입생으로 받을 것.
5. 간호대학 발전을 위해 200억 원의 발전기금을 조성해줄 것.

선생님은 사실 적십자간호대학의 4년제 승격과 더불어 꼭 이루고 싶었던 꿈이 하나 있었다. 그것은 재해관리 관련 아시아의 허브 대학으로 만드는 것이었다.

본래 적십자간호대학에서 만든 간호대의 중요 임무 중 하나는 각종 사고가 일어났을 때 다친 사람들을 보듬어 안아주고, 각종 재해에 대한 대책이나 구호 등등의 업무를 맡는 것이었다. 그리고 평상시에는 전 국민이 비상시에 활용할 수 있도록 응급 대책이나 구호 요령 등을 교육해야 한다. 따라서 국군사관학교와 손을 잡고 비상시 안전 요령 등을 전국에 보급하고 교육하는 게 주요 임무 중 하나다.

이를 위해 선생님은 적십자간호대학을 일본에서 만든 재해연구소 멤버로 가입시키고, 고베 대지진 때는 직접 현장에도 다녀왔다. 그런데 이런 부분들이 모두 '꿈'으로만 머물다 사라진 것이다.

어느 조직이든 함께 지내다 보면 실망과 섭섭함이 없을 수 없겠지만, 선생님은 적십자간호대학에서 평생을 지녀온 간호에의 비전과 경험, 간호교육에 대한 노하우를 거침없이 펼칠 수 있었기에 보람을 느꼈고, 구성원들은 선생님으로 인해 나름대로 자기 계발을 이룰 수 있었기 때문에 만족할 수 있었다. 당시의 적십자간호대학 구성원은 모두 선생님을 존경하고 '큰 어른'으로 기억하고 있다.

업둥이 엄마,
통일을 준비하다

얼마 전 일이다. 오랜만에 한국에 돌아와 남편과 함께 외식을 하러 갔는데 뒤쪽에 앉은 젊은 부부의 이야기가 자꾸 귀에 꽂혔다. 멀쩡해 보이는 부부가 '업둥이를 어떻게 해야 하는지' 고민을 나누고 있었기 때문이다.

'요즘도 업둥이가 있나?' 하는 생각이 들면서 옛날 일들이 문득 주마등처럼 스쳐 지나갔다.

예전에는 '업둥이'가 참 많았다. '업둥이'란 '집 앞에 버려진 아이'를 뜻하는 순우리말인데, 입 밖에 내서 말을 하지는 않았지만 한 동네에 몇 명은 꼭 있었다고 해도 과언이 아니었다. 먹고 살기가 힘드니까 입 하나라도 덜자는 심산으로 갓난아기를 남의 집 대문 앞에다 버려두고 가는 것인데, 대부분 미리 '그 집'에 대해 알아본 티가 난다. 아이가 많은 집, 어려운 집은 당연히 피하고 아이가 없거나 손이 귀한 집, 넉넉한 집을 고른다.

그러면 대부분 내치지 않고 자기 자식처럼 길렀다. 이렇게 들어온 업둥이는 오히려 '복덩이'라는 별명으로 불리며 큰 사랑을 받는 경우도 적지 않았다. 입양하고는 방식이 좀 다르긴 하지만 업둥이 역시 엄마의 입장에서는 '가슴으로 낳은 자식'이다.

그런데 다시 얘기를 들어보니, 뒷자리 젊은이들이 말하는 업둥이는 '아이'가 아니라 요즘 말로 반려동물 즉 '고양이'였다. 개나 고양이를 '우리 아기'라고 부르는 게 일반화된 데다 뜻하지 않게 분양받아온 강아지나 고양이를 '업둥이'라고 부르는 것도 젊은이들 사이에서는 당연한 일인 모양이었다.

그렇게 업둥이에 대한 옛날 생각을 하다 보니 문득 선생님도 참 많은 업둥이를 길러냈구나, 하는 생각이 덩달아 따라왔다. 지위나 학맥, 인맥 등과는 상관없이 일단 품에 들어온 '자식'들은 모두 최선을 다해 길러냈기 때문이다. 한마디로 선생님은 '출신 성분'에 대한 구분이 없었다.

불가에서는 흔히 너와 나, 나와 남을 구분하는 것이 모든 '업'의 시작이라고 말한다. 따라서 '구분' 없는 마음, 분별없는 마음을 지니고 있으면 이미 성불의 경지에 이르렀다고 본다. 조금 과장해서 말하자면, 그런 뜻에서 선생님은 이미 성인의 반열에 오르고도 남지 않았을까 싶다.

이쯤에서 김모임 선생님의 마지막 업둥이를 소개하고자 한다. 그것은 '연변대학' 출신의 이춘옥 교수와 '통일 준비' 이야기다.

당시 우리 대학은 개교 100주년 기념을 앞두고 그 옛날 선교사로부터 받은 빚을 어떻게 되돌릴 수 있을 것인지에 대해 여러 가지 사업 논의를 하고 있었다. 때마침 홍신영 박사 간호교육 50주년 기념사업을 앞두고 있던 간호대에서는 연변 동포를 위해 뭔가를 해보자는 쪽으로 의견이 모아졌다. 우리는 연변을 남북 통일을 준비하기 위해 북으로 가는 다리라고 생각했다. 간호대학이 처음 시작되었을 때 선교사들의 정신을 되새기는 한편 홍신영 박사의 뜻을 기리는 의미도 크다고 생각했기 때문이다.

때마침 중국 연변에서 '국제고려의학학술대회'가 열렸는데, 나는 간호의학학술학 분회에서 강의를 하게 되었다. 학회 참석의 또 다른 목적은 중국의 간호에 대해 알아보는 한편, 연변 지역의 간호 현황도 함께 파악하는 것이었다. 연변 간호사를 위한 사업의 타당성을 검토하기 위해서였다.

본래 이 대회에는 우리나라는 물론 미국과 중국, 북한에서 의료 계통 학자들이 참석하기로 되어 있었지만 북한에서는 한 명도 참석하지 않았다. 그런데 바로 이 학술대회가 선생님의 업둥이 '이춘옥 교수와의 만남'을 이어주는 인연이 되리라고는 누구도 생각지 못했다. 지금 생각해봐도 이춘옥 교수와의 만남은 마치 거짓말처럼 '우연히' 그리고 영화처럼 극적으로 이루어졌다.

1991년 7월이었다. 선생님과 함께 중국으로 간 나는 우선 중국과 연변의 간호 현황을 파악하기 위해 여기저기 알아보기 시작했다. 하지만 인터넷도 없었던 그 시절, 아무런 연고도 없는 땅에서 간호 현황을 파악하는 것은 사실상 불가능했다.

이리저리 수소문을 하다 외사부에 '연변의학원' 견학을 요청했다. 당시만 해도 중국은 무시무시한(?) 공산주의 국가라는 인식이 강했던 터라 개인이 마음대로 돌아다닐 수가 없었다. 하지만 외사부에서는 '학교가 방학 중'이라는 이유로 요청을 거절했다. 나는 학교라도 한 번 둘러보게라도 해달라고 우겨서 결국 검은 안경을 쓴 '공산당원'의 안내로 연변의학원 호리학원(간호학교)을 방문하게 되었다.

외사부의 말대로 학교는 텅 비어 있었다. 그러나 방학 때에도 언제나 부지런하게 학교를 지키는 사람은 있게 마련이다. 그때 유일하게 학교에 나와 있던 교수, 의과대학을 졸업하고 호리학원에서 강의를 하고 있다는 이춘옥을 만나게 되었다. 이런 저런 이야기로 대강 중국, 연변 지역의 간호 실태에 대한 이야기를 나누다가 이 교수에게 임상 현장의 상황을 좀 더 자세하게 알려줄 수 있는 임상간호사를 좀 소개시켜달라고 부탁하였다. 잠시 후에 연변의학원 부속병원에서 책임 간호사로 일하고 있는 오경옥 선생이 이 교수의 방으로 들어왔다.

그리고 시간이 얼마나 지났을까? 대략 두 사람을 만난 지 2시간도 안 되는 그때, 나는 느닷없이 그들에게 '한국에서 연수를 받아볼 생각이 없느냐?'고 물었다. 나로서는 중국이나 연변의 간호 현황 파악도 필요했지만, 홍신영 박사 50주년 기념사업을 시작하기 위한 인물 선정도 중요했기 때문에 그들의 사람 됨됨이, 실력, 간호전문직인으로서의 비전에 대한 확인도 없이 앞뒤 가리지 않고 그런 제안을 했던 것이다.

두 사람은 의아해 하면서 내 이야기를 전혀 믿지 못하는 눈치였다. 당시 '한국 간다'는 것은 모든 조선족의 꿈이었는데, 만난 지 2시간도 채 되지 않는 초면의 사람이 느닷없는 '연수' 제안을 하고 나섰으니, 내가 그런 상황이었어도 마찬가지 반응을 하였을 것이다. 하지만 좀 더 차근차근 이야기를 들려주자 마침내 두 사람도 반신반의 하며 '갈 수만 있다면' 했다.

숙소로 돌아온 나는 곧 선생님에게 두 사람을 만난 이야기를 말씀드렸다. 물론 한국에 연수 형식으로 초청했다는 것도 함께 보고했다.

잠시 상상을 해보라. 드넓은 중국 연변 땅에서 만난 생면부지의 조선족 중의학 교수와 그가 소개해준 조선족 간호사를 무작정 한국으로 초청하겠다는 어이없는 보고를 받고 있는 선생님의 모습을······.

그런데 더욱 재미있고 맥빠지는 일은 내 보고를 받은 선생님이 "응, 알았어." 하셨던 것이다. 자세한 설명이나 그들에 대한 추가 보고를 기다리지도 않고 바로 그 자리에서 "알아서 잘 했겠지." 하고 말았으니, 제자나 스승이나 참 어이없기는 요즘 말로 도긴개긴이었던 셈이다.

이런 극적 만남을 통해 나의 추천을 받은 두 사람은 그 후 한국에 들어와 간호대학과 병원에서 1년간 연수를 하고 돌아갔다. 연수에 필요한 돈은 홍신영 박사의 석좌 기금에서 지출되었다. 그런 다음 선생님과 함께 의논해서 두 사람을 다시 정규 석사과정으로 초청했는데, 아쉽게도 오경옥 선생은 학사 학위가 없어서 들어오지 못했고, 중국에서 정식으로 의학사 자격이 있는 이춘옥 교수만 석사 공부를 시작했다.

이춘옥 교수의 석사 학위 공부에 들어가는 돈은 '김모임 간호발전기금'에서 지급했다. '김모임 간호발전기금'은 2000년대 초반 적십자간호대학 학장으로 있던 선생님이 'WHO 월드 헬스 프라이즈'를 수상하면서 받은 상금과 일본재단(日本財團)의 후원금에다 선생님이 퇴직할 때 받은 돈을 합쳐서 조성한 4억 원 정도의 기금을 말한다.

세상에는 하고 많은 기금들이 있지만, 그 용도는 사실 기금을 만든 사람들의 '생색'을 위해 쓰이는 경향이 많다. 하지만 선생님의 경우는 달랐다. 그야말로 통 크게 '대한민국의 통일' 이후를 대비하기 위해 이 기금을 사용하기로 한 것이다. 물론 그 매개 고리는 '간호'였다.

사실 통일을 준비해야 한다는 말들은 많지만 실제 행동으로 옮기는 사람이나 조직은 거의 없는 것이 당시의 현실이었다. 하지만 기념사업을 시작할 때부터 선생님과 우리는 적어도 간호계는 그렇게 되지 말자는 다짐을 여러 번 했던 터였다. 연변에 포진을 하고 간호교육을 준비하며 남북통일에 간호도 통일이 되는 게 당연한 일인데, 우리들의 시각으로 보면 남북의 격차가 너무 컸다. 당시 북한 간호학의 수준은 우리나라 중고등학교 정도의 수준에 불과했다.

만일 이런 상태에서 통일이 된다면 간호계의 혼란은 당연한 일이었다. 쓰는 어휘와 용어도 다르고……. 그래서 선생님은 '김모임 간호발전기금'을 가지고 '간호학의 통일'을 이룰 수 있는 사람을 키워보자고 한 것이다.

가장 쉽고 빠른 길은 북한 간호사를 데려다 교육을 시키는 것이겠지만 현행 법 아래서는 할 수 없는 일이었다. 그래서 차선책으로 중국 동북 3성의 조선족 간호사를 선정하기로 하고, 앞서 소개한 두 사람을 내가 먼저 만나보았던 것이다.

당시 선생님의 기금 수혜자로 최종 선정되어 석사, 박사 공부까지 마치고 연변으로 돌아가 후진 양성에 힘쓰고 있는 이춘옥 교수는 현재 연변뿐만이 아니라 중국 내에서 간호사로서는 처음으로 박사 학위를 받은 인재로 중국 간호계의 지도자로서 중추 역할을 하고 있다.

하지만 현재 상태에서 통일이 될 경우 이 교수 혼자 힘으로 '간호의 남북통일'을 이루는 것은 힘에 부칠 게 뻔한 일. 그것을 잘 알고 있는 이 교수는 자신과 함께 호흡을 맞출 수 있는 또 다른 교수들의 교육도 부탁해왔다. 그래서 지금까지 3명이 더 선생님의 기금으로 유학을 하였다. 아쉽게도 이 교수와 같은 전액 장학금은 아니고 학비를 보조해주는 정도에 그쳤지만.

어쨌든 연변대학 간호학부에서 연세대학에 유학을 왔던 교수들이 지금은 난징과 베이징 등 중국 전역에 흩어져 큰 지도자 교수로서 일하고 있다. 만일 통일이 되면 이 교수를 중심으로 하는 팀이 낙후된 북한 지역 간호계의 기초를 닦을 수 있으리라 믿는다.

선생님이 가슴으로 낳은 아이, 업둥이가 또 다른 업둥이를 키워가면서 간호계의 통일을 차근차근 준비하고 있는 셈이다.

2012. 8 노르웨이 올레순 항(배에서 본 전경)
(ALESUND)

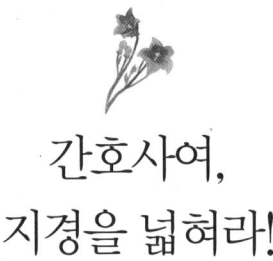

간호사여,
지경을 넓혀라!

 사람의 심성이 긍정적인가 부정적인가 보는 테스트의 하나로 '컵에 반쯤 남은 물'을 예로 드는 경우가 많다. 이것을 보고 '아직 물이 반이나 남았네' 하면 긍정적인 사람이고 '물이 반밖에 안 남았네' 하면 부정적인 사고를 가진 사람이라는 것이다. 그렇다면 선생님이라면 어떨까?
 우리가 아는 선생님은 컵에 반쯤 남은 물을 보면 '어떻게 하면 저 남은 물을 다 먹고 다시 컵을 채울 수 있을까?'를 생각하는 사람이다. '긍정적인 사고'를 넘어서 '그 이후'까지 미리 생각하는 것이다. 이 때문에 때로는 '쓸데없는 짓'을 한다는 욕을 먹는 경우도 적지 않았다. 아무리 봐도 지금 당장 필요한 일이 아닌 것처럼 보이기 때문이다. 그러나 어느 정도 시간이 흐른 뒤에는 '아, 그래서 그 일을 추진했었구나!' 하는 걸 깨달으면서 무릎을 탁 치곤 하는 것이다.
 당시 연세대 보건대학원은 의대 예방의학교실 중심으로 만들어져서 다른 학과 학생들도 입학 및 수강을 할 수 있었다. 덕분에 인문, 사회, 자연 등 여러 대학 학생들이 같이 수강을 하고 있었다. 학생을 가르치는 교수는 대부분 의대 출신이거나 의사들이었지만 어느 정도는 문호가 열려 있었던 셈이다. 연세대처럼 보수적인 곳에서 간호사 출신의 선생님을 대학원장으로 받아들일 수 있었던 것도 이런 영향이 없지는 않았을 것이다.

선생님이 대학원장으로서 했던 일 가운데 가장 크게 두드러진 것은 법과 윤리, 국제보건학, 보건정보학 등등 다양한 학과의 신설이었다. 일부는 학과까지 만들어졌고, 일부는 학과목을 개설하는 정도에서 그친 것도 있지만 어쨌든 이런 과목과 학과의 신설에 따라 보건대학원은 다 학제간 학문 접근이 더욱 깊고 넓어졌다.

물론 선생님의 시도가 모두 환영을 받은 것은 아니었다. 특히 국제보건학(International Health)은 의대 쪽의 반대 때문에 학과로는 만들지 못하고 전공으로 정리가 되었지만 교육부와 협의해서 전체 정원을 늘렸고, 지금은 대표적인 효자 학과 중의 하나로 인정받고 있다.

'국제적인 흐름을 알아야 한다'는 선생님의 주장이 새로운 학과의 신설로 나타난 대표적인 사례다.

또 선생님은 법학과와 협의해서 법과 윤리학과를 신설하고 손명세 교수를 책임자로 영입했다. 그리고 보건정보학과도 만들었다. 따라서 비의사 교수들이 이런 과정에서 전임 자리를 잡을 수 있었다. 통계학을 전공한 C 교수는 선생님과 함께 일할 수 있었던 것이 '일생일대의 행운'이라고 소회를 말하기도 했다.

그렇다면 선생님이 굳이 '법과 윤리'라는 학과를 만든 이유는 뭘까?

"의사든 간호사든 법을 너무 몰라. 자신의 의료행위가 법적으로 맞는지 틀리는지 제대로 알아야 의료 사고의 위험을 줄일 수 있고, 만약의 경우에도 올바른 대처를 할 수 있다고 생각했지. 그리고 당시 이미 의학과 간호학 분야뿐만 아니라 심지어 경영이나 공학 분야까지 윤리적인 기준과 한계 등을 설정하는 게 세계적인 추세였는데, 대학원까지 온 사람들이 너무 그런 쪽에 무지하더라고. 그래서 법과 윤리라는 학과를 만들었지. 세계적인 흐름에 맞춰서 공부 좀 하라고."

간호사 출신으로 첫 보건대학원장을 맞게 되니 의사들의 시큰둥한 반응도 없지 않았지만, 선생님은 최선을 다해 의사와 간호사 그리고 기타 다양한 분야의 출신들이 포괄적으로 두루 공부할 수 있는 '통섭의 보건의료'를 지향했다.

이를 위해서 선생님은 자신의 소유였던 오피스텔을 보건대학원에 기증하기도 했다. 연세대학교 보건대학원이 존스홉킨스 보건대학원만큼의 위상으로 변신해줄 것을 요청하는 의미였다. 또 글로벌 시대를 맞아 인터내셔널 헬스를 중심으로 세계 건강 질서를 잡는 기관으로 커주기를 바란다는 뜻이었다.

그리고 그런 인력을 키우기 위해서는 '지역사회간호학과'가 꼭 필요하다는 것도 누차 강조했다. 본래 연세대 간호대학에도 지역사회간호학 교실이 있었고, 보건대학원 내에도 지역사회간호학 전공이 있었다.

당시 주임교수가 바로 선생님이었고, 보건대학원의 지역사회간호학 주임교수는 간호대 교수들이 맡았다. 그런데 선생님이 대학원장에서 물러난 뒤, 어느 순간 지역사회간호학 전공이 없어지고 말았다. 오피스텔까지 기부하며 원래의 지역사회간호학과가 살아나기를 바랐지만 아직 소식이 없다.

선생님은 법과 윤리 공부를 보건대학원생들뿐 아니라 간호대 학생들에게도 끊임없이 강조했다. 간호대학을 졸업한 사람이 법학과로 편입하겠다면 무척 기뻐하며 격려하시고, 간호사 출신의 행정가, 법률가, 저널리스트가 탄생해주기를 간절히 바란다고 하셨다.

선생님을 시작으로 간호사 출신의 국회의원이나 장관이 되는 일은 이제 드문 일이 아니다. 하지만 그들에게는 정해진 임기가 있어서 일의 추진에는 한계가 있다고 생각하신다. 반면에 법률가나 행정가, 저널리스트는 온전히 개인 자격으로 '간호사'의 입장을 얼마든지 대변할 수 있다.

간호학 공부를 하고 법학을 다시 전공하여 간호대학에서 교수로 일하는 사람은 있지만 아쉽게도 아직은 간호사 출신의 검사나 변호사, 판사, 고위 공무원, 저널리스트는 보기 힘든 실정이다.

'건물을 짓기보다는 사람에 투자해야 한다'고 늘 주장했던 선생님이 현역 시절 그 싹을 틔우기 위한 노력을 하였지만 아직도 미미한 결과만 있다는 것이 바로 이 부분이다.

선생님은 간호사가 병원이나 의료시설이라는 영역을 벗어나서 국민 건강을 위한 총체적인 정책과 설계, 실천을 하는 중심에서 언젠가 제2의 선생님 같은 '능력 있는 자'들이 간호의 지경을 넓히며 활동하는 세상이 조속히 이루어지기를 바라고 있다. 🌿

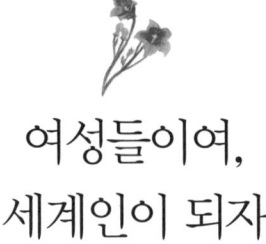

여성들이여,
세계인이 되자

　선생님은 적십자간호대학 총장을 끝으로 공식적인 자리에서 은퇴를 했다. 물론 그 이후로도 크고 작은 일들에 관여를 하기는 했지만, 예전에 비하면 상당한 여유를 가지게 되었다. 선생님은 그렇게 생긴 여유를 그동안 공무 때문에 바빠서 못했던 '여행'으로 채우는 경우가 많다.
　수십 년 후진 양성에 힘쓴 덕분에 국내는 물론 전세계적으로 제자들이 퍼져나가 있으니 마음만 먹으면 어디라도 다녀오실 수 있다.
　아쉽게도 나 역시 몽골에서의 업무에 매여서 선생님과 함께할 수 있을 만한 시간이 많지 않았지만, 그래도 틈이 나면 선생님과 국내외 여행을 함께 가곤 했다. 때때로 오랜 시간을 낼 수 없을 때는 학교에서 가까운 재래시장 구경을 가기도 한다.
　사람이 사는 게 이런 게 아닌가 싶을 정도로 늘 활기가 넘치는 시장 구경을 하다보면 우리도 덩달아 에너지가 흘러넘치게 된다. 몇 년 전, 선생님이 몽골에 와서 사막 여행을 함께했을 때도 짧게나마 몽골의 전통시장을 함께 둘러보았다.

전통시장 구경은 전 세계 어디를 가든 흥미진진하지만 재래시장에서도 각종 채소를 깨끗이 다듬어서 포장까지 미리 해두는 경우가 많다. 뿐만 아니라 좌판에 앉아 있는 아주머니나 할머니들은 끊임없는 수다 속에서도 마늘을 까거나 파 껍질을 벗기고 콩나물을 다듬어서 깨끗하고 반지르르하게 다듬는 손을 쉬지 않는다.

당연한 일이지만 이렇게 다듬은 채소들은 흙이 묻은 본래 모습 그대로인 채소보다 훨씬 비싼 값에 팔린다. 사람도 그런 것 같다. 평소에 이렇게 자신을 다듬고 가꿔놓으면, '나를 꼭 뽑아주세요' 하고 애원하지 않아도 필요한 사람이 뽑아다 쓰게 된다.

그런 점에서 선생님은 요즘 젊은 후배들에게 꼭 들려주고 싶은 이야기가 있다고 한다. 준비된 사람에게 기회는 온다. 평소에 '국제적 감각을 키워라' 하는 것이다. 선생님이 말하는 '국제적 감각'이란 단순한 영어 실력이나 외국인과 함께 일할 수 있는 업무능력만을 의미하는 것이 아니다. 그것을 뛰어넘는, 말 그대로의 '감각'이다. 그것은 곧 고도의 정치적인 감각을 뜻한다.

요즘 후배들은 우리 때와 달리 대부분 영어 실력도 출중하고, 꼭 유학이 아니더라도 배낭여행 등을 통해서 외국인에 대한 거부감도 크지 않은 것 같다. 예전에 비해 기본 '스펙'도 훌륭하다. 그런데도 굳이 국제적 감각을 키웠으면 하는 것은 '국제무대'를 상대로 더 큰 꿈을 펼쳤으면 하는 바람 때문이다.

선생님이 평소에 국제적 감각을 키우라고 강조하는 이유는, '정치적 감각'까지 갖추는 일은 벼락치기가 아니라 평소 끊임없이 준비를 해야 하는 일이기 때문이다.

1977년, 일본간호협회가 선생님을 ICN 서태평양지역 이사로 추천한 것을 계기로 처음 국제무대에 도전장을 던진 이래 38년이 흘렀다. 그동안 '대한간호협회'의 위상은 당시와는 비교도 안 될 정도로 높아졌고, 회비조차 제대로 내지 못했던 우리가 세계 각국을 돌며 원조의 손길을 내밀고 있다. 하지만, 외형적인 성장에도 불구하고 아직 갈 길이 멀다. 이외에도 지역사회간호학에 대한 낮은 이해와 조직 등 산적한 문제가 한둘이 아니다.

이 모든 문제들이 '해외' 유학이나 국제적 감각만으로 해결되는 것은 아니지만, 선생님의 사례에서 보았듯이 문제를 해결하는 시발점 혹은 모티브가 되는 것만은 확실하다. 또한 국제적 감각이 커질수록 간호계 전반의 학력과 인식 수준 또한 높아지게 되고, 따라서 건강관리팀의 구성원으로서 동등한 목표 달성에 일익을 담당하는 일꾼이 될 것이다.

선생님 역시 처음에는 수많은 실패를 겪었다. 국제 활동에 대한 감각도 '준비'가 되어 있지 않았다고 할 수 있기 때문이었다. 돌이켜보면 참 많은 기회들을 제대로 잡지 못했던 것은 외부적인 문제가 아니라 바로 우리 간호협회 혹은 간호사 개개인의 문제가 매우 컸다. 세계가 어떻게 돌아가는지 몰랐기 때문에 국제대회가 왜 중요한지, 왜 참석해야 하는지 그 의미조차 모르고 무모한 도전을 하기도 했다.

하지만 선생님은 이런 어려움을 이겨내고 국제무대에 우뚝 섰고, 그 덕분에 우리는 수십 년의 세월을 압축해서 선진 간호세계를 우리 것으로 만들 수 있었다. 만일 선생님이 없었다면 대한민국 간호계의 국제세계 진출은 어쩌면 수십 년이 늦어졌을지도 모를 일이다. 그만큼 당시 우리 간호사는 '우물' 밖에 더 큰 세상이 있다는 것을 몰랐고, 우물 밖으로 나온 뒤에도 어쩔 줄을 몰라 했다.

선생님은 언제 어디서나 환영을 받았고 충분히 누릴 자격이 있었지만, 그 영광의 순간을 결코 혼자 누리려 하지 않았다. 간호의 세계화를 위해 선진국 의료기관 방문을 직접 주선하거나 프로그램을 만들었고, 간호계 쟁점과 관련한 주제에 대해 국제적인 강의와 강연 참가를 독려하였다.

선생님은 연세대 간호대학 학생들이 동서 교류의 경험을 축적하여 횡문화적 안목을 넓힐 수 있도록 매년 겨울방학이면 미국 하와이 CAPE 프로그램을 만들어 참석하도록 했고, 4년마다 개최되는 ICN 대회에도 많은 학생과 간호사들이 참석하도록 격려했다. 1993년부터는 대학생이 ICN 대회에 참여할 수 있도록 여비와 등록비를 지원하기 시작한 것은 미래의 간호 지도자 육성을 위한 탁월한 전략적 결정이라 할 수 있을 것이다.

김모임이라는 거인의 어깨를 빌려서 우리는 단숨에 세계 간호계의 거인의 자리에 올라설 수 있었다. 그런데 그 이후 우리 간호계는 그때만큼의 성장을 이루지 못하고 있다. 우리 중진들이 선생님만큼의 역량이 되지 못했던 것 같아 미안한 심정이지만 이만큼이나마 우리가 버티고 있을 때, 이를 바탕으로 뒤에 오는 사람들이 열심히 국제무대에서 뛰어주었으면 좋겠다.

국제무대는 총성 없는 전쟁터다. '간호사 정신'은 국경과 인종을 뛰어넘는 인류애를 바탕으로 하는 것이지만 간호사 개인 혹은 간호사 협회는 '국가'나 '민족'의 한 구성원이라는 사실을 벗어날 수 없다.

미국에서 나비 한 마리가 날갯짓을 하면 우리나라에서는 태풍이 일어날 수도 있다. 이른바 '나비효과'다. 한 사람, 한 사람 국제적 감각과 실력을 갖춘 사람이 늘어날 때마다 우리 간호계가 쑥쑥 성장하게 되는 것 또한 일종의 나비효과다.

나 혼자의 힘으로는 아무리 까치발을 하고 들어봐야 내 키 이상 커질 수 없지만 앞서간 선배 거인의 어깨를 빌린다면 더 멀리, 더 높이 볼 수 있을 것이다. 이제 후배들이 우리의 어깨를 빌려 더 멀리 나아갔으면 한다. 그것이 바로 선생님의 '국제적인' 바람이다.

운조루의 햇살

지난해 ICN에서 좋은 제안을 내놓았다. 한국에 가칭 '김모임-ICN Center for Excellence'를 설립했으면 한다는 의사를 밝힌 것이다. 우리보다 훨씬 앞서 세계 무대에서 뛰었던 일본은 물론 신흥 경제대국 중국을 비롯해 동남아 전체를 통틀어 한국에 센터를 만드는 것은 선생님의 업적을 ICN 차원에서 높이 기리는 것이니 그 자체로도 얼마나 고맙고 뜻깊은 일인가.

더욱이 이 일은 평소 선생님의 뜻과도 일치한다. 선생님이 기회가 있을 때마다 강조한 것이 '건물보다는 사람을 키워야 한다'가 아니었던가. ICN에서 '인재개발센터' 앞에 굳이 김모임이라는 이름을 넣고자 하는 이유는 분명하다.

일본이나 중국 등 주변국들이 우리나라에 인재개발센터를 세우는 것에 대한 반발은 혹시 있을지 모르지만, '김모임' 선생을 위한 센터 건립을 반대할 수는 없을 것이기 때문이다.

사실 선생님은 ICN의 제안과 별도로 독자적인 인재개발센터 설립을 다각도로 모색하는 중이다. 그 바탕은 바로 김모임 선생님이 현재 머물고 있는 제주도의 자택.

조금 엉뚱한 이야기지만, 사실 선생님은 큰돈을 벌 수 있는 기회가 적지 않았다. 대한민국 전체가 '땅 투기' 열풍에 휩싸였던 1970년대와 1980년대, 선생님은 '요지'라 할 만한 곳에 땅도 있었고 집도 있었다.

부모님과 함께 살았던 대방동 집을 비롯해서 귀국 후 사시던 종로2가의 낙원상가 아파트는 투기를 하자고 작정했다면 적지 않은 수익을 올릴 수 있었을 것이다. 하지만 선생님은 어떤 경우에도 자신이 가진 것을 '수익을 위해' 써본 적이 없다. 오히려 값이 한창 높을 때 당신이 몸담고 있는 조직이나 학교를 위해 기부하거나 활용했다. 또 직접 기부가 어려운 때는 최대한의 자원을 이끌어냈다.

여성정치연맹 총재 때는 외부 자원을 최대한 모아들여 연맹의 보금자리를 만들었고, 적십자간호대학 건물을 지을 때는 당신의 부동산을 담보로 잡히고 자금 문제를 해결했다.

나중에 돌려받긴 했지만, '연대 책임제' 때문에 보증을 서는 것조차 꺼리던 그 시절에 아무런 조건 없이 당신의 것을 담보로 내놓는 일은 아무나 할 수 있는 일이 아니었다.

그리고 지난 2014년 8월, 선생님은 '아낌없이 주는 나무'와 같았던 기부의 마침표와도 같은 결단을 내렸다. 제주도 자택을 제외한 나머지 전 재산을 모교인 연세대학교 간호대학의 발전을 위해 내놓으신 것이다.

2014년 8월 8일, 중앙일보는 선생님의 전 재산 쾌척을 이렇게 소개했다.

김모임 전 보건복지부 장관이 연세대 간호대학에 26억 원 상당의 재산 대부분을 기증했다. 현재 거주하고 있는 제주도 자택을 제외한 서울 동교동 빌딩 등 거의 전 재산이다. 김 전 장관은 "일생을 통해 마련한 재산인데 우리나라의 간호 발전에 보탬이 됐으면 한다."고 기증 이유를 밝혔다. 기증된 빌딩은 연세대 재단에서 관리하며 임대 수익금은 간호대학에 전달된다. 이 자금은 정책 개발 및 연구 활동 지원에 사용될 것으로 보인다.

앞서 김 전 장관은 1993년부터 올해까지 총 10억 3000만 원도 기부했다. 1996년 세계보건기구(WHO)로부터 받은 상금 1억 원도 '김모임 간호발전기금'으로 쾌척했다. 이 기금은 후학들의 세계간호협의회 포럼 참가비, WHO 인턴 활동비 등으로 쓰이고 있다.

이제 선생님께 남은 유일한 사유재산인 제주도 자택은 당신께서 직접 설계하고 디자인한 곳이다. 이 집은 독특한 구조를 가지고 있는데, 그것은 안채와 별채가 따로 있는 것이다.

제주도는 세계적인 관광지니까 훗날의 수익을 생각한다면 펜션이나 별장 형태로 지을 수도 있었겠지만, 굳이 독립적인 별채를 따로 하나 지은 것은 제주로 오는 선후배, 제자 등 방문객을 위한 공간 마련 때문이었다.

그리고 국적을 가리지 않고 '간호계' 인물이라면 누구나, 아무 때나 와서 머무를 수 있게 냉난방 시설도 별도로 설치했다. 선생님이 집에 있건 없건 미리 얘기만 해두면 자유롭게 와서 머무를 수 있는 시설로 설계되어 있다.

선생님이 만든 '게스트 룸'의 아이디어는 문득 전라남도 구례에 있는 '운조루'의 이야기를 떠올리게 한다. 1776년(영조 25년)에 낙안군수였던 류이

주 선생이 지은 운조루는 230년이 넘는 기간 동안 잘 보존되어 온 대표적인 우리 고택 중의 하나다. 이 집에는 쌀이 세 가마니나 들어가는 큰 뒤주가 있는데, 이 뒤주에는 '누구나 열 수 있다'는 뜻의 '타인능해(他人能解)'라는 글귀가 붙어 있다.

배고픈 사람들이 언제든지 와서 뒤주를 열어 필요한 만큼 쌀을 가져갈 수 있도록 한 '나눔의 공간'이다. 특히 운조루의 주인은 가난한 사람이 쌀을 가져갈 때 집안의 누구와도 마주칠 일이 없도록 뒤주를 설치함으로써 없는 사람들의 '자존심'까지 살려주었다.

'누구나, 아무 때나 와서 쓰라'는 선생님의 게스트 룸은 바로 이 운조루의 '타인능해' 정신과 일맥상통하는 게 아닌가 싶다.

선생님은 사실 당신의 재산만이 아니라 신체와 정신까지 모두 다른 사람을 위해 내놓은 상태다. 회갑을 맞은 날 시신을 기증하기로 서약을 했다. 또 복지부 장관 시절에는 모든 직원이 시신기증을 서약하도록 해서 큰 화제를 불러일으키면서 사회적으로 시신기증 정신이 퍼져 나가는 데 힘을 쓰기도 했다.

안구나 장기가 아니라 시신 자체를 기증하는 것은 생명을 살리는 동시에 '의학의 발전'에 기여하기 위한 결정이기도 하다. 또한 크든 작든 상을 받을 때마다 주어지는 상금에다 자신의 돈을 합쳐서 이런저런 기금을 만들었던 것 또한 미래의 인재 양성을 위한 장기적인 투자였다.

선생님은 최근 몇 년간 환자들이 손쉽게 의료진과 대화하고 병원을 바르게 이용할 수 있도록 하는 '스마트 페이션트' 운동을 준비해오고 있다. 언젠가 간호사들이 주동하는 국민운동이 벌어지기를 기대하면서, 또 한편으로는 세계적인 간호계의 리더가 다시 한번 대한민국에서 나타나주기를 기원하면서, 오늘도 선생님은 운조루의 타인능해를 생각하며 따사로운 햇살 속에 자신이 가진 나머지를 어떻게 주고 갈 것인지 고민하고 있다.

제7부

꽃들의 합창

인생은 교향악입니다.
인생의 각각 순간들이 합창으로 노래하고 있습니다

- Romain Rolland -

그 꽃
― 고은

내려갈 때 / 보았네
올라갈 때 / 보지 못한
그 꽃

선생님은 영원한 우리들의 꽃이었다. 묵묵히 제자리를 지켰을 뿐, 스스로 나서지 않았건만 선생님은 언제 어디서나 빛나는 꽃이었다. 한국을 넘어 세계를 아름답게 장식해준 화려한 꽃이었다. 하지만 선생님은 오히려 우리를 꽃이라고 불렀다.

이제 막 간호계에 발을 딛는 어린 후배들은 피어나는 여린 꽃봉오리였고, 수십 년 동고동락한 우리는 선생님과 함께 세상을 아름답게 수놓은 꽃 무리였다. 선생님은 우리의 꽃이었고, 우리는 선생님의 꽃이었다.

책을 준비하면서 선생님이 얼마나 아름다운 꽃이었는지 새삼 돌아보게 되었고, 우리들 역시 저마다 빛나는 한 떨기 꽃이었음을 깨닫게 되었다.

하지만 선생님과 함께 세상을 빛낸 꽃들이 어찌 우리 두 사람뿐이었으랴. 이루 헤아릴 수 없이 많은 사람들이 선생님과 함께 일했고, 선생님을 도왔고, 선생님의 도움을 받았다. 그 수많은 사연들을 글로 옮긴다면 그분들 하나하나마다 새로운 책이 한 권씩 필요할 것이다.

책을 마무리하면서 돌아보니, 올라갈 때 보지 못했던 '그 꽃'들이 얼마나 많은지 다시금 깨닫게 된다. 비록 함께 원고를 쓰지는 못했지만, 마음만은 늘 우리와 함께 있었던 '그 꽃'들의 이야기, '꽃들의 합창'을 여기 모았다.

🌸 내가 기억하는 김모임 교수님

문창진(차의과학대학교 부총장/전 보건복지부 차관)

김모임 교수님이 보건복지부 장관으로 계실 때 나는 총무과장으로 재직하고 있었다. 부처살림을 맡아하는 자리다 보니 출퇴근하실 때 가까이서 뵙곤 하였다. 가까이서 뵌 교수님의 모습은 늘 단정하고 정리된 모습이셨고 업무에 대해서는 꼼꼼하면서도 열정적인 분이셨다. 내가 기억하고 있는 김모임 교수님은 일과 결혼한 분이다. 결혼을 안 하시어 일에 몰입하신 게 아니라 일을 하기 위해 결혼을 포기한 분이 아닌가 싶다.

최근 광복 70주년을 맞이하여 「보건복지 70년사」 집필작업을 진행하고 있는데, 1999년 도시자영자에 대한 국민연금 실시과정에서 당시 장관이셨던 교수님의 노고가 얼마나 컸는지를 다시 한번 확인할 수 있었다. 그러나 한편으로 70년사에 다 담지 못하는 크고 작은 사연들이 역사 속으로 사라진다고 생각하니 아쉽기 짝이 없었다. 그러던 차에 김모임 교수님의 행적을 더듬어볼 수 있는 책이 출간된다고 하니 얼마나 반가운지 모르겠다.

인생은 지나온 날의 합이 아니라 기억의 합이고 의미의 합이다. 오랜 기간 공직에 있었다고 해서 훌륭한 것이 아니라 공직에 있는 동안 기억에 남을 만한 일을 해야 훌륭하다는 것이 내 생각이다.

이런 점에서 볼 때 김모임 교수님은 그 어느 분보다 존경을 받을 만한 충분한 자격이 있으신 분이다. 보건의료계에서 큰 족적을 남기시고 후학들에게 모범을 보여주신 교수님을 개인적으로 알게 되어 나로서는 더 없는 영광이고 행운이다. 교수님, 사랑합니다.

김모임 명예교수님과의 인연을 그리며

유승흠(한국의료지원재단 이사장/연세대 명예교수)

의과대학을 졸업하고 사십 년을 연세대학교에 재직하다가 정년퇴임을 한 나에게 동료와 선후배 중 인연이 깊은 몇 사람을 꼽으라고 한다면 김모임 교수님이 포함된다. 이 분은 나와 학과도 다르고, 자주 만나는 것도 아니지만, 서로 신뢰하는 선후배 교수로서 끈끈한 관계를 갖고 있다. 나는 김 교수님이 의과대학 출신 중에서 나를 가깝다고 손가락으로 꼽으실 것이라고 믿고 살아왔다.

내가 김모임 교수님을 처음 뵌 것은 의과대학을 졸업하고 예방의학교실 전공의가 되었을 때이다. 미국 존스홉킨스 보건대학원에서 보건학박사 학위 과정을 마치고 귀국하여 연세대 가족계획연구소의 총무부장을 담당하셨기에 종종 연구실이나 사무실에서 뵙곤 하였는데, 학위논문을 제출하느라고 다시 도미하셨다.

박사학위를 받고 귀국하여 간호대학 보건간호학 교수로 일하시면서 1970년대 중반부터 독일의 재정지원으로 경기도 강화군에서 지역사회보건사업을 하였을 때에는 보건간호 영역의 사업과 교육 및 연구를 담당하셨기에 강화보건사업 및 학생교육과 관련하여 종종 뵐 기회가 있었다.

내가 존스홉킨스 보건대학원에서 보건학박사 학위를 받고 1981년에 귀국한 때부터는 대학원 선후배가 되었다. 존스홉킨스동문회에서도 동문으로 만났다. 1990년 가을에 존스홉킨스 보건대학원에 강의하러 갔을 때에는 김모임 교수님께서도 존스홉킨스 보건대학원 교수로 머무르셨기에 두

달을 같이 보낼 수 있었다. 성탄휴가 때에는 사우스캐롤라이나 머틀비치에 같이 가서 한 주일을 머물기도 하였다.

존스홉킨스 보건대학원이 창립 75주년에 즈음하여 "75 Heroes of Public Health"를 선정하였는데, 동양인으로서는 김모임 교수와 가족계획으로 세계적인 권위자이신 의과대학 양재모 교수가 선정되었다. 보통 영예가 아니다. 우리 대학교 보건대학원 원장으로 재임 시에는 국내 최초로 국제보건학과를 만드셨고, 고위자과정도 만드셨다. 간호학박사 논문 심사위원으로 나를 지명하시기도 하였다. 나는 사양을 하였지만, 간호행정분야이니 맡으라는 엄명(?)이었기에 거절할 수가 없었다. 내가 종종 뵙는 정부 고위직을 지내신 어느 어른에게서 들은 바로는 김 교수님께서 나를 보건고위직에 강력하게 추천하신다고 그 분에게 기회 있는 대로 나를 추천하라고 하셨단다. 끔찍하게 나를 아끼신다는 것을 느낄 수 있는 바이다.

김모임 교수님은 하나님께서 하시고 싶은 일들을 하기 위해 다섯 달란트를 받은 청지기로 태어나게 하신 분이 확실하다. 무슨 일이든지 자기가 하여야 할 영역이라면 열과 성을 다하여 꾸준히 일하신다. 그러니 성취하지 않을 수 없다. 결과적으로 우리나라뿐 아니라 국제적으로 여러 주요 조직에서 최고책임자가 되셨다. 간호사로서 국내 최초로 외국의 저명한 대학교에서 박사학위를 받으셨다.

교수로서 후배 양성에도 여간 정성을 들이지 않으셨다. 비례대표 국회의원을 하시면서 보건분야 발전에 이바지하셨다. 간호사로서 국내 최초로 보건복지부 장관이 되셨다. 아시아인 최초로 세계간호협의회(ICN) 회장이 되셨다. 남녀를 불구하고, 우리나라에서 김 교수님만큼 국내, 국제적으로 활약하신 분이 또 어디 있겠는가?

뿐만 아니라, 그는 자신의 것을 아낌없이 내어놓으셨다. 세상에 돈을 싫어하는 사람이 어디 있는가? 김 교수님은 사사카와상(賞)을 수상하여 상금을 전액 기부하셨고, 금년에는 유일한상(賞)을 수상하여 상금 1억 원을 세계간호협의회에 전액 기부하셨다. 보건대학원 발전을 위한 우인기금에도 1억 6천만 원을 쾌척하셨다. 간호대학에 국제적으로 간호학 인재를 키우기 위한 기금을 조성해 5억 원을 기부하고도 거기에 25억이 넘는 전 재산을 다시 기부하시지 않았는가?

김모임 교수님이 팔순을 맞으셨다. 이제는 좀 쉬셔도 될 터이다. 그러나 아직도 마무리하고 싶으신 일들이 남아 있어서 오늘도 무언가 하시고 계실 터이다.

보건과 간호로 행복한 대한민국과 세계를 꿈꾸다

손명세(건강보험심사평가원장/전 연세대 보건대학원장)

1982년 10월경 예방의학 레지던트로서 경기도 강화군 보건소장으로 지역 보건 행정을 총괄하던 때 처음으로 김모임 선생님을 뵈었던 것이 30여 년이 지난 지금도 제 기억에 생생합니다. 81년도 정부에선 홍천, 옥구, 군위군을 대상으로 지역의료보험 1차 시범사업을 실시했고, 1982년에는 강화, 보은, 목포를 대상으로 지역의료보험 2차 시범사업을 실시했습니다.

강화를 제외한 5개 시, 군은 사회과장이 실무책임자였고, 강화군의 경우에는 의료보험에 대한 경험과 지식이 있는 점이 인정되어 보건소장인 제가 실무 책임자였습니다. 시범사업을 시작한 지 3개월쯤 지났을 때였습니다. 이즈음 시범사업이 잘 운영되고 있는지를 점검하기 위해 국회 보건사회상임위 소속 의원 전원이 강화군청을 방문했습니다.

보건사회 상임위원장은 최영철 의원이었고, 경기부지사와 그 이후 장관을 지냈던 차흥봉 보건제도과 과장이 국회의원들을 수행하였습니다.

대부분의 다른 국회위원들은 일반 상식 수준에서 생각할 수 있는 질문들이었다면 당시 김모임 의원께서는 시범사업들에 대한 통계 및 자료들에 대한 정확한 분석을 바탕으로 정책의 핵심사항들에 대한 질문을 하셨습니다. 예를 들면 다른 의원들이 당시 보험료 징수율이 다른 지역은 20% 정도인데 반해 강화지역의 경우 징수율이 95%에 육박하고 있음에도 동일한 적자가 발생하고 있는데, 이럴 경우 의료보험제도가 지속적으로 유지될 수 있겠느냐? 국가재정에 커다란 부담으로 작용하지 않겠느냐는 질문들이었습니다.

그러나 김모임 의원께서는 다른 지역의 적자는 징수원인 적자인데 반해 강화 지역의 경우 연세대 예방의학교실에서 운영한 2차 병원인 강화병원 운영으로 인한 급여 확대에 따른 급여요인 적자임을 지적하셨습니다. 그리고 강화 지역은 보건진료원(CHP)이 최초로 배치되어 보험진료를 담당하게 되면서 우리 의료보험제도가 보편적 의료보장을 실현하는 데 중요한 가교 역할을 하였습니다. 따라서 다른 지역과 비교할 때 보험급여의 질과 양에 있어서 차이가 있을 수밖에 없음을 파악하시고, 이러한 급여요인의 적자는 장기적으로 우리 국민들에 대해 양질의 의료서비스와 급여 범위를 확장해나가는 것이기에 단순한 재정적자의 문제로 보아서는 안 된다는 점을 지적하셨습니다. 김모임 선생님과 질의 응답과정에서 그 자리에 참석한 부지사, 지역 군수를 비롯한 많은 사람들은 의료보험 시범사업의 실체를 파악하면서 공부할 수 있게 한 시간인 동시에 정책적인 혜안을 갖게 하였습니다. 이처럼 김모임 선생님은 누구보다 더 건강보험제도에 관해 실무자, 학자, 정책학자, 정치가로서의 식견이 탁월했습니다.

지엽말단에 매몰되어 있는 사람들 사이에서 큰 그림을 그릴 줄 아는 분이었으며, 큰 그림을 그리면서도 한국 간호 분야와 보건 분야를 살뜰히 챙기시는 따뜻한 정도 함께 가지고 계셨습니다.

의원의 임기를 마치신 후 세계간호협의회(ICN, International Council of Nurses) 회장으로 1989년 총회를 한국 최초로 유치하셨습니다. 대한간호협회를 포함한 135개국의 간호사, 정부와 의료인이 모여 1만 8천여 편의 학술논문을 발표하는 엄청난 규모의 총회는 유사 이래 가장 큰 성공을 만들어 냈습니다. 89년 총회의 쾌거 중 하나가 간호원의 호칭이 간호사로 바뀌게 된 것입니다. 또 하나 이 총회가 커다란 성공을 거두었음을 입증하는 에피소드가 있습니다. 행사 진행이 담긴 영상물을 미국 존스홉킨스 모든 동문들이 보고 감동했고, 텍사스대학교의 한 학생은 자신의 박사학위 연구대상으로 김모임 선생님을 선택하였습니다.

간호학계에서 박사학위 논문으로 인물을 다룬 일은 드물기도 하거니와 특히 세계 간호학의 주류인 미국의 유수한 대학에서 동양의 간호사를 주제로 택한 것은 이 논문이 처음이었다고 합니다.

또 선생님이 연세대 보건대학원 원장으로 재직하실 때 보건대학 정원을 120명으로 늘려서 학교를 대한민국 최고의 보건대학원이 되도록 기반을 만드셨습니다. 국제화와 보건의 국제협력 추세를 예견하시고 국제보건학과와 보건정보학과를 설립하셔서 세계적으로 리드하는 대학원의 기능을 만들어내셨습니다.

선생님께서는 일본이나 미국을 방문하시며 저명한 학술지원재단들과 협의하여 간호대학과 보건대학원 발전을 위한 교류를 위해 열심히 노력하셨고, 고위과정도 만드셔서 인적 네트워크 기능을 강화하셨습니다.

보건복지부 장관을 역임하실 때 제가 자문관으로 근무했었는데, 그 당시 의약분업, 연금 준비 근간을 이루는 많은 정책들의 토대가 이루어졌습니다. 김용익 의원(당시 교수)의 말을 빌려 이야기하자면 "다른 장관들은 그저 보건의료에 대한 깊은 성찰 없이 보여주기식 정책을 추진하는 것에 급급했다면 김모임 장관은 생애주기별 건강체계의 구축 등 전체적인 보건의료시스템을 염두에 두고 그에 따른 정책들을 추진하고자 한 자신만의 아젠다가 있는 장관이다."라는 대화를 나누었던 기억이 납니다.

장관직을 그만두시고 은퇴 후 제주도에 사시는 김모임 선생님은 보건대학원에 여의도에 좋은 전망을 가진 오피스텔 한 채를 국제보건과 보건간호의 발전에 활용하도록 기부하셨습니다. 이 기금으로 간호학과 국제보건학을 전공한 학생이 WHO 직원으로 채용되어 활약하였고, 국제보건의료재단에 근무하고 있는 등 퇴임 후에도 직접적 도움을 주고 계십니다. 집사람과 함께 찾아 뵙고 댁에서 하룻밤을 보낸 김모임 선생님의 제주 집은 한라산이 정면으로 보이는 곳에 있습니다.

커다란 창으로 한라산과 푸르른 제주 하늘을 바라보시는 선생님의 모습은 산보다 더 큰 웅지의 기운을 가지고 계시고, 선생님의 눈빛은 푸른 하늘보다 평화로우시기에 김모임 선생님의 모습은 거인 그 자체이셨습니다. 선생님께서 개척해놓은 대한민국의 보건과 간호의 더 넓은 장에서 많은 인재들이 선생님의 씨앗사상을 실천하여 대한민국과 세계가 더욱 살기 좋은, 더욱 건강한, 더욱 행복한 곳으로 만들어 낼 것을 확신합니다.

🌸 보건대학원을 어떻게 바꿨나

채영문(몽골국립의과학대학 교수/연세대학교 명예교수)

김모임 선생님 하면 우선 오랜 기간 간호계에서 쌓아온 업적을 주로 떠올리게 되는데 연세대학교 보건대학원장으로 4년이 채 안 되는 짧은 임기기간에 연세대학교 보건대학원에 미친 큰 영향을 생각하지 않을 수 없다.

필자는 보건대학원의 교학부장(현 부원장)으로서 선생님을 옆에서 가까이 모셨기 때문에 이 기간에 보건대학원뿐 아니라 내 개인에 미친 영향을 간단히 이야기하고자 한다.

선생님은 1994년, 예방의학교실에서 보건대학원 원장으로 부임해 오던 관례를 깨고 간호대학 소속으로 원장에 부임하였다. 필자를 포함하여 대부분의 예방의학교실 교수들은 보건대학원 업무에 익숙하지 않았기 때문에 새로운 일을 하실 것을 기대하지 않았다.

그러나 이러한 예상과는 달리 부임 후 2년 이내에 보건대학원의 정원을 거의 두 배인 약 350명으로 증원하였고, 학과도 국내 최초로 국제보건학, 보건정보학, 의료법윤리학과 등을 설립하였다. 또한 향후 예방이나 공중보건보다는 보건학의 중심이 건강증진이 될 것이라 예상하고 국민건강증진연구소를 국내 최초로 설립하였다.

그리고 보건 분야의 앞선 지도자를 양성하기 위해 고위과정을 1997년에 국내 최초로 시작하였는데, 국내시장이 좁아서 얼마 안 가 문을 닫을 것이라는 예상을 깨고 현재 27기까지 900명 이상의 졸업생을 배출하였고, 우리나라 대형병원의 병원장이나 정부 고위관리, 유명 판검사 등 많은 사람이 고위과정을 거쳐나가 우리 보건대학원의 위상을 크게 높이고 있다.

학문뿐만 아니라 우리 대학원이 국제적으로 유명한 대학원이 되기 위해서는 실제로 가서 보고 배워야 한다고 생각하여 1997년에 선생님이 직접 하와이대학 현지 해외실습을 다녀온 이후, 매년 필자가 미국과 유럽의 유명 대학과 병원에 학생들을 인솔하여 해외실습을 다님으로써 학생들의 국제적 견문을 넓히는 데 기여하였다.

일반적으로 새로운 일을 시작하는 데는 시작 자체도 어려울 뿐 아니라 지속적으로 성장하고 뿌리를 내리기가 어려운 일인데, 선생님께서 처음 시작한 이러한 일은 대부분 현재까지 지속적으로 성장하여 우리 대학원의 발전에 크게 기여하고 있을 뿐 아니라 우리나라 보건분야 발전의 디딤돌이 되고 있다.

본인은 재임 중 보건대학원에서 부원장으로 다섯 분의 원장을 모셨고, 보건대학원장을 거쳤지만 누구도 선생님께서 이룬 업적을 넘어서는 분이 없는 것을 보면 이러한 일이 얼마나 어려운지 알 수가 있다. 선생님께서 이러한 일을 하실 수 있었던 것은 다른 분과 몇 가지가 다른 점이 있었기 때문이 아닌가 생각한다.

첫째, 비전과 목적이 다른 사람과 차원이 다르게 높고 스케일이 크며 미래 지향적이다. 둘째, 주위의 반대가 아무리 심하더라도 이에 굴하지 않고 끝까지 추진한다. 실제로 선생님께서 새롭게 시도한 것 중에서 반대에 부딪치지 않은 것은 하나도 없었다. 셋째, 같이 일하는 주위 사람을 신나게 하는 리더십이 있고 선생님이 어려운 일을 솔선수범한다.

예를 들면, 이러한 새 사업을 하려면 기금이 있어야 한다며 선생님이 경기도 부천이나 양평까지 동창들을 찾아가서 기금을 모금하고, 교육부 공무원을 직접 찾아가서 새 학과의 설립 취지를 자세히 설명하였다.

이제 필자도 정년 퇴임하여 현재 몽골국립의과학대학에서 선교특임교수로 제2의 인생을 시작하고 있는데, 몇 가지 몽골에서 최초로 시도하는 일이 있다. 몽골국립의과학대학의 연구역량을 강화하고 국제적으로 학교를 알리기 위해 'Central Asian Journal of Medical Sciences'라는 영문저널을 시작했고, 넓은 지역에 있는 학생들에게 학습 기회를 주기 위해 몽골 최초의 사이버 대학인 'International Cyber University of Medical Sciences'를 설립하였다.

또한 한국에 비해 20여 년이 뒤떨어진 몽골의 병원 정보화를 위해 대학 부속 벤처업체 'MED-IT'라는 회사를 설립하였다. 이 모두 몽골에서 처음 하는 사업이라 어려움이 많지만 이를 극복하고 추진할 수 있는 것은 20년 전 선생님을 옆에서 보좌하며 귀한 경험을 쌓을 수 있었기 때문이라고 믿는다.

연세 보건학 발전의 선구자, 오늘의 나를 있게 해주신 선생님

지선하(연세대학교 에비슨 특훈교수/보건대학원 교수)

때는 1994년 6월 15일 뜨거운 여름! 볼티모어에 있는 존스홉킨스 보건대학원 summer epidemiology course로 거슬러 올라간다. 새로운 epidemiology 경험도 좋았지만, 이듬해 연수를 가기 위해 존스홉킨스 교수들을 찾아다닌 기억은 아직도 나를 뜨겁게 한다. 여덟 분의 교수를 만나면서 들은 얘기는 한결같이 'Post doc은 환영하지만 재정지원이 어렵다'였다. 그래서 별 성과 없이 한국으로 돌아왔다. 당시 보건대학원 원장이셨던 김모임 선생님은 나의 연수비용을 마련하기 위해 필리핀 마닐라의 한상태 박사(WPRO 사무처장)에게 도움을 청했다.

당시 우리나라 경제 수준이 개발도상국 수준을 벗어나는 시기라 지원을 받기가 쉽지 않은 상황이었으나, 선생님의 노력으로 WHO의 지원을 받아 이듬해 1995년 8월에 존스홉킨스 보건대학원으로 연수를 떠날 수 있었다. 연수를 떠날 때 선생님은 "미국 가면 기숙사 생활을 해야 되고 가끔 식사를 만들어 먹어야 할 텐데······." 하시며, 마른미역을 챙겨 주셨다. 주신 미역으로 미역국 끓이기를 몇 번 시도하여 보았지만 결국 제대로 맛을 내지는 못하였다.

1996년 여름, 미국 워싱턴 DC 회의에 참석하기 위해 선생님이 오신다는 연락을 받았다. 허름한 아파트였지만 나는 선생님을 우리 집에 모시기로 했다. 당시 미국의 문화적인 생활방식은 물론 볼티모어-워싱턴 간의 도로

조차 익숙하지 않은 나였으나 선생님을 편히 모신다는 일념으로 차를 몰고 워싱턴 공항에 나갔다. 거의 1년 만에 뵙는 선생님이 너무나도 반가웠다. 나는 선생님을 모시고 볼티모어로 돌아와 가족들과 함께 저녁식사를 한 후 안방을 내어 드리고 편히 쉬시도록 하였다. 더운 날씨에다 에어컨도 신통치 않은 열악한 상황이라 하룻밤만 머무르시게 하고, 다음 날은 Inner harbor에 있는 호텔로 모셨다.

워싱턴 DC에 있는 저녁모임에 참석하기 위해 선생님을 모시고 지도를 보며 목적지로 향한 날 오후를 생각하면 지금도 등에서 땀이 난다. 무엇에든 익숙지 않았던 난 그 날도 약속장소를 찾느라 헤맸다. 1시간을 헤매다 결국 그 모임은 늦었고, 모임 후 볼티모어로 돌아오는 길 또한 헤맸다. 뒤에 앉아 계시던 선생님은 평소 늘 내 모든 것을 응원해주신 것처럼 서투른 운전마저 격려해 주셨다. 목적지에 도착할 때까지 그저 기다려 주심이 무척 송구스럽기도 하고, 감사하였다.

이후, 1997년에 귀국하여 보건대학원 객원교수로 일할 수 있는 자리를 마련하여 주시고, 여전히 선생님으로서 인생의 서툰 운전을 하는 나를 격려해 주시며 지켜봐 주신 것이 감사할 따름이다. 매일 매일 이른 아침 손수 내린 커피를 마시며 보건대학원의 온갖 살림과 발전을 위해 의논하고 고민하였던 그 시절 기억이 주마등처럼 스쳐간다. 그때 만들어진 보건대학원 장기발전계획으로 인해 많은 인재들을 배출하게 되었고, 전임교수 증원, 고위과정 개설, 국민건강증진연구소 개소 등이 가능하게 되었다.

오늘따라 내 연구실 책장 위에 놓여 있는 延世大學校 保健大學院 二十年史(1977-1997)의 금박 글씨가 유난히 빛나고 있다. 선생님의 노력으로 인한 보건대학원의 지속적인 발전을 확신하며, 후학의 한 사람으로서 선생님이 걸으신 길을 이어가고 싶다. 또한 보건대학원의 보다 더 많은 학생들이 연세 보건학 발전에 기여하신 김모임 선생님의 업적을 기억했으면 하는 바람이다.

존경과 사랑하는 김모임 장관님께

신상숙(대한결핵협회 사무총장)

지난 5월, 8년째 거주하고 계신 제주로 찾아뵈었습니다.

많은 직함과 명성을 뒤로 하고 세월 닮은 모습으로 정원과 채소를 가꾸고, 몇몇 동호회와 이웃을 통해 배우고 교제하는 일상을 독립적으로 유지하고 계셨습니다.

정원과 텃밭관리 조력자인 이웃친구 분은 우리가 지난날 학생과 제자였고, 보건복지부 공직자 시절 찾아뵙기 두렵기까지 했던 어려운 윗분이란 걸 알아차리지 못하고 있었습니다. 그렇게 제주도민이 되어 계셨습니다.

여전히 조리 있고 간결한 말씀과 품위를 유지하고 계셔서 감사했습니다. 또한 이미 많은 사회 환원으로 얼마 남지 않은 것조차 내려놓으시는데 감동했습니다. 사안의 바람과 구상이 예상 밖으로 멀어져도 미워하거나 탓하지 않으시는 선생님께 큰 배움과 울림이 있었습니다.

영원한 스승, 존경하는 장관님!

약해질 때 보듬어 주셨던 그 시간에 감사드립니다. 무엇이 바른 것인지 눈으로 보여 주셔서 감사합니다.

 제자였음을 최고의 자랑으로 가슴에 담고, 그동안 받았던 사랑을 사회와 후배에게 나누겠습니다. 최고의 감사로써 이런 약속을 드리며, 항상 건강하시고 행복하시길 기도합니다.

🌷 선생님은 우리 간호의 등대이십니다

김진순(전 한국보건사회연구원 연구위원)

 저는 1972년부터 지역사회를 대상으로 간호서비스를 제공하는 프로젝트에 참여하면서 지역사회 주민을 대상으로 하는 건강관리가 얼마나 보람 있고, 간호가 독립적이면서 자율적으로 활동할 수 있는가에 눈 뜨기 시작하였습니다.

 우리 간호계의 어떤 지도자도 생각하지 못하고 있던 이때, 김모임 선생님께서는 학계, 사회 지도층, 정부 및 우리 간호계를 대상으로 간호의 전문성을 알리기 위해 동분서주하였습니다. 40년 전, 국민 사랑을 실천하는 간호가 전문직으로 활동해야 하고 그러기 위해서는 제도와 정책으로 뒷받침되어야 한다는 것을 열정적이면서도 논리적으로, 그리고 진심을 담아 역설하는 모습이 지금도 눈에 선합니다.

 오늘날 우리나라의 농어촌 주민에게 1차 건강관리서비스를 제공하고 있는 보건진료원제도를 탄생시킨 분이 선생님입니다. 저는 보건진료원제도 탄생의 실무자로서 선생님께서 얼마나 노력하셨는지를 지켜보았습니다. 보건진료원제도 탄생은 물론 국가의료비 절감과 환자의 빠른 회복을 위하여 가정간호사 제도 도입을 위한 연구소 설립과 시범사업 등에도 헌신하였습니다. 또한 1990년대에는 지역사회 정신보건사업에서 정신보건간호사가 주도적인 역할을 하도록 제도를 마련하였고, 간호가 전문직으로 우뚝 설 수 있도록 간호학사학위교육프로그램(RN-BSN) 과정을 연세대 간호대학에 도입하였습니다.

이후 많은 간호대학에서 간호학사학위교육프로그램을 개설하여 현재까지 운영하고 있습니다. 보건진료원 제도, 가정간호사 제도, 정신보건간호사 제도, 간호학사학위교육 프로그램, 간호원의 명칭을 간호사로 변경하여 타 보건의료인력(의사, 치과의사, 약사, 물리치료사 등)과 동등한 대접을 받을 수 있도록 해주셨습니다.

이와 같은 성과와 더불어 보건복지부 장관, 국회의원, 세계간호협의회(ICN) 회장, 대한간호협회 회장, 보건대학원 원장, 간호대학 학장 등등 간호사의 위상을 높이는 활동 또한 선생님이셨기에 가능한 것이었습니다. 만약에 선생님이 안 계셨다면 지금 정도의 간호전문직이 탄생할 수 있었을까요? 불가능했을 것이라 저는 생각합니다.

다행히 김모임 선생님을 모시고 활동할 수 있었던 우리는 행복하였습니다. 그리고 우리 후배들이 김모임 선생님이 가지셨던 간호에 대한 애정과 주민의 건강을 실현하려는 꿈을 기억하고 더욱 발전시킬 수 있기를 기대해 봅니다.

우리 간호의 진정한 선구자이며 등대이셨고, 후배들에게는 꿈과 희망을 주신 선생님께 감사드립니다.

🌸 보건진료원으로서의 새 삶을 열어준 선생님

성수 스님(미타사/전 대농리 보건진료소장)

지난봄, 저는 30년을 가슴에 고이 간직해온 그리운 박사님을 뵈러 갔습니다. 더 이상 미루다 보면 이 생에서 박사님을 뵙지 못할 수도 있다는 생각이 들어 제주도로 향한 것입니다.

박사님께서는 30년 만에 찾아온 제자를 보고 우선 놀라워하셨지요. 승려의 모습으로 박사님 앞에 나타났으니, 그럴 만도 하셨겠지요. 그러나 놀라움도 잠시, 박사님께서는 저의 손을 잡으시고는 현관문에 들어서기도 전에 자고 가라면서 저를 반겨주셨습니다. 그리하여 잠시 인사만 드리고 나오려던 저는 예정에도 없이 박사님과 2박3일을 지내게 되었습니다. 참 많이 행복했고 꿈같은 시간이었습니다.

제가 처음 박사님을 뵌 것은 30년 전이었습니다. 병원에 근무하다 제 꿈이었던 보건 쪽에서 일을 해보고자 보건진료원에 뜻을 두게 되었고, 연세대에서 6개월의 보건진료원 교육을 받으면서 박사님과 인연을 맺게 된 것입니다.

보건진료원 교육은 참으로 신나고 재미있었습니다. 배운 것을 펼칠 생각을 하니 6개월의 교육기간은 설렘과 행복 그 자체였습니다. 그러나 막상 보건진료원으로 일선에서 일을 하다 보니 6개월의 교육만으로는 부족함을 느끼게 되었습니다. 그리하여 저는 박사님과 연세대 교수님들의 지도가 더 필요했고, 도움을 요청하게 되었습니다.

그때 박사님께서는 연세대에서 6개월의 보건진료원 교육을 받은 인연밖에 없는 저에게 과분한 사랑을 베풀어주셨습니다. 참으로 큰 사랑을 제게 주셨지요. 박사님께서는 저의 사업계획서를 보고 놀라워하시면서 전폭적인 조언과 지지를 해주셨습니다. 덕분에 저는 제가 하고자 했던 모든 사업을 다 해볼 수 있었습니다.

정말 박사님의 조언과 지지가 아니었다면 어려운 일들이었습니다. 5개 마을이 보건진료소 하나로 조금씩 변화하면서 마을 주민들도 놀라워했습니다. 지금 생각해보면 3년여의 보건진료원 생활이 세속 생활 중 저에게 가장 행복했던 시절이었습니다.

그 후 저는 출가를 하여 스님이 되었습니다. 하지만 박사님께서 저에게 베풀어주셨던 사랑을 잊을 수가 없습니다. 절대 잊을 수 없는 은혜였습니다. 제 생에 가장 큰 사랑을 박사님께서 주셨거든요.

30년 전, 박사님을 뵐 때가 생각납니다.

박사님은 저에게 항상 큰 바위였습니다. 우리 모든 간호인들이 다 기대도 될 그런 큰 바위였습니다. 지금은 수행자의 길을 가고 있지만 항상 제 가슴 속에서 박사님은 큰 바위 같은 스승님으로 남아 계십니다.

끝으로 박사님께서 더욱 건강하시고 행복하시길 두 손 모아 기원합니다.

제자 성수 두 손 모음

선생님은 저희의 특별한 가족입니다

최경숙(전 김천간호대학 교수)

사랑하는 선생님.

제가 선생님을 처음 뵈옵던 때는 김천간호학교에서 조교로 일하고 있던 때였습니다. 그러고 보니 선생님께서는 지금까지 근 40여 년 저의 마음속에 이상과 사랑으로 자리하고 계셨고, 늘 선생님의 곁에서 배울 수 있도록 허락해 주셨습니다.

선생님을 처음 뵈러 가던 날, 선생님께 드릴 분홍빛 카네이션 몇 송이를 조심스레 들고, 옛 연세대 간호대학 건물을 들어서던 때가 지금도 또렷하게 그려집니다. 아이같이 떨리는 마음으로 걸어가던 그 복도에, 저보다 앞서 어떤 여성 분이 걸어가셨고, 낯선 복도를 따라 걸어가던 떨림…….

떨리는 마음으로 선생님 방을 찾았는데 앞서 가시던 그분께서 선생님 방으로 먼저 들어가시는 것 아니겠어요. 그래서 그분께서 용무를 끝내고 나오실 때까지 문밖에 서서 기다리려 했었지요.

얼마를 기다렸을까, 꽤 오랜 시간이 지나도 그분이 나오시지 않아 하는 수 없이 선생님 방을 노크했을 때, 앞서 가시던 그분이 선생님이셨던 것을 알고 얼마나 놀랐는지요.

"어떻게 오셨지요?"

"선생님께서 협회지에 산업장 보건관리 발제강연을 하셨는데 그에 관한 자료를 가지고 계신가 해서 찾아 왔습니다."

"산업장 보건에 대해서 관심 있는 분이 드문데 좋은 일이네요. 한번 같

이 공부해 보실래요? 토요일 오후면 시간이 있는데 다음 주 토요일 2시까지 이리로 올 수 있어요?'

선물 같은 순간이었습니다.

그 후 지금까지 선생님은 제게 늘 선물 같은 분이 되어 주셨습니다. 아무런 조건 없이 그저 주어진 큰 선물이죠. 실은 며칠 전, 한국 유수의 국립대학을 찾아가 모 교수님께 논문의 지도교수를 좀 해주십사 하고 부탁을 드렸습니다. 그런데 '출신학교는 어디냐? 왜 논문을 쓰려 하느냐?' 등등의 질문을 받게 되었죠.

곧 전임강사 승진 기회가 있어 승진 논문을 쓰려고 한다는 대답을 드렸는데 그 교수님께서는 '학자가 무어라고 생각하는가?', '학자가 승진에 신경을 쓰다 보면 순수하게 학문하기가 어려운데 그런 목적으로 논문을 쓰는 건 학자적 태도가 아니다. 학자적 소양을 더 갖추어 오는 게 좋겠다'는 요지의 말씀을 하셨어요.

갖춘 것이 없기에, 부족한 점들을 배우며 지도를 받고 싶었었는데, 너무나 당연한 말씀에 내세울 것 없는 빈손의 제 모습이 머릿속을 빠르게 지나갔습니다. 그날, 서울에 있는 작은댁에 가서 밤새 혼자 울었던 기억이 납니다. 새삼 부끄러운 생각이 드네요. 이런 상황에 처해 있을 때, 협회지에 김모임 선생님의 산업보건 관련 강연 발제문이 실린 걸 보게 되었습니다.

마침 논문 주제로 '산업장 보건'을 설정했던 터라 그 논문을 어디서 찾아보아야 하는지 여쭈어 보기도 하고 혹시 다른 산업장 관련 자료가 더 있는지 정보만이라도 들을 수 있으면 좋겠는데 하는 생각에 약속도 없이 찾아간 것이지요.

일전의 경험도 있었고, 지도교수를 모시러 왔다는 말은 아예 꺼내지도 않았는데도 불구하고 단지 산업장 보건 간호에 관심이 있다는 제 말만 들으시고는 선뜻 지도해 주신다고 하셨지요. 선생님께서는 제게 아무것도 묻지 않으시고 먼저 손을 내밀어 주셨습니다.

지금 생각해 보아도 선생님의 그 순수한 학문적 열정이 놀랍기만 합니다. 공부하겠다는 간호사면 충분한 조건으로 생각하신 선생님. 선생님께서는 그저 '저 시골서 올라온 간호사가 공부하려고 하는구나, 내가 제대로 공부할 수 있도록 거들어 주면 좋지 않을까' 그런 마음이지 않으셨는지요? 당신의 그 바쁜 시간을 쪼개어 쉬어야 할 주말까지 기꺼이 내어주신 선생님. 지금도 그때의 그 설렘이 느껴집니다.

선생님께서는 출신 학교나 경력보다는 현재의 할 일에 대한 실용적인 접근 방안이 무엇인지를 제시하셨고 학문적 호기심을 깨워주셨습니다. 기쁨과 설렘으로 계속되는 토요일 오후의 공부시간은 어떻게 그리 빨리 가던지……. 그때 선생님이 뜻밖의 제안을 하셨지요. '오는 시간도 많이 걸릴 텐데 토요일 공부로만 너무 짧으니 우리 집으로 가서 일요일까지 하면 어때요?'

선생님 댁은 대방동이었는데 선생님의 부모님께서 손수 지으신 이층집이었습니다. 앞마당 언덕에 비탈진 계단식 텃밭이 제법 넓게 자리하고 있었는데, 주말이면 부모님께서 각종 과수와 채소들을 가꾸고 계시던 모습이 선합니다. 선생님의 아버님께서는 상록수의 실재 모델이셨다고 합니다. 고향 청주에서 청년들을 모아 농촌 계몽을 하신 분이셨지요. 좀 마른 모습에 조용한 성품이었지만 간간히 우스개 말씀을 잘 하시던 기억이 납니다.

어머님은 음식 솜씨가 참 좋으셔서 언제나 맛깔진 음식들로 상이 푸짐했습니다. 전산초 박사님께서 간혹 오시면 '나는 저런 어머니가 계시는 김 박사가 참 부러워요' 하실 정도였으니까요.

어머님께서는 아홉 살에 출가를 하셨는데 어머님을 일찍 여원 탓에 그리 되셨노라고, 내가 나중 딸을 낳으면 잘 해주리라 결심하셨다고 합니다. 따님이신 선생님께 온갖 정성을 다하시는 모습이 돌아가실 때까지 한결같으셨습니다.

또한 선생님께서도 주말이면 부모님과 함께 풀도 뽑고 농사도 도와드리던 모습에 얼마나 마음 따뜻했는지요.

2층에서 공부하면서 문제에 부딪칠 때마다 밭에서 일하시던 선생님께 내려가서 여쭈어 보면 선생님께서는 제게 '이렇게 생각해 보면 어떨까요?'라며 방향을 제시해주셨습니다. 그 한마디에 갑자기 앞이 확 트이듯 분명하게 알아지는 것이 놀랍고도 즐거웠습니다.

질문에 대한 방향만 제시해주신 것이 아니라 선생님께서는 제 삶의 방향도 함께 이끌어주셨습니다. 선생님께서 물으셨지요. 혹시 '승진'할 기회가 없냐고. 제가 처음 찾아간 국립대 교수님으로부터 이미 학자적 태도에 대해서 염려 말씀을 듣기도 하였고 공감하는 바도 있어서 조심스럽게 말씀드렸지요. '사실은 곧 전임강사로 승진할 기회가 있지만 공부를 더 하고 난 다음 생각해 보겠습니다' 하고 말씀드렸는데 선생님께서는 뜻밖에도, '학자야말로 생활이 안정되어야 학문에 매진할 수 있다' 하시며 기회가 있다면 해봐야 한다고 하셨습니다.

그 말씀을 들으니 선생님은 고결한 이상과 생활의 엄중함까지 깊이 이해해 주시는 따뜻한 분이라는 생각이 들었습니다. 또한 보잘것없어 보였던 제 안의 가능성을 발견해주시고, 제게 용기를 주셨습니다.

그런 선생님을 보며 저는 실용 학문으로서 간호학은 인류에게 도움을 주는 좋은 학문이고 제가 그런 직업을 선택했다는 자긍심이 자랐습니다.

공부는 더욱 신이 나고 즐거웠고요. 선생님이 지도하시는 방법은 조금 특별했어요. 제가 만들어 온 걸 보시고 몇 가지 지적은 하셨지만, 이렇게 해라 저렇게 해라 하지는 않으셨죠. 전적으로 저에게 맡겨두고 방향만 제시하면서 스스로 생각하고 연구하도록 독려하셨습니다.

그런데 문제가 남아 있었어요. 영문 초록을 달아서 협회지에 실어야 하는데 저는 초록을 달 영어 실력이 없었습니다. 게다가 선생님께서는 국제회의 참석을 위해 공항으로 나서는 길이었어요. 그 바쁜 와중에 가방을 메신 채 영문 초록을 달아주셨지요.

'이제 논문은 완성되었어요. 내가 돌아올 때는 협회지에 선생의 논문이 실려 있는 것을 보게 해 주어야 합니다' 하셨지요.

당시 협회지는 격월로 발간되고 있었고 논문은 두 편만 실리는 데다 학회 이사진들의 심사를 통과해야만 했습니다. 협회란 곳을 한 번도 가본 적도 없을 뿐 아니라 어디에 있는지, 누구를 찾아가서 어떻게 논문을 내밀어야 할지도 몰랐습니다.

묻고 물어서 협회 사무실을 찾아가 겨우 논문을 제출할 수 있었는데 어떤 분이 지도교수란을 보더니 '김 박사님이 지도하셨네'라고 혼잣말 같이 하더니 잔뜩 긴장한 제 모습이 딱해 보였던지 '김 박사님 지도하셨으면 너무 염려 안 해도 될 것 같아요. 가서 기다려 보세요' 하였습니다.

협회지에 논문이 실리고 문교부 교수 심사위원들로부터 올A를 받아 전임강사에 임명되었습니다. 나중에 어떤 인사에게서 들은 얘기지만 간호계의 조교급에서 박사 수준의 논문이 나왔다는 평가도 있었다는 축하의 말도 들었습니다. 선생님께서는 이미 진정한 간호인의 본보기가 되는 참 스승이셨습니다. 올해 팔순을 맞이하시는 생신 때 비로소 알았습니다.

그동안 곁에 있으면서도 생신 한번 챙겨드린 적이 없었습니다. 선물은 더더욱 드린 적 없고, 그저 뵙고 싶을 때 불쑥 가 뵙는 것이 전부인 저를 언제나 한결같이 대해 주시고 민망하게도 진실한 사람이란 과분한 말씀까지 주시고……. 선생님 정말 감사드립니다. 오래 오래 건강하셔야 하는데 벌써 무릎이 아프시고 많은 약들을 드셔야 합니다.

선생님 정말 마음이 아립니다. 늘 간호와 제자들의 발전과 국민 보건의 미래를 먼저 생각하고 준비하셨던 선생님. 이제 부디 선생님 자신도 돌보시기를 간절히 부탁드립니다. 언젠가 저의 남편이 선생님께 말씀드렸지요. "선생님은 저희의 특별하고 소중한 가족이십니다." 라고

🌸 간호교육 혁신의 최종 실험무대

이옥철(중앙대학교 적십자간호대학 교수)

2001년, 전 교직원의 환영을 받으며 학장으로 취임한 김모임 선생님은 적십자간호대학의 4년제 승격은 당신의 마지막 사명이라고 천명하였다. 대학건물 증축과 자산 확보라는 기둥을 세우고 4년제 승격이라는 지붕을

없기 위해, 선진간호교육이라는 벽체를 쌓아갔다.

　퇴임을 며칠 앞두고 김모임 선생님은, "임기 중에 4년제 승격의 결과를 보지 못해 못내 아쉽다."고 하였다.

　4년제 요건을 갖추기 위해 건물 증축과 자산 확보를 이루고 나니, 그사이 4년제 승격조건은 더욱 강화되어 저만치 더 멀어져 갔고, 제2캠퍼스를 구상하며 타진하다가 합병으로 결단을 내리는 인고의 세월을 지내야만 했다. 2011년 중앙대학교와 합병하기로 결정되고 보니 대학이라는 것이 살아있는 생물체처럼 운명이라는 것이 있는 게 아닌가 싶고, 진화하는 존재라는 생각이 들었다. 당시 4년제 승격을 위한 증축비용 마련에 필요한 발전기금 모금을 위한 바자회나 경매는 잊지 못할 추억이다.

　재계 큰 손으로부터 기부금을 받기 위해 백방으로 다녔지만 쉽지 않자 개미군단의 힘을 발동시킨 셈이다. 중소 기업인을 설득해 '대학발전후원회'를 구성하고 기증품을 받았다. 특히 패션업계 '부르다문'은 꾸준히 기증해주어 빠지지 않는 품목이었다. 스카프, 옷, 미역, 참기름 등 바자회 물건을 파느라 남자 직원은 앞마당에 천막을 치고, 여직원과 교수들은 기증받은 물건을 파느라 애를 썼고, 강당에서 열린 경매는 전문가의 자원봉사로 제법 크리스티 경매장 같은 분위기를 만들기도 했다.

　한 번 바자회를 하면 3,000만 원 정도의 수익을 올리고 발전기금에 보탤 수 있었다. 외부에서 모셔온 학장으로서 우아하게 자리에 계신 것만으로도 불만이 없었겠지만 김모임 선생님은 꾸준히 주문하고 동기를 부여하셨다.

　교수친목회에서는 가끔 교외로 콧바람을 쐬러 가거나 회식을 했는데,

김모임 선생님이 애용하는 선글라스는 미국에서 십 몇 불 주고 산 것인데, 디자인이 트럭기사들이 쓰는 것처럼 영 이상해 보였다. 심지어 여간첩 같다고 해도 웃으며 계속 쓰고 다녔는데, 선생님의 검소한 생활상은 곳곳에 묻어 있었다. 점심 시간에 외식하면서 남은 반찬은 싸달라고 하는 것은 늘 있는 일이었다. 흔한 명품 가방 대신, 학교 기념품으로 만든 가벼운 나일론 가방을 즐겨 들고 다녔고, 값비싼 옷가지와도 거리가 멀었다.

김모임 선생님은 장관을 지냈다는 권위적인 존재가 아니라 낭랑한 목소리의 집안 어른이셨다. 함께 한 8년간, 교직원 모두는 가족처럼 사랑하며 따랐다. 생신이면 교수들이 한 가지씩 음식을 가져와 파티를 열었고, 칠순 때는 양수리에서 기념파티를 가졌다. 퇴임을 앞두고 강원도 숲체원에서 가졌던 파티에서는 교직원과 그 가족까지 동참한 동영상이 방영되기도 했는데, 김모임 선생님과 더불어 참 좋은 시절이었다.

김모임 선생님은 나름 역사와 전통을 자랑하던 강소대학인 적십자간호대학을 행정혁신을 통해 특성화사업 국고지원을 받게 하는 등 많은 창의적 개혁을 통해 모범대학으로 키워냈다.

합병 전까지 타 간호대학 재학생 위탁교육, 해외 간호교육자 연수단 연수도 진행되었는데, 이는 교수 전체가 PBL과 시뮬레이션을 감당할 수 있도록 잘 훈련된 덕분이었다. 매년 모든 교수가 1회 이상의 해외 단기연수를 할 수 있도록 전액 지원하고, 매학기 방학이면 외부 특강을 유치해 신교수학습법을 끊임없이 접할 수 있게 한 결과였다.

적십자간호대학 교수가 중앙대학교와 합병한 이후, 교육중심 대학에서 연구중심 대학의 구성원으로 전환하는 일이 가장 큰 부담이었는데, 대다

수의 교수가 시뮬레이션을 바탕으로 준비한 논문을 국내외 저널에 게재하면서 단기간 내 합류해 갈 수 있었던 점과도 무관치 않다.

특히 세계관이 남다른 김모임 선생님은 교수 개발 및 재학생의 국제교류 활성화를 추진하였고, 무엇보다도 4년제 간호대학도 실행하지 못하는 '국제간 간호 나눔'을 실천할 수 있도록 하였다.

적십자간호대학은 황금기를 지나며, 임상으로부터 한결같은 평을 얻게 되었는데, '적십자는 교육 잘하는 대학'이었다. 김모임 선생님은 적십자에서 간호교육에 대한 노하우를 거침없이 펼칠 수 있었기에, 당신은 보람을 느꼈을 것이고, 구성원 개개인은 자기계발을 이루었다.

적십자 구성원 모두가 선생을 존경하고 '큰 어른'으로 기억하고 있고, 직접 연락을 주고받지는 못해도 간접적으로 소식을 접할 때면 건강을 염려하는 진심이 진하게 배어 나온다.

영원히 꺼지지 않는 등불이 되어

안양희(연세대학교 원주의과대학 간호학과 교수)

존경하는 박사님께 사랑을 가득 담아 글 올립니다. 박사님의 현재 진행형인 훌륭한 업적들을 한마디로 표현한다는 것이 적절하지 않은 것 같습니다만, 감히 이렇게 말씀드립니다. 지금까지 지나온 모든 행적에서 보여준 선각자적 모습은 우리 간호 역사에 길이길이 빛날 것이며, 후학들에게 영원히 꺼지지 않는 등불이 될 것이라고. 저 개인적으로는 무엇보다도 박사님으로부터 학문적 가르침을 직접 경험할 수 있었던 것은 크나큰 영광이 아닐 수 없으며, 그 배움은 제 삶의 주춧돌이 되어 오늘에 이르게 되었습니다.

1977년 대학원을 시작으로 가족계획연구소, 1989년 ICN 서울 총회 및 ICN 회장 보좌관, 간호대학 지역사회간호학교실 연구 강사, 간호학과 교수로서 재직, 그리고 김모임 포럼에 이르기까지 박사님과 함께한 귀하고 값진 시간들입니다. 돌이켜 보건데, 석·박사 대학원 과정 속에서 경험하게 된 박사님의 탁월한 지적 자극은 저를 비롯한 모든 대학원생들에게 학문에 대한 열정을 싹 틔우게 하였고, 그 시간들을 통하여 지역사회보건간호학문에 대한 분명하고 확고한 목표와 비전을 갖게 되었습니다.

가족계획연구소에서의 강화프로젝트를 비롯한 여러 연구 활동의 경험은 연구과정의 엄격함과 연구자로서의 자질을 함양할 수 있는 살아있는 교육이었습니다. 그리고 박사님께서 ICN 회장으로서 세계적 간호를 당당히 이끌어 나가는 모습을 통하여 나무 한 그루가 아닌 숲을 볼 수 있는 안목을 배웠고, 멀리 그리고 높이 날 수 있는 용기와 희망을 갖게 되었습니다. 또한 박사님께서는 어려운 여건 속에서 원주의대 간호학과를 개설하면서 간호대학으로의 승격을 위해 지속적으로 노력하시는 모습에서 끈기를 배웠고, 또한 지도자로서의 역량을 갖출 수 있도록 이끌어 주셨습니다. 그리고 3년 전에는 '김모임 포럼'이라는 간호학문과 실무의 발전을 위한 모임을 통하여 끝이 보이지 않는 열정을 보여주셨고, 이에 힘입어 '스마트 환자' 프로젝트를 수행하게 되었으며, 이제 그 결실이 눈앞에까지 오게 되었습니다.

현재 진행형인 소중하고 값진 경험으로 가득한 그 시간들은 저에게 학문적으로 그리고 삶의 탄탄한 버팀목이 되어 주어진 제 역할을 성실하게 최선을 다하는 데 활력이 되고 있습니다. 박사님! 건강한 모습으로 저희 곁에 오래 오래 계셔주시기를 두 손 모아 빕니다.

🌸 모든 것을 포용하고 가치 있게 만드는 변혁가

강선주(제주한라대 간호학과 교수)

1994년 육군 대위(간호장교)였기 때문에 연세대학교 일반대학원 개강 전 2개월 동안 특정 군 기관의 준비기간으로, 연세대학교 간호대학의 행정학교실에서 연구조교를 시작하였다. 처음 맡겨진 임무는 서울시내 병원 간호부장을 대상으로 진행되는 '간호관리자 과정'의 간사였다.

대학원 입학하자마자 맡게 된 이 과정을 준비하면서 김모임 선생님의 기대에 부응하기 위해 발로 뛰어다니며 일일이 강사님들과 사전 미팅을 하여 조율을 하였다. 선생님은 내가 '사람은 자신을 믿고 일을 맡겨주는 분에게 충성을 다한다'는 것을 스스로 깨달을 수 있도록 믿고 맡겨주셨다.

1994년도 2학기 대학원 수업 과제는 '환자중심 간호서비스를 제공하기 위한 간호전달체계 모형'에 대한 것이었다. 4명의 대학원생이 각자 문헌을 검색하여 준비하였는데, 본인이 준비한 것은 존스홉킨스 병원의 PPM(Professional Practice Model)이었다. 김모임 선생님은 대학원생들이 준비한 과제 발표를 들으신 후, 방학 기간에 세브란스병원 간호사들과 존홉킨스 병원을 가보자고 하셨다. 그때로부터 존스홉킨스 보건대학원과 관계를 시작할 수 있는 계기가 되었다.

연세대 간호대학원을 졸업할 무렵, 김모임 교수님과 담소하면서 간호사관학교 학생 시절부터 법학 공부에 대한 관심이 있었다고 말씀드렸다. 김모임 선생님은 어느 곳에 근무하든지 지역 소재 대학교 법과대학을 학부 과정부터 하라고 조언해주시면서 제자 중에서 법조인이 나오는 것을 오랫동안 희망하였다고 격려해주셨다.

당시 군인의 신분으로 근무하면서 전혀 전공이 다른 분야를 공부하는 것은 매우 힘들었는데 법학 석사 및 박사과정으로 매 주말을 오로지 법학 공부에 쏟아 부었다. 박사학위를 받고 군 제대 후 사법시험에 도전하게 되었다.

사법시험을 준비한 지 1년 만에 1차 시험을 합격하였다. 간호학을 공부하는 것과 법학을 공부하는 것은 일맥상통하였고 스펀지가 물을 흡수하듯이 법학 공부의 매력에 푹 빠져서 몇 년의 시간을 보냈다. 그런데 번번이 1차 시험은 연속적으로 합격하지만 2차 시험에서는 고배를 마시게 되었다. 그때마다 선생님은 "공부하기에 힘들면 지금이라도 직장을 구하는 것은 어떨까? 공무원 채용에 나이 제한이 없어졌다고 하네. NGO에서 사무총장을 구하는데 생각 있니? 나이도 들고 했으니 경제적 독립도 생각하고 노후 대책도 중요하단다."라고 인생의 선배로서 끊임없는 조언을 아끼지 않으셨다.

또한 한 번은 "어떻게 인생을 살아야 할까?"라고 물으셔서 "정직하게입니다."라고 대답하였더니, "정직, 그렇게 살려면 얼마나 힘든지 아니?"라고 되물으셨다. 김모임 선생님의 인생이 그러한 과정의 연속이 아니었을까.

군 생활 중에서 한동안은 어려운 일을 경험하게 되었고 자숙하며 깊은 묵상으로 기도하고 성경 읽는 것으로만 위로를 받고 있을 때, 어머니처럼 힘이 되어 주셨던 분이 김모임 선생님이셨다. 한번은 꿈에 나타나서 본인을 대변하여 세워주시기도 하셨다. 깨어나서도 꿈속에서의 일들이 너무 생생하였기에, 앞으로 펼쳐질 시간들에 대한 하나의 징표라고 여겨졌다. 믿고 의지할 분은 하나님과 어머니 그리고 인생의 어머니인 김모임 선생님이라는 것을 재차 확신하였다.

이후 선생님을 뵙게 되어서 자초지종 설명을 드리자, '살다보면 돌부리에 차여 넘어질 수도 있지'라면서 따뜻하게 안아주시고 힘내라고 격려해 주셨다. 수년 동안의 사법시험 준비기간 동안에도 어려울 때마다 항상 수고했다고 격려하시고는 함께 산책을 나가자고 하셨고, 따뜻한 집밥을 사주시곤 하셨다. 그러한 격려 덕분에 현재까지 꿋꿋하게 살고 있다.

로스쿨이 생기면서 사법시험 공부를 중단하고 짧은 연구원 생활을 거쳐서 다시 학생들을 교육하는 길에 들어섰다. 몇 년 동안은 신설 학과에서 학과 기반을 다지는데 매진하게 되었고, 과도한 업무로 지칠 때 그나마 버틸 수 있었던 것은 김모임 선생님께서 해주신 "어느 곳에 머물던지 가치 있는 일을 하는 사람이 되거라."는 말씀 때문이었다.

이후 다시 간호학과로 거취를 옮기게 되었는데, 특히 김모임 선생님이 계신 제주로 내려와서 선생님의 인생과 글로벌 보건의료에 대한 비전 등에 대하여 대화를 나누고 싶었다.

제주에서 생활을 하면서 그래도 예전보다 자주 선생님을 뵙게 되었다. 놀라운 것은 김모임 선생님은 아직도 끊임없이 자기계발을 멈추지 않고 계셨다. '나는 아직도 무언가를 배우고 싶다'는 말씀을 하시는 선생님의 모습은 조금이라도 편하려 하고 안주하려는 본인에게 큰 도전이 된다. 선생님의 지적인 창조성, 예술에 대한 이해 그리고 여러 계층의 사람들과 허물없이 담소하며 지낼 수 있는 것은 개개인의 가치를 발견하여 포용하는 힘이 아닐까 생각된다.

대부분의 사람들은 자신의 지위를 힘으로 생각하고 그 힘을 행사하려 하지만, 김모임 선생님은 사람들의 내면에 있는 힘을 밖으로 표출하여 보건의료와 간호의 발전에 기여하도록 이끌어주는 변혁가이다.

지금도 여러 숙제들을 갖고 김모임 선생님을 찾아뵙곤 한다. 그런데 더 놀라운 것은 조직 속에서 최고 경영자의 철학 및 경영방침과 조화롭게 일을 처리하도록 조언해 주시는 것이다. 그래서 다시금 김모임 선생님이야말로 조직의 방침과 규정을 따르면서도 인간관계의 복잡한 역학 속에서 아주 지혜롭게 보건의료와 간호의 발전을 위해서 '교육, 실무, 연구 및 글로벌 파트너십'을 개척해낸 진정한 변혁가라고 감히 부르고 싶다.

김모임 선생님은 다양한 분야의 제자를 배출하기 위해 일찍이 씨를 뿌리셨다. "나는 간호학을 전공한 사람들 중에서 저널리스트도 나오고, 법조인, 건축가, 경제학자 등 다양한 분야의 전문가가 나오기를 희망해. 그것이 결국 간호가 무엇인가 하는 목소리를 그 분야에서 내줄 수 있거든. 내가 아끼는 제자 중에는 체육학을 전공한 사람이 있는데 지역사회보건 분야에서 아주 큰일을 하고 있단다. 그런데 간호에서는 왜 전공일치 운운하면서 간호학 박사만을 고집하는지… 교수들이 SCI 논문에 열정을 쏟는데 그 결과 우리나라 보건과 간호에 끼친 영향은 어떠한지 이 또한 생각해 봐야 하지 않니."

이러한 말씀을 듣고 나서, 서울 소재 간호대학에 근무하기 위해 오로지 SCI 논문만을 추구하였던 본인의 모습을 떠올리며 반성하게 되었다.

19세기에 나이팅게일이 있어서 오늘날까지 그 비전과 리더십이 기억된다면, 21세기를 살아가는 우리들에게 김모임 선생님은 간호의 다양성과 시너지를 접목하여 간호 대상자들에게 진정으로 가치 있는 건강관리를 제공하려고 한 변혁가로 영원히 회자되기를 기대한다.

🌼 내 인생의 나침판이 된 '두 가지 교훈'

변금순(국민건강보험 일산병원 간호팀장)

김모임 학장님과 처음 인연이 맺어진 것은 대학원에서였다.

나의 은사이자 김모임 학장님과 선후배 사이이기도 했던 큰어머니는 평소 학장님에 대한 말씀을 자주 하셨고, 미국으로 이주하신 후 안부 통화를 할 때도 '최고의 리더인 김 학장님을 잘 모셔야 한다'는 말씀을 빼놓지 않으셨다.

훗날 내가 대학원에 진학하여 학장님을 직접 뵙고 처음으로 느꼈던 점은 '큰 그림, 꾸밈없는 솔직함, 매사에 합리적인 사고를 하는 분'이라는 것이었다. 그리고 당시에는 표현할 수 없었지만 지금 생각하면 매사에 '비판적 사고를 적용' 하는 최고의 실천가였다.

언젠가 이른 아침에 교수님을 모시고 안산에 산책을 갔다가 마침 선거철이라 선거유세를 하는 정치인들을 만났다. 잠깐의 스침이었지만 교수님은 여당과 야당 후보자가 유세를 하는 모습에서 벌써 두 후보의 성향을 분석해냈다. 그리고 내게도 느낌을 물어보셨다. 그뿐 아니라 교수님은 필요하실 경우 텔레비전의 한 장면조차 나름대로 분석하고 어떠한 현상을 단순하게 흘려보내지 않으셨다.

어렸을 때부터 책을 좋아했던 나는 이런저런 책을 많이 읽었지만 특히 그중에서도 셜록 홈즈 이야기를 좋아했다. 아주 작은 단서도 놓치지 않고 사건의 실마리를 풀어내는 탐정 홈즈의 매력에 푹 빠졌던 것이다. 그래서 내게는 사소한 일들조차 날카롭게 분석해내는 선생님의 행동이 더욱 특별한 놀라움과 존경으로 다가왔다.

대학원에서 만난 선생님은 그처럼 담백하고 솔직한 성격에다 분석적이고 전략적인 사고, 그리고 언제 어떤 순간에도 '진실 그대로'였다. 이후 나는 교수님을 내 인생의 스승으로 모셨고, 비록 부족한 제자이긴 하지만 육신의 어머니와 더불어 사회의 어머니로서 섬기게 되었다.

훗날 내가 20여 년 머물렀던 세브란스병원을 떠나 일산병원에 취업하여 간호관리자로 일하게 되었을 때 스승님은 두 가지 말씀을 주셨다.

첫째는 '적을 만들지 말라'는 것이었고, 두 번째는 '시간은 만들어서 쓰는 것이다'라는 말씀이었다.

'적을 만들지 말라'는 것은, 아무리 나와 다른 의견이라도 일단 들어주고, 일 때문에 사이가 벌어진 사람을 적으로 만드는 일은 없어야 한다는 것이며, '시간은 만들어서 쓰는 것이다' 하는 말씀은 바쁜 사람이 오히려 잠깐이라도 시간을 내어 일을 더할 수 있는 것이지 시간이 남아도는 사람이 항상 일을 잘하는 것은 아니라는 말씀이었다.

이후 스승님의 두 가지 말씀은 직장생활을 하면서 나와 다른 생각을 가진 사람, 내게 불이익을 주는 사람을 대할 때 어떻게 행동할 것인가 하는 방향타가 되었고, 지금도 여전히 유효하다. 특히 두 번째 교훈은 시간이 없다는 핑계로 게을러지려 할 때 나 자신을 스스로 통제하도록 하는 에너자이저가 되고 있다.

이제 고령이 되신 스승님은 몸도 아프고, 전 생을 간호에 바치셨기에 친척 외에는 다른 가족이 없다. 그러기에 우리 간호사들이 이제 스승님의 가족이 되어드려야 한다.

세금을 절세하려고 머리를 굴리는 뭇 사람들과는 달리 '세금은 내고 사는 거야' 한마디 말씀으로 모범을 보이시던 우리의 큰 스승님은 전 재산을 사회와 대학에 기부하시고 검소하고 소박한 생활 모습으로 우리들을 더욱 감동케 하고 있다.

이 감동을 늘 가슴에 담고 스승님의 발자취를 따라가는 제자, 스승님의 마음의 딸이 되리라 다짐하며 오늘도 푸른 하늘을 우러러 본다.

🌸 마음속의 열매로 맺혀
모든 이에게 선한 영향을 줄 수 있기를……

홍혜경(선교사/한국선교훈련원 교수)

사랑하는 선생님께!

가만히 선생님을 생각합니다. 어느새 마음속에는 다정한 목소리의 울림이 있습니다. "혜경아! 오늘의 In Box Problem이야!"라고 말씀하시던 선생님의 목소리입니다. 제 마음속의 선생님은 언제나 다정하신 모습입니다. 제가 연세대학교 간호행정학교실에서 선생님의 조교를 하던 시절이었습니다. 몹시 바쁘신 중에도 아침이면 저를 앉혀놓고 간호계의 현안이나 간호정책과 관련된 사안들을 논하시며 실제적인 가르침을 주셨습니다. 저는 그때 체계적으로 폭넓게 사고하는 법을 배웠습니다.

그리고 "아! 지도자는 이렇게 사고하고 이렇게 행동해야 하는 거구나!"라는 것을 선생님을 통해서 날마다 배웠습니다. 선생님은 저에게 '선생님처럼 훌륭한 여성 지도자로 성장하고 싶다'는 영감을 불어넣어 주셨습니다. 그 후 많은 세월이 흘렀지만 선생님의 멋진 모습은 여전히 저의 마음속에 깊이 새겨져 있습니다.

제가 목사랑 결혼하고 선교사가 되려고 할 때 선생님께서는 장차 간호계에 기여할 수 있는 인재를 잃어버린다면서 매우 아쉬워하셨습니다. 그것은 제자를 지극히 사랑하는 어머니의 마음이었다는 것을 잘 알고 있습니다. 그 깊은 사랑에 감사드립니다.

제가 먼 나라 남미의 에콰도르에서 선교사로 사역을 할 때 선생님께서는 후원자들을 모집하고 손수 후원금도 보내주셨습니다. 그 후 제가 한국으로 돌아와서 선교사들을 훈련시키는데 필요하여 상담학을 공부하려고 할 때는 장학금을 주시며 격려해주셨습니다. "우리가 다 선교사로 살아야 하는 것 아니냐!"라고 말씀하시면서 말입니다.

제자를 사랑하고, 간호학의 발전을 위하여 평생을 헌신하신 선생님의 삶이 지금도 제 마음속에 고스란히 살아 숨 쉬고 있습니다. 그리고 저의 삶 가운데 아름다운 열매로 맺혀 다른 사람들에게 선생님처럼 선한 영향을 줄 수 있게 되기를 소망합니다.

저는 선생님을 그 어느 다른 존칭보다도 '선생님', '나의 사랑하는 선생님'이라고 부르고 싶습니다. 사랑하는 선생님! 하나님의 크신 축복이 선생님과 늘 함께 하기를 기도합니다! 선생님은 제 마음속의 영원한 스승이십니다.

🌸 신비로운 모습으로 나타난 김모임 박사님

이정렬(연세대학교 간호대학 교수)

제가 김모임 박사님을 처음 뵌 것은 1973년 가을, 제가 대학 4학년 2학기로 김모임 박사님께서 학위를 마치고 모교에 교수로 오신 때였습니다. 통계학을 강의해주셨는데 무척 예쁜 모습과 함께 매우 엄한 모습이 공존하는 아주 신비한 분이라고 느꼈습니다.

제가 김모임 박사님과 직접적이고 개인적인 인연을 맺은 것은 1974년

여름부터 시작한 석사과정에서 학위논문 주심으로 모시게 된 때였습니다. 석사논문 계획서 수정을 여덟 번 한 후에야 주심이신 박사님께서 연구계획서를 통과시켜 주셨습니다. 아마 우리 대학 역사상 석사논문 계획서를 여덟 번 쓰고 통과한 예는 전무후무하리라 생각됩니다. 그 덕분에 석사논문 계획서를 보건장학회에 신청하여 그 당시로는 매우 큰 연구비를 받아 논문을 진행할 수 있었습니다.

여덟 번이나 논문계획서를 수정하려면 최소 여덟 번 이상 교수님을 뵈어야 했고, 매번 '다시 해와' 한 마디만 듣고 다시 작업하기를 여덟 번을 한 것이었습니다. 그때는 감히 다시 수정해야 하는 이유가 무엇이고 여덟 번이나 수정하게 만드신 이유가 무엇인지 여쭙지도 못했습니다.

몇십 년이 지나 저도 모교에서 교수로 일하던 어느 해, 교수님께 왜 그렇게 여덟 번이나 수정하게 만드셨냐고 물었습니다. 교수님께서 말씀하시기를 여덟 번 수정하도록 했더니 제 연구계획서가 일곱 번째와 거의 변한 내용이 없을 정도로 정련이 되어 허락하신 것이라고 하셨습니다. 그러니까 제 스스로 연구계획서를 다듬는 작업을 계속하도록 하면서 그런 과정을 통해 저의 연구계획이 점차 구체화되고 명료화되도록 하신 것입니다.

김모임 박사님은 멀리서 뵈면 엄하실 것 같아 감히 가까이 하기엔 너무 먼 당신 같지만, 가까이 뵈면 너무 천진난만한 어린아이와 같은 귀여운 모습을 갖고 계십니다. 이 시대 한국 간호가 박사님을 가질 수 있었고, 교수님과 동시대를 보낼 수 있는 영광을 가진 것에 대해 너무 큰 감사를 드립니다. 박사님, 정말 감사하고 고맙습니다.

🌸 간호와 결혼하신 선생님께 드리는
　　제자들의 '효도' 선물

계절의 여왕 5월의 축복을 온몸에 받고 태어나
1. 환한 미모와 훤칠한 체격
2. 세계의 지식인들을 움직일 수 있는 설득력
3. 음식부터 그림까지 못하는 게 없는 재주
4. 많고 많은 일에 쏟아 붇는 샘솟는 열정
5. 남자들도 혀를 내두를 장타 체력
6. 작은 기회도 놓치지 않고 포착하는 예민한 눈
7. 순발력과 포괄성으로 합리적 결정을 내리는 판단력
8. 본인을 위해서는 아주 작은 것에도 검약하되, 타인에게는 모든 것을 내어주는
　　거인 정신

　화려하되 고상하며, 의연하되 맹렬하며, 겸손하되 날카로우며, 고집불통인 듯하나 한편 너무도 소녀 같은 우리 김모임 학장님. 가끔 우리의 능력이 못 미쳐 불평도 했었으나 오로지 학교와 간호를 위해 쏟는 열정과 노력임을 저희가 너무 잘 알기에 간호계 100년의 영웅과 옆에서 함께 지낼 수 있었음은 우리가 받은 축복입니다.

　세상 사람들이 각종 상으로 표현하고자 하였으나 진정 귀한 상은 주님께서 예비하고 계실 것으로 믿습니다. 그럼에도 불구하고 이처럼 모든 것을 갖추셨으되 단 하나, 그것도 가장 소중하고 필요한 '배우자'를 갖추지 못하셨기에 우리의 사랑하는 김모임 학장님의 육순을 맞는 생일날에 앞으로

10년간 선생님을 지켜줄 '님'을 선물로 드립니다. 이 '님'은 열 아들 부럽지 않다는 아주 특별한 분으로,

1. 각종 재해 및 일반 사망에 대한 보장뿐 아니라 각종 장애에 이르기까지 장소와 시간을 불문하고 10년간 24시간 보장하고,
2. 현대 산업사회의 예측 불허한 각종 위험에 대비하여 고액 보장을 해 드립니다.

뜻깊은 날에 드리는 이 '님'은 그저 가슴에 고이 품고 남몰래 꺼내어 보시기만 할 뿐 절대로 활용하시지는 말 것이며, 10년으로 기간을 제한함은 앞으로 이 '님'을 대체할 더욱 크고 따뜻한 체온을 가진 멋진 님을 만나실 기한을 의미함이니 푯대를 향하여 게으르지 마시고 항상 깨어있으소서.

1994. 5. 23. 사랑하는 선생님의 육순 생신에…… 간호대 제자 교수들 드림

🌷 정년을 맞은 선생님의 삶 '태피스트리'

우리 모두는 인간 김모임을 이렇게 말합니다.

'정말 열심히 일하는 사람.'
선생님은 일과 결혼한 분이다. 일을 하다가 꾀가 나서 '우리가 얼마나 산다고……' 하면서 투정을 부리면 '그러니까~ 우리 열심히 더 일합시다'라

고 끝을 맺으셨다. 마냥 떠들어대고만 싶어 하는 우리를 다시 일에 집중하게 만드는 선생님을 우리는 'Mood Breaker'라고 불렀다.

'완벽하게 준비하는 사람.'
선생님은 어떤 일이나 완벽하게 준비하고 완벽하게 추진했다. 선생님 스스로 전문가 수준이 되도록 훈련했고, 함께 진행할 주위 사람들도 훈련시켰다. 어떤 사업들은 준비하는 데만 몇 년이 걸리기도 했다.

'소신을 굽히지 않는 사람, 포기를 모르는 사람.'
완벽하게 준비하는 만큼 일단 결정한 것은 아무리 큰 난관이 있어도 포기하거나 타협하는 법이 없었다. 험한 상황이 눈앞에 닥쳐도 두려워하는 일 없이 당당하게 맞부딪혀 나가곤 했다.

'모든 것을 기회로 전환하여 일을 성취하는 사람.'
모든 것이 선생님에게는 기회였다. 따라서 모든 것이 가능했다. 작은 만남도, 실패도, 심지어 난관조차도 선생님에게는 기회로 둔갑했다. 우리는 선생님을 '무를 유로 만드는 조각가'라고 불렀다.

'진정한 지도자.'
앞으로의 방향과 목표를 명확하게 짚어내고, 정확한 길잡이를 하셨다. 망설이거나 뒤집는 법이 없었다. 그리곤 언제나 함께 일하고 솔선수범했다. 그 많은 학술 주제 강연부터 작은 인사말까지 꼭 스스로 쓰고 우리에게 읽게 하셨다. 연구프로젝트를 할 때는 함께 밤을 지새웠다. 진정한 지도자는 51%의 추종자와 49%의 반대자를 가진다는데, 선생님도 대중들의 오해를 많이 샀다. 우리들도 대중들의 의견에 휩쓸리곤 했는데, 시간이 흐른 뒤에야 우리는 이렇게 말하곤 했다. "아니, 그렇게 깊은 뜻이……."

'자신보다 기관과 전체를 먼저 생각하는 사람.'
선생님은 어느 기관을 맡아도 장·단기 계획과 조직의 개선 등 눈에 드러나지 않는 기초에 많은 노력을 쏟았다. 덕분에 스스로 자생력을 갖춘 지명도 높은 기관으로 거듭났다. 국제기관도 마찬가지. 콧대 높은 외국인들도 선생님이 역대 회장 중 가장 훌륭한 회장이라고 인정하고 있다.

'순수하고 소박한 사람, 근검절약하는 사람.'
흔히 선생님이 화려하고 능수능란한 사람일 것이라고 생각하기 쉽지만 선생님은 소박하고 근검절약하는 분이었다. 재활용 아이디어도 무궁무진했고 스스로 바느질도 잘하셨다.

'금강석 여인.'
선생님은 무엇보다 일을 사랑한 사람이라고들 한다. 하지만 우리는 알고 있다. 그것은 간호를 사랑함이요, 간호가 추구하는 인간과 삶에 대한 순사한 애정과 열정을 가짐 때문이라는 것을. 우리는 선생님을 보며 두 팔을 번쩍 들고 이렇게 외치곤 했다.
"대처 수상이 철의 여인이면 김모임은 금강석 여인이다!"

이제 우리 제자들은 선생님을 학교 건물 안에서나 강의실보다는 밖에서 더 많이 뵙게 되었습니다. 45년간 누려왔던 기쁨을 사회와 더불어 나누고자 합니다. 지금까지 하셨던 학술강연과 연설, 저술 등을 모아보니 감당할 수 없는 부피가 되었습니다. 후진들을 위하여 수십 권의 책으로 미리미리 모았어야 했음을 이제 와서 한탄함은 저희들의 어리석음 때문입니다.

그러나 뜻을 가진 후배들에게 조금이라도 선생님의 얼과 열정을 전할 수 있도록 선생님의 옥고 중 일부분을 책으로 또 CD-ROM으로 정리하였습니다. 후배들이 먼 훗날 세계 간호계를 통솔하신 선생님의 지도력과 인간에 대한 순수한 애정을 동영상을 통하여 배울 수 있기를 바랍니다.

2000. 8. 김모임 교수 정년퇴임 준비위원

🌸 들꽃 같은 교수님께

어느 날, 길을 가다가 사람을 만났습니다.
품이 크고 넉넉한 모습으로 저희들 곁으로 다가왔지요.
그 분은 역사에 남는 큰 나랏일을 하셨음에도
장관님이 아닌 교수로 불러달라시며
늘 겸허한 모습으로 저희들 곁에 계십니다.
김모임 장관님, 아니 교수님.
교수님은 한그루 나무의 그늘이십니다.

그래서 저희들에게 늘 귀감이 되십니다.
부디 건강하셔서 저희들과 함께 하세요.
교수님 사랑합니다.

내가 사랑하는 사람
    - 정호승

나는 그늘이 없는 사람을 사랑하지 않는다
나는 그늘을 사랑하지 않는 사람을 사랑하지 않는다
나는 한그루 나무와 그늘이 된 사람을 사랑한다
햇빛도 그늘이 있어야 맑고 눈이 부시다
나무 그늘에 앉아
나뭇잎 사이로 반짝이는 햇살을 바라보면
세상은 그 얼마나 아름다운가

나는 눈물이 없는 사람을 사랑하지 않는다
나는 눈물을 사랑하지 않는 사람을 사랑하지 않는다
나는 한 방울 눈물이 된 사람을 사랑한다
기쁨도 눈물이 없으면 기쁨이 아니다
사랑도 눈물 없는 사랑이 어디 있는가
나무 그늘에 앉아
다른 사람의 눈물을 닦아주는 사람의 모습은
그 얼마나 고요한 아름다움인가

      2015년 5월 28일 수필의 길을 함께 걷는 친구들이 드립니다

에필로그

꽃다운 우리 선생님

　은퇴 후 일곱 해 가까이 몽골에 가 있느라 선생님을 자주 뵙지 못했다. 그러다 선생님이 파킨슨병 초기 진단을 받으셨다는 소식을 듣고는 "어떻게 그런 일이……." 하면서 마치 내 탓인 양 죄송하고 안타깝고 서글픈 마음이 들었다. 하지만 이태 전 여름, 후학과 동료들과 10여 일 동안 자동차로 고비사막을 횡단하면서 너무 즐거워하시는 모습을 뵙고는 마음이 조금은 진정되었다. 여전히 소녀 같은 꿈과 감성을 지니고 계신 모습이었다.
　끝도 없이 펼쳐진 야생화 들판을 질주하면서 감동, 감탄하시며 생애 최고의 여행이었다고 여러 차례 되뇌시곤 했다. 아무런 제약도, 꾸밈도 없이 한껏 제 모습을 뽐내던 야생화가 진정 선생님의 심성이었기 때문일까?
　선생님은 가끔 "내가 꽃을 좋아하잖아. 그중에도 도라지꽃을……." 하며 평소 좋아하던 보라색도 강조하시곤 한다.
　표지 그림을 무엇으로 할 것인지 결정이 안 되어 고민하던 중 제주도 풍경만을 화폭에 담은 임현자 화백의 갤러리를 찾았다. 예전부터 그림을 좋아하셨던 선생님은 제주도에 가신 뒤 수채화 공부를 시작하셨다. 그리고 한 번씩 제주 풍경을 그려서 보여주며 생기가 도는 모습을 보이시곤 했다.

김 화백의 제주도 도라지꽃 그림을 보시면서도 "좋다. 도라지꽃밭이네!" 하며 얼마나 좋아하시던지…….
 손광성의 '도라지꽃' 수필에서 빌려온 구절이다.

 도라지꽃은 깔끔한 꽃이다. 도라지꽃은 달리아처럼 요란하지도 않고 칸나처럼 강렬하지도 않다. 다 피어도 되바라진 데가 없는, 단아하고 오긋한 꽃이다. 서양 꽃이라기보다는 동양 꽃이요, 동양 꽃들 가운데서도 가장 한국적인 꽃이다.
 예쁘면 향기는 그만 못한 법이지만 도라지꽃은 그렇지 않다. 그 보라색만큼이나 은은하다. 차분한 숨결이요, 은근한 속삭임이다.
 도라지꽃은 늦여름과 초가을 사이에 핀다. 가을꽃이라기보다는 여름꽃에 더 가깝지만 그래도 패랭이꽃과 함께 가을꽃으로 친다. 그 보라색 때문일까. 아니면 길숨하게 솟은 꽃대궁이가 주는 애잔한 느낌 때문일까. 도라지꽃에서는 언제나 초가을 풀벌레 소리가 들리는 것 같다.
 도라지꽃은 언제나 혼자 있기를 좋아한다. 더구나 길섶에 홀로 피어 있을 때, 그리고 철부지 흰나비라도 한 마리 앉아 있을 때 도라지꽃은 더없이 슬퍼 보인다.

슬프다 못해 우리로부터 아주 멀리 떠나버릴 것만 같다. 이때의 도라지꽃은 아무래도 이 지상의 꽃이 아닌 듯싶다. 이승이 아니라 영혼의 세계에서 잠시 얼굴을 내민 그런 꽃이다.

선생님은 정녕 도라지꽃 같은 분이다. 간호를 위해, 간호학을 위해, 아니 인류의 건강을 위해 하늘에서 훔쳐온 도라지꽃 같은 분이다. 어찌 시인만큼의 시심을 담아 선생님의 삶을 그릴 수 있을까만, 이 책 한 편이 독자들에게 애잔한 감동과 함께 미래의 꿈을 실현할 수 있는 활력을 주었으면 한다.

올 여름에도 여전히 선생님은 제주 운조루에서 한라산을 바라보며 도라지꽃을 가꾸실 것이다. 여름이면 우리를 찾는 도라지꽃처럼 이 책이 우리 곁에서, 꿈이 있는 모두에게 읽혀지는 그런 책이 되기를 바란다.

2015년 9월

오가실

꽃들에게 꿈을

초판 1쇄 인쇄일 | 2015년 09월 02일
초판 1쇄 발행일 | 2015년 09월 07일

지은이 | 김의숙 오가실
펴낸곳 | 북마크
펴낸이 | 정기국
책임편집 | 이헌건
디자인 | 서용석 안수현
관리 | 안영미
일러스트 | 이화
캘리그래피 | 김희근

주소 | 서울특별시 동대문구 왕산로23길 17 중앙빌딩 305호
전화 | (02) 325-3691
팩스 | (02) 335-3691
블로그 | http://blog.naver.com/chung389
등록 | 제 303-2005-34호(2005.8.30)

ISBN | 979-11-85846-13-2 (13300)
값 | 14,000원

이 책은 저작권법에 따라 보호를 받는 저작물이므로 무단전재와 무단복제를 금하며,
이 책 내용의 전부 또는 일부를 이용하려면 반드시 저작권자와 북마크의 서면동의를 받아야 합니다.